转型之机

从中国经济结构转型看资本市场投资机遇

赵伟 张蓉蓉 著

中信出版集团 | 北京

图书在版编目（CIP）数据

转型之机：从中国经济结构转型看资本市场投资机遇 / 赵伟，张蓉蓉著 .-- 北京：中信出版社，2020.9
ISBN 978-7-5217-2105-8

Ⅰ.①转… Ⅱ.①赵…②张… Ⅲ.①中国经济—经济结构—转型经济—研究②资本市场—研究—中国 Ⅳ.① F121 ② F832.5

中国版本图书馆 CIP 数据核字（2020）第 146953 号

转型之机——从中国经济结构转型看资本市场投资机遇

著　者：赵伟　张蓉蓉
出版发行：中信出版集团股份有限公司
　　　　　（北京市朝阳区惠新东街甲 4 号富盛大厦 2 座　邮编　100029）
承 印 者：北京诚信伟业印刷有限公司

开　　本：787mm×1092mm　1/16　　印　张：20.25　　字　数：262千字
版　　次：2020 年 9 月第 1 版　　　　印　次：2020 年 9 月第 1 次印刷
书　　号：ISBN 978-7-5217-2105-8
定　　价：66.00 元

版权所有·侵权必究
如有印刷、装订问题，本公司负责调换。
服务热线：400-600-8099
投稿邮箱：author@citicpub.com

序　言

大概 10 年前，中国经济持续了三十年的高速增长能否延续下去以及是否会掉入"中等收入陷阱"等问题，为学界和社会所关注。当时，国务院发展研究中心开展了"跨越中等收入陷阱"的课题研究。作为课题负责人，我与课题组同事用几年的时间对这一问题及相关议题开展了研究。

课题研究成果颇丰，主要观点收入了《陷阱还是高墙？中国经济面临的真实挑战和战略选择》等图书和论文。此后与世界银行合作开展的相关研究——形成了具有广泛影响的《2030 年的中国：建设现代、和谐、有创造力的社会》研究报告——也贯穿了我们的研究思路。当然，更多的成果体现于这一时期提交给决策层的各类内部研究报告。我们研究的基本结论是：在经历了三十多年的高速增长后，中国经济将会下一个大的台阶，由高速增长转入中速增长；增速减缓的背后是经济结构和增长动力的合乎规律的重要变动，中国经济发展由此进入新常态；这一时期中国经济将会面临多种结构性矛盾和财政金融风险，成功实现转型必须深化改革，重点是供给侧结构性改革，切实转变增长方式。对于这些观点，开始时接受的人不多，而且一直存有争议。然而，还是那句老话，检验理论的最好办法是实践和历史。正如大家所看到的，中国经济增长阶段转换在这些年已经实际发生了。

当下正处于中国经济转型攻坚的重要阶段，赵伟博士的新作《转型之机》出版恰逢其时。赵伟博士的研究思路，与我们十年前所做研究在逻辑上是相通的。

全书内容涉及了经济转型的诸多方面。在第一部分内容中，作者先从"中国奇迹"出现的机理谈起，即改革开放之后持续30余年的高增长，动力到底来自哪里？这在近些年来始终是一个热议话题。中国改革开放后出现经济腾飞，日本、韩国和其他经济体在工业化初期也都出现过类似阶段，有学者称其为"追赶效应"。我们在进行课题研究时发现，后发经济体完成大致相同的工业化和城市化进程，会比先行经济体用时更短，因此采用"挤压式增长"来描述这一现象。

进入"挤压式增长"阶段，经济会持续一段时期的高增长；一旦"挤压式增长"的潜力释放完毕，经济增速的回落自然就会发生。无论早期的"挤压式"高增长，还是后期的增速回落，都是经济发展的自然规律。由高速增长转入中速增长，对应的是增长模式的切换，也就是转型的过程。正如本书所言，转型是发展过程中的必经阶段，是"成长的烦恼"。

近些年来，我经常见到一些过于悲观的看法，国内外一些研究人员基于某些单一变量推导就贸然给出"中国经济崩溃"的观点。其实，他们如果对经济增长阶段转换的规律有所理解，就不会做出如此推论。从某种意义上讲，经济由高速增长"成功"换挡到中速再到低速，恰是转型成功的表现，也是包括中国在内的追赶型经济体都会经历的。

如何顺利完成转型的过程？作者从先导型经济体的经验教训中找到了一些共性规律，有一定参考意义。首先要"以我为主"，不能因为外部因素的扰动而出现战略摇摆，"走老路"式的政策对冲尤其不可取。其次要"产业为本"，对于大国经济而言更是如此，具有核心竞争优势的制造业是国之重器，核心产业供应链的安全至关重要。再次是"政策协同"，转型是一个系统工程，各方面政策要全力配合，才能完成"蜕变"的过程。

这本书对中国经济近十年来的结构转型做了系统而翔实的梳理，其中对自然形成的产业"雁形矩阵"的论述颇具特色。我们知道，先导型经济体在转型过程中出现了不同程度的"产业空心化"，即在容量有限的背景下，产业链定位向高端转移的同时，出现大规模的传统产业外迁，进而导致供应链安全问题加大。中国在经济转型过程中也出现了产业迁移，但不同的是，部分低附加值的产业转移到东南亚等经济体，还有相当多的生产环节转移至中西部省份。产业的跨区域迁移，在带动中西部省份快速工业化、城市化的同时，供应链分工体系也逐步成型；东中西部资源禀赋与发展阶段呈现梯队形分布，产业"雁形矩阵"自然形成：东部地区聚焦于金融服务、信息技术、物流、研发、总部经济等高附加值的服务业；中部地区正在成为"制造中心"，并随着需求和技术的变化而加快转型与升级；西部地区的资源禀赋优势突出，与中部、东部优势互补。

转型是整个经济、社会实现"蜕变"的过程，在此过程中的政策思路需要更加强调"结构性"。当经济存在下行压力时，多用改革的手段稳住经济，而不是用刺激的办法透支未来。唯有深化结构性改革，中国经济才能化危为机，加快转型进程。现阶段中国经济所面临的问题，难度大的多是"转型问题"，从这个角度思考并寻找破解之道，将有助于抓住问题关键，事半功倍。期待这本书能使人们更多关注转型问题，在实现经济高质量可持续发展和社会稳定与进步中起到积极作用。

刘世锦
全国政协经济委员会副主任
国务院发展研究中心原副主任
2020 年 7 月 5 日

前　言

对于中国经济转型问题的思考，笔者早在入行之初就开始了。当时，引起笔者好奇心的一个现象是，从学界到业界甚至普通大众对中国的未来普遍充满疑虑和担忧。让笔者困惑的是，这种全社会的焦虑不安究竟是中国特有的文化现象，还是转型阶段"成长的烦恼"，抑或是对中国经济转型之路的不自信。

最初的一系列思考，成书于2017年9月出版的《蜕变·新生：中国经济的结构转型》。随着近几年研究的进一步深入，笔者对转型问题的思考向更深层面拓展。通过大量的实证研究与更多维度的分析，笔者尝试厘清适宜中国的转型方向、转型阶段的投研框架应该如何转换以及转型过程中蕴藏的投资机遇等。

为了更全面地展示研究所得，本书的章节体系花费了笔者不少心思。全书总共分成了四大部分十一章内容。第一部分，着重讨论"中国奇迹"出现的机理及眼下面临的问题；第二部分，从先导型经济体的发展历程中寻找中国经济转型可借鉴的经验教训；第三部分，梳理近些年中国政策思路的演变，以及禀赋特征的不同对转型之路的影响；第四部分，从金融从业者的角度，讨论大变局下投研框架如何重构以及如何寻找转型阶段的投资机遇。

改革开放之后，中国经济实现了持续四十余年的高速增长，被称为"中国奇迹"。"中国奇迹"的出现，是多重因素共同作用的结果。改革开放的政策春风、低廉的劳动力成本以及勤勉的民族性格，与第三轮全球制造业大迁移交融在一起，造就了中国"世界工厂"的地位。

然而，在经济高速增长的同时，生产要素价格也随之抬升，并在不断削弱传统竞争优势。与此同时，在传统"负债驱动型"增长模式下，持续的杠杆抬升导致资金利用率不断下降。传统增长模式的弊端加速显现，倒逼中国经济加快转型，这一点在2010之后越发显著。"中国经济崩溃论"甚嚣尘上，其本质是对中国经济转型"前景"的不自信，以及对未知的恐惧。事实上，大可不必如此。转型是发展过程中的必经阶段，是"成长的烦恼"。

从诸多先导型经济体的经验教训中，我们会发现，转型成败的关键在"产业"。产业竞争优势决定了一个经济体在全球产业链分工体系中的定位。只有在全球产业链分工体系中的地位有了真正意义上的提升，单个经济体才能继续并更好地分享全球化带来的红利，否则很容易因增长模式的不可持续而陷入"中等收入陷阱"。为了促成产业结构的转型升级，决策层面需要进行合理的产业政策引导、财政金融政策配合及社会政策托底等。由此，我们很容易看出，"转型"是一个系统工程，需要诸多条件的配合，而且是一个漫长的过程，不可能一蹴而就。

用最朴素的逻辑来理解，只有强健的骨骼、结实的肌肉与身体不同器官完美的结合，才能成就一个健康的个体。对应于国家发展而言，这一逻辑其实就是强大的产业、完备的投融资机制以及制度、文化等与经济发展的适当匹配。转型是一个蜕变与新生的过程，先导型经济体的转型并没有统一的路径，但有些普遍性的原则："以我为主"，不能因外部干扰而出现战略摇摆；"产业为本"，核心产业必须守住，"硬核"技术要升级，让其更"硬"；"保持定力"，教育、研发和人力资源等领域的投入志在长远。

与先导型经济体的发展规律类同，中国在融入全球产业分工体系之后，也出现了三十年左右的"追赶红利"快速释放期。改革开放释放的制度潜力与中国特有的县域经济格局，催生了快速工业化与城市化。

2011年前后，中国开始步入转型期，新旧动能的转换逐步展开。2011—2015年属于经济"自然回落"阶段，传统高耗能行业投资增速持续下行，拖累全行业增速下滑；经济增速实现快速"换挡"，5年内从10%以上回落至7%左右。

2016年之后，转型进入政策"主动引导"阶段，此后的政策思路始终围绕"调结构"展开。从朴素的角度来理解，"调结构"就是低效率部门加快出清，高效率部门加快培育。为了保证结构转型加快实现，产业政策经过多年的反复论证和完善，从顶层设计到具体落地都已经非常系统和齐备。除此之外，财政金融政策为产业转型保驾护航，社会政策着力完善社会保障体系和化解社会矛盾。

广阔的纵深腹地与梯队形的区域禀赋优势，使得中国经济的转型相比其他经济体多了一个维度。转型过程中的产业跨区域迁移，实际上达到了"先富带动后富"的效果，也带动了中国由南向北、由东向西及各省份之间层层传递的工业化路径。自然形成的产业"雁形矩阵"，使得中国抵抗外部风险的能力明显强于其他经济体。东部近似"消费型"定位，中部近似"生产型"定位，西部则近似"资源型"定位，这样就形成了一个闭环。我们要客观地认知中国经济转型，不悲不喜、砥砺前行。

转型阶段的经济规律与传统周期阶段大为不同，资本市场作为经济的晴雨表也会出现一些新的变化。在转型前半段，经济增速下行的同时，政策产生"抵抗式"对冲效应，资本市场对政策的敏感度较高；而在转型后半段，经济增速虽处于中低水平，但由于产业结构的优化，企业的成长性开始凸显，资本市场往往会出现一波延续性比较强的"指数牛""转型牛"。在整个转型过程中，即便在最煎熬的阶段，"结构牛"也在不断演化。

在转型阶段，"转型"本身才是最重要的投资主线，尤其是"成长性"确定的龙头公司，更容易享受估值溢价。在复盘过程中，我们会发现，表现良好的投资标的主要集中在两个逻辑链条：政策扶持下快速发展的战略新兴产业，以及受益于收入提升带来的各种消费升级相关行业。传统行业在逐步出清的过程中，龙头企业受益于行业优化带来的利润增厚，也会具备个股行情。

目 录

第一部分
中国经济：成长的烦恼，发展的困惑

第一章 "中国奇迹"具有典型的后发追赶特征　　003
第一节 追赶红利快速释放，催生"中国奇迹"　　004
　　一、改革开放后的四十余年，高增长背景下的"中国奇迹"　　004
　　二、中国经济增长奇迹符合后发追赶规律　　008
第二节 深度融入全球分工体系是高速追赶的重要引擎　　012
　　一、深度融入全球分工体系是后发经济体的追赶起点　　012
　　二、受益于第三轮产业迁移，中国成为世界制造中心　　017

第二章 成长的烦恼：转型是发展的必经之路　　021
第一节 "追赶红利"逐步消失，降速增效方是正途　　022
　　一、追赶过程也是红利从兑现到透支的过程　　022
　　二、经济结构转型升级是发展的必经之路　　024

第二节　逆全球化兴起，加大中国经济转型迫切性　031
一、逆全球化思潮下，全球一体化退坡　031
二、全球产业链重构，倒逼中国加快转型　038

第二部分
先导经验：产业是关键，改革做保障

第三章　产业结构升级是转型成功的关键　049
第一节　传统竞争优势不断被削弱是转型的压力所在　050
一、产业竞争优势决定一个经济体在全球产业分工体系中的定位　050
二、传统产业优势丧失是追赶阶段末期的共性问题　053
第二节　通过改革打破要素约束，推动结构转型升级　057
一、产业政策引导，财政金融政策助力　057
二、社会政策与之配合，预防潜在风险　060

第四章　不同经济体转型路径不同，结果迥异　063
第一节　亚洲"四小龙"：立足自身禀赋，分头突围，成功转型　064
一、新加坡和中国香港立足自身优势，转型高端服务业　066
二、韩国和中国台湾依托制造业基础，转向创新驱动　070
第二节　拉美经济体：产业升级停滞，经济秩序混乱　075
一、战略与政策失误使产业升级后继乏力　075
二、社会政策的缺位进一步削弱经济活力　081

第五章　转型非一日之功，政策搭配和战略定力至关重要　087

第一节　韩国"弯道超车"，政策合理搭配，保持定力　088

一、自20世纪90年代起，韩国从政策层面引导产业有序升级　088

二、面对外部危机，保持政策定力，去杠杆助转型深化　095

第二节　日本和中国台湾"内功"修炼不足，转型后段不顺利　099

一、日本转型后段的产业规划失当，政策重走老路　099

二、中国台湾地区创新能力不足制约转型深化　105

第三部分
崛起之道：加速新旧动能转换，稳中求进

第六章　中国政府理性克制，有序推进结构转型　115

第一节　转型的朴素理解：出清旧经济，培育新经济　116

一、从自然减速到政策助力，加速出清旧经济　116

二、出清旧经济的同时，新经济也在加速培育　122

第二节　财政金融政策配合，社会政策托底　124

一、财政金融政策为转型保驾护航　124

二、鼓励创新驱动，社会政策托底　131

第七章　"去杠杆"等系列政策皆服务于"转型"逻辑　137

第一节　实体杠杆偏高，制约资金配置效率　138

一、负债驱动型增长模式下，杠杆问题逐步凸显　138

二、结构性去杠杆充分考虑了我国杠杆问题的结构特征　　144

第二节　控制增量，化解存量，保持定力　　150

　　一、控制增量以地方平台和地产领域等为主　　150

　　二、化解存量债务需要通过市场化机制实现　　154

第八章　自然形成的产业"雁形矩阵"，提供坚实的微观基础　　161

第一节　产业链协同已经形成，奠定经济突围基础　　162

　　一、东部腾笼换鸟，中西部加速追赶，区域协同不断提升　　162

　　二、区域间的产业"雁形矩阵"成形，全面升级开始成为主题　　168

第二节　人口流动映现时代变迁：从"孔雀东南飞"到集聚都市圈　　174

　　一、人口流动规律的变化，有着深刻的时代烙印　　174

　　二、人口政策影响人口流向，重塑产业格局　　179

第四部分
掘金未来："结构主义"兴起，重构投研框架

第九章　转型阶段传统"周期"框架逐渐失效　　191

第一节　投研框架的转变：从"周期为王"到"结构主义"　　192

　　一、缘于政策调控的经济周期性波动　　192

　　二、转型阶段"周期"框架失效，"结构主义"兴起　　201

第二节　面对外部冲击，政策保持战略定力，不走老路 　　205
一、中美贸易摩擦背景下，减税激发活力，外需腾挪对冲 　　205
二、全球疫情背景下，防疫与"稳增长""防风险"的平衡 　　215

第十章　轻总量、重结构是转型期的市场共性 　　229
第一节　转型受政策影响大，后段会出现"指数牛" 　　230
一、资本市场表现是经济的晴雨表 　　230
二、转型过程中政策环境对市场影响较大 　　235
第二节　"结构牛"一直存在，转型导向的行业表现亮眼 　　243
一、代表转型趋势的产业方向有更好的市场表现 　　243
二、消费升级板块受益于收入与消费观念的提升 　　256

第十一章　"结构主义"兴起，转型成为最重要的主线 　　269
第一节　传统总量思维失效，产业结构升级带来投资机遇 　　270
一、传统周期框架失效，总量波动弱化，结构分化凸显 　　270
二、转型酝酿机遇：新经济培育加快，传统行业格局优化 　　273
第二节　消费全方位升级是大势所趋，"确定性"享受溢价 　　281
一、消费升级在多个维度发生，服务业空间巨大 　　281
二、关注长尾效应，低线城市与农村的消费升级 　　289

后　记 　　299

参考文献 　　302

第一部分

中国经济：成长的烦恼，发展的困惑

第一章

"中国奇迹"具有典型的后发追赶特征

第一节
追赶红利快速释放，催生"中国奇迹"[①]

一、改革开放后的四十余年，高增长背景下的"中国奇迹"

中国改革开放后持续四十余年的高速增长，被经济学家们称为"中国奇迹"。改革开放之初，中国的名义GDP（国内生产总值）只有3 679亿元，占世界经济的比重为1.8%；截至2019年，中国GDP规模已接近100万亿元，占世界比重升至16%左右，成为全球第二大经济体[②]（见图1–1）。1979—2019年，中国不变价GDP年均增长9.4%，远高于同期世

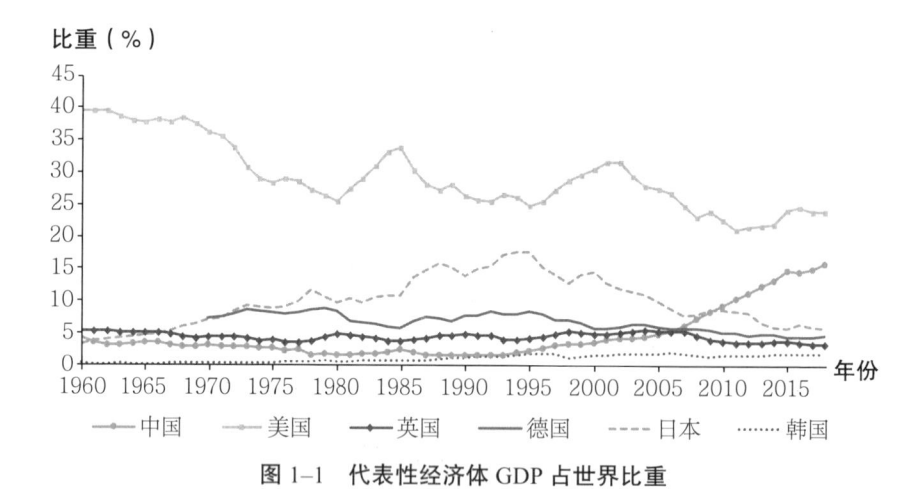

图 1–1　代表性经济体 GDP 占世界比重

资料来源：世界银行。

[①] 在宏观经济领域，"追赶红利"指的是经济发展水平相对落后的经济体在人均资本存量与技术水平等起点较低的情况下，一旦找到并抓住发展契机，往往可以较快地缩小与发达国家的人均收入水平。
[②] 世界银行统计数据显示，中国GDP在2005年超过英国、意大利、法国成为全球第四大经济体，2007年超过德国晋升为第三大经济体，2010年进一步超过日本成为全球第二大经济体。

界经济平均增速（2.9%左右）。人均国民收入也从1978年的200美元提高到2018年的9 732美元，在中高收入经济体中位于偏高水平，离高收入经济体差距不大[①]。

在"追赶红利"快速释放的过程中，工业化进程的迅速推进及工业实力的持续增强是经济高速增长的重要推力。国家统计局数据显示，1978—2019年的40余年间，不变价工业增加值增长接近60倍，年均复合增速达10.5%。在工业规模快速扩张的同时，工业体系的完善也在同步发生。从早年间重点发展的重工业到近年来的高端制造业，中国已成为全世界唯一拥有联合国产业分类中全部工业门类的国家。

在改革开放的40余年间，我国的主要工业品中，水泥产量增长了30多倍，钢材和乙烯产量增长了约50倍，汽车产量增长了约185倍，彩电产量增长了将近5万倍（见表1–1），计算机、移动手机等高端电子产品从无到有，再到做强。当前，我国已有200多种工业品的产量位居世界第一，制造业增加值自2010年起稳居世界首位[②]。

表1–1　中国代表性工业品产量变化

年份	原煤（亿吨）	钢材（万吨）	水泥（亿吨）	乙烯（万吨）	汽车（万辆）	彩色电视机（万台）
1949	0.322 8	13	0.006 6	0.07	0.01	0.02
1978	6.18	2 208	0.65	38	15	0.38
2018	36.8	110 552	22.1	1 841	2 782	18 800

资料来源：国家统计局。

---

① 世界银行2019年6月公布的最新标准显示，中低收入、中高收入和高收入经济体对应的人均国民收入门槛分别为1 026美元、3 996美元和12 375美元。
② 数据源于《新中国成立70周年经济社会发展成就系列报告》。

中国作为"世界工厂"的地位得以奠定，贸易大国的地位也在不断巩固。1978年，中国货物进出口额占世界比重仅为0.8%，居世界第29位；2013年，中国货物进出口额首次超过美国，成为世界货物贸易第一大国，此后的多数年份都保持这一地位。相对而言，中国服务贸易的规模要小很多，但改革开放以来也在高速增长。1982年，中国服务贸易进出口额占世界比重仅为0.6%，居世界第34位；1982—2018年，服务贸易以年均15.3%的速度增长，2018年其总额已占世界的7%，稳居世界第二。

在早期的工业化积累阶段，我们参与全球产业链分工的方式主要以招商引资和加工贸易为主。1983年我国实际利用FDI（外商直接投资）额只有9.2亿美元，2018年这一数值已提升至1 350亿美元（见图1–2），在30余年间增长了近150倍。改革开放初期，我国对外投资的规模非常小。2002年，在党的十六大明确提出"走出去"战略之后，我国对外投资的规模才开始快速扩大。1982—2001年，我国累计实现ODI（对外直接投资）347亿美元，年均投资额仅17.3亿美元；2002—2018年，累计实现

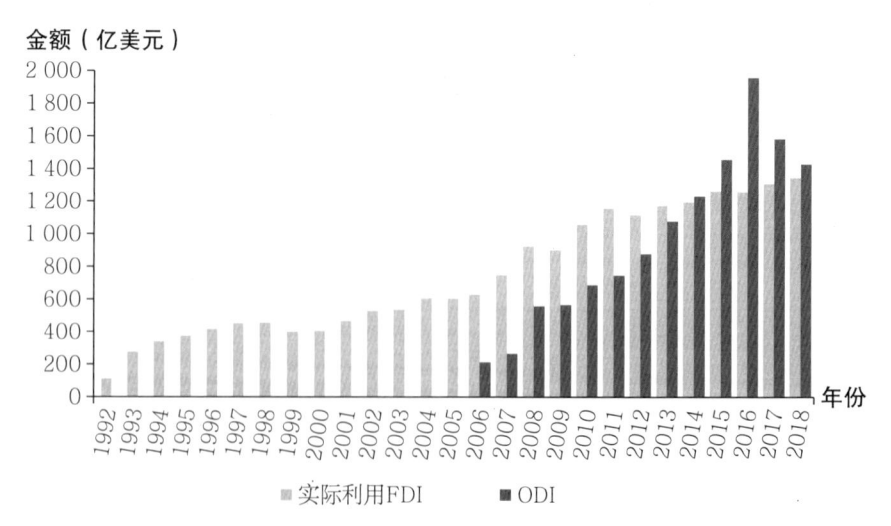

图1–2 中国实际利用外商直接投资与金额（1992—2018年）

资料来源：国家统计局、商务部。

ODI 超过 1.25 万亿美元，年均增长率达 29% 以上，成为全球第三大对外投资国。近年来，我国对外投资结构也在变化，从资源获取型向技术引领型或产业链构建型转变。这一投资结构的变化，是中国在全球分工体系中不断进步的又一反映。

改革开放以来，中国在交通运输和能源供给等领域的基础设施建设力度持续加强，它们早已从经济发展的瓶颈变成优势支撑。截至 2018 年 9 月，全国铁路营业总里程达到 13.2 万公里，世界排名第 2 位；高速铁路营业里程近 3 万公里，占世界比重超过 2/3，高居世界第 1 位（见图 1–3）。此外，中国高速公路通车里程 14.3 万公里，也位居世界第 1 位。高速铁路线路密集成网，高速公路建设突飞猛进，运输量大幅增长。我国在基础设施的施工建造能力及部分设备制造的技术水平方面都已位居世界前列。新型基建这些年也在快速发展，最有代表性的就是通信基础设施的服务能力与技术。中国自主研发的 4G 技术标准 TD-LTE 被国际电信联盟确定为 4G 国际标准之一，已建成全球规模最大的 4G 网络；5G 标准制定和试验进程也都走在世界前列。

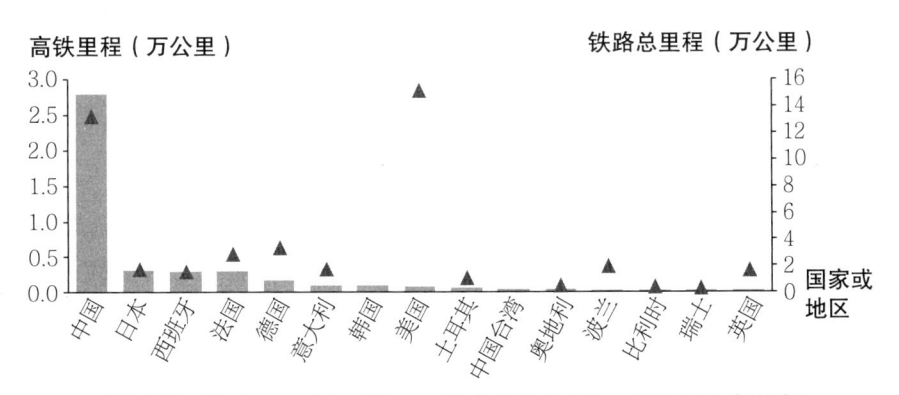

图 1–3　世界主要国家或地区高铁与铁路运营里程

资料来源：世界银行、国家统计局及国际铁路联盟（UIC）。

二、中国经济增长奇迹符合后发追赶规律

"中国奇迹"出现的机理,一度是经济学界非常热门的话题,学者们从制度、经济或文化等各种角度展开了诸多分析。事实上,改革开放之后中国经济的腾飞,具有典型的后发"追赶"特征,先导型经济体大都出现过类似发展阶段。

日本及亚洲"四小龙"最有代表性。在"追赶红利"逐步释放的过程中,它们的经济发展大致呈现出三大特征(刘培林等,2015):深度融入全球产业分工体系是高速"追赶"的重要引擎;依次经历"起飞→持续二三十年的高速增长→从高速向中速或中低速逐步过渡"的发展阶段;高速增长阶段是"追赶红利"快速释放阶段,"换挡"的过程对应转型过程。

中国改革开放之后的经济发展大致也是符合以上规律的,与先导型经济体"追赶"阶段的经济表现有很多相似之处。以日本和韩国为例,发展之初,它们就明确了"贸易立国"的外向型经济战略,为促进生产效率的提升而鼓励制造业投资及设备更新升级,从而带动国内投资快速扩张;早期产业结构也是以劳动密集型为主,伴随着政策引导与产业升级,结构逐步优化。下文还将对此展开更为详尽的论述。

改革开放初期,中国大规模发展了纺织和玩具等劳动密集型产业,轻工业占比快速上升。20世纪90年代末起,在中国加速承接全球产业迁移并逐步演化成"世界工厂"的过程中,基础设施、房地产和机械设备等领域的相关投资持续扩张,带动重工业部门的快速发展,工业重心再次倾向于以钢铁、煤炭和水泥等为代表的重工业(见图1-4)。2011年之后,随着经济结构转型,工业化率开始出现趋势性回落,先进制造、消费品制造类产业占比上升,重化工类行业的占比下降。

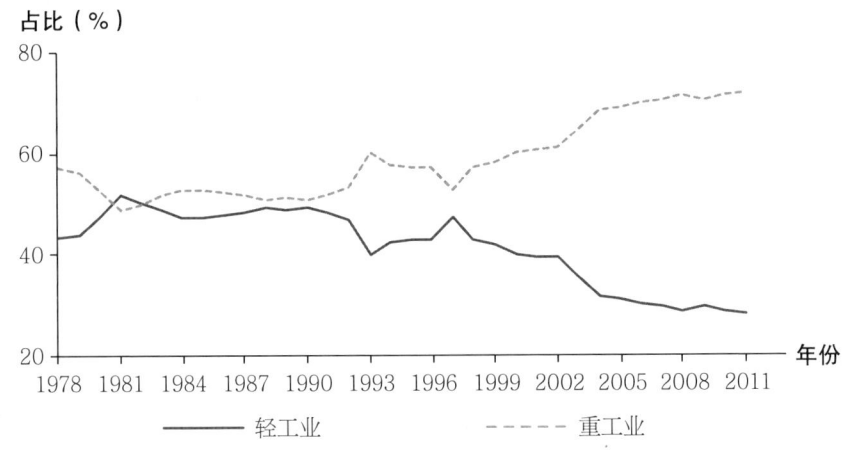

图 1-4 中国重工业、轻工业占工业增加值比重

资料来源：《中国工业统计年鉴》。

中国县域经济层面的"GDP 锦标赛"是"中国奇迹"出现的重要激励因素。1979 年《中华人民共和国中外合资经营企业法》的颁布，让中国利用外资走上了法制化轨道。此后，《国务院关于鼓励外商投资的规定》等相关鼓励政策，以及深圳、珠海、汕头和厦门经济特区的陆续建立，使得外部资本的涌入进一步加速。在此过程中，地方政府开始有意识地将富余劳动力、外部资本、政策扶持及土地财政等有机结合，支持当地经济快速发展。全国近 3 000 个县级行政区形成以招商引资、加大投入等手段创造 GDP 为主要目标的竞争机制。

劳动年龄人口绝对数量和占比都在快速攀升，"人口红利"让中国在承接全球产业迁移时的成本优势更为凸显。1975—2010 年，劳动年龄人口数量增加 4.7 亿，占总人口比重上升 17.2 个百分点至 73.3%（见图 1-5），释放了巨大的"人口红利"。充足的劳动年龄人口供给，使得劳动力成本在较长一段时间里一直处于较低水平。

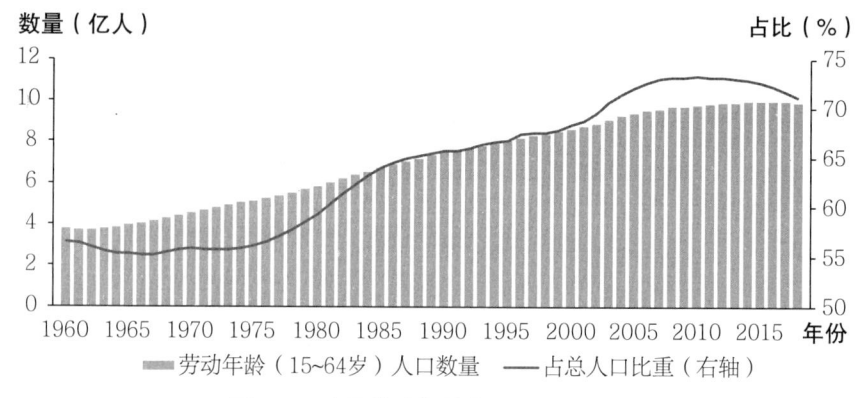

图 1–5 中国劳动年龄人口数量及占比

资料来源：国家统计局。

"人口红利"的持续释放，与在新中国成立后的前两波"婴儿潮"中出生的两代人正处于"当打之年"紧密相关。我国的第一波婴儿潮出现在新中国成立之初，重回和平年代，出生率总体偏高；第二波婴儿潮出现在20世纪60年代初"三年困难时期"结束后，农业生产得到恢复，其间的人口出生率最高超过4%（见图1–6）。婴儿潮的"回声潮"在20世纪80年代出现，从而形成了第三波婴儿潮。前两波婴儿潮中出生的人在改革开放之初恰好处于"适龄劳动人口"的阶段，他们为中国经济的腾飞做出了巨大贡献。

与此同时，自20世纪80年代以来，家庭联产承包责任制的实施，让农村劳动生产率大幅提升，这在较大程度上解放了农村富余劳动力。与此同时，城乡人口流动限制的逐步松动，也促进了农村富余劳动力向城市的转移以及富余劳动力与产业的有效结合。1983—2010年，我国外出农民工数量年均增长率为17%，从200万人快速增加到1.53亿人，占全国流动人口比重约七成（见图1–7），从而为工业化进程贡献了大量人力资源。

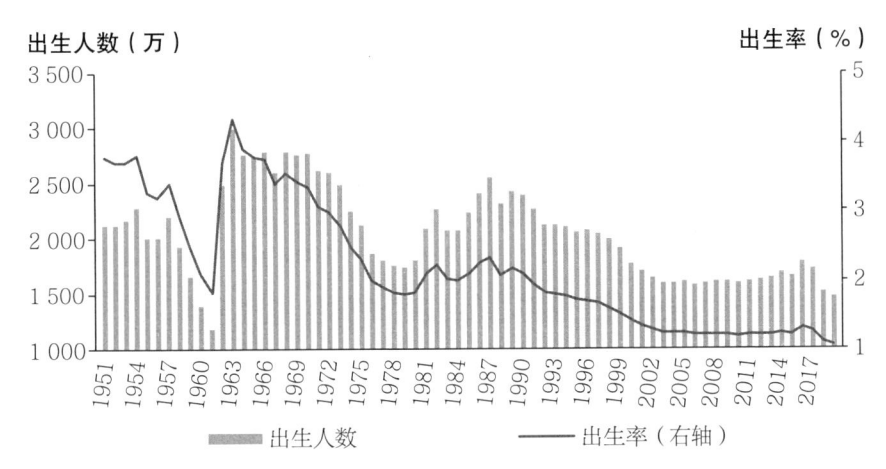

图 1-6　中国人口出生情况——新中国成立以来三次大规模"婴儿潮"

资料来源：国家统计局。

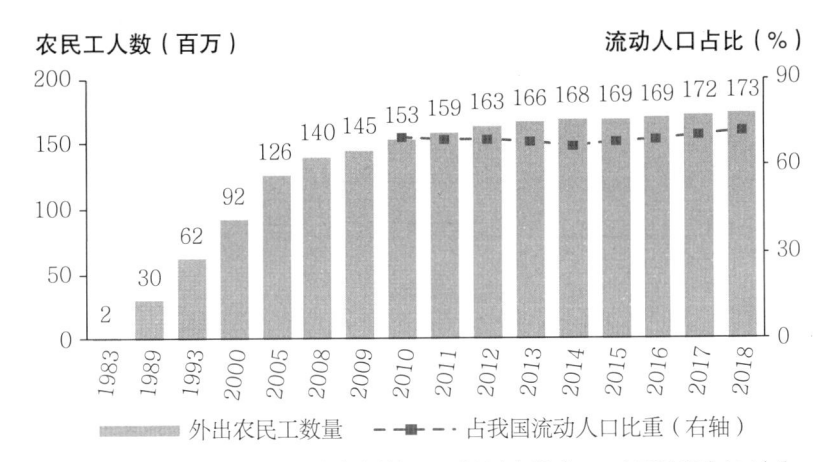

注：我国流动人口自 2010 年才开始公布年度数据，因此图中仅显示 2010 年后的流动人口占比。

图 1-7　20 世纪 80 年代以来农民工人数及流动人口比重

资料来源：段成荣等（2013）、国家统计局。

第二节
深度融入全球分工体系是高速追赶的重要引擎

一、深度融入全球分工体系是后发经济体的追赶起点

改革开放之后，中国经济的快速崛起与深度融入全球产业链分工体系密切相关。中国改革开放的政策春风、低廉的劳动力成本、广阔的纵深腹地以及勤劳的民族性格等，与第三轮全球制造业大迁移交融在一起，造就了中国"世界工厂"的地位和"中国奇迹"。

20世纪50年代以前，英、法、美、日等国先后从两次工业革命中崛起，率先成为全球工业大国，而其他多数国家仍处于农业国和原料国的地位。伴随工业国生产力的快速提升，其国内分工不断深化，最终超出国家范围，形成以产品为界限的传统国际分工体系，即工业国生产制成品，农矿国生产初级产品的格局（见图1-8）。在传统国际分工体系下，各国在本国境内完成一件产品的全部生产流程之后将产品出口，但较少将产业从本国转出。

20世纪50年代以后，伴随发达经济体产业结构加速升级，国际分工进一步深化，由产品分工模式转向要素分工模式，最终促成了新的全球产业链分工体系。第二次世界大战前后，随着以原子能、电子计算机及合成材料等为标志的第三次工业革命（科技革命）的爆发，发达经济体产业结构面临升级，产生了向外转移产业的需求，战后日益开放的国际环境也提供了有利条件。于是，国际分工开始向纵深发展，由产品分工模式转向要素分工模式，表现为产业内的不同产品之间以及同一产品的不同生产环节之间在国际范围内出现了分工协作。以汽车产业链为例，不同经济体凭借比较优势参与分工并不断提升专业化程度，最终促成了

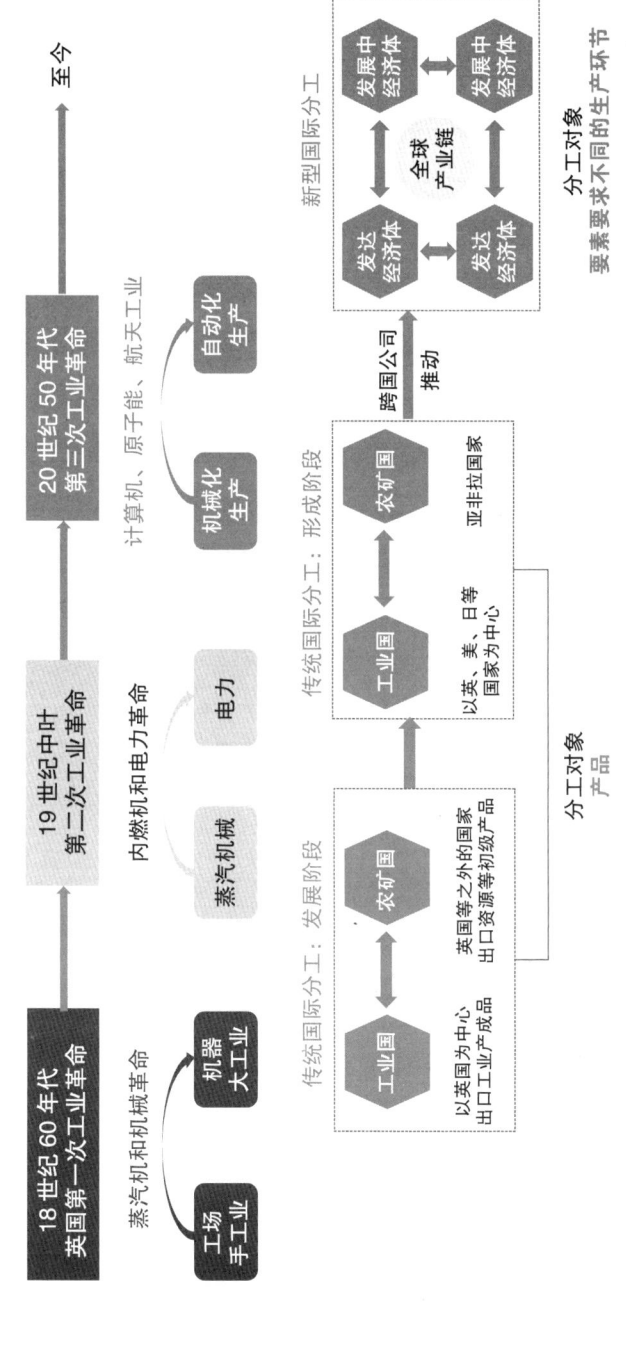

图 1-8 历次工业革命与国际分工体系的演变历程

资料来源：鲁丹萍（2006）。

全球汽车产业链分工体系的形成（见图1-9）。

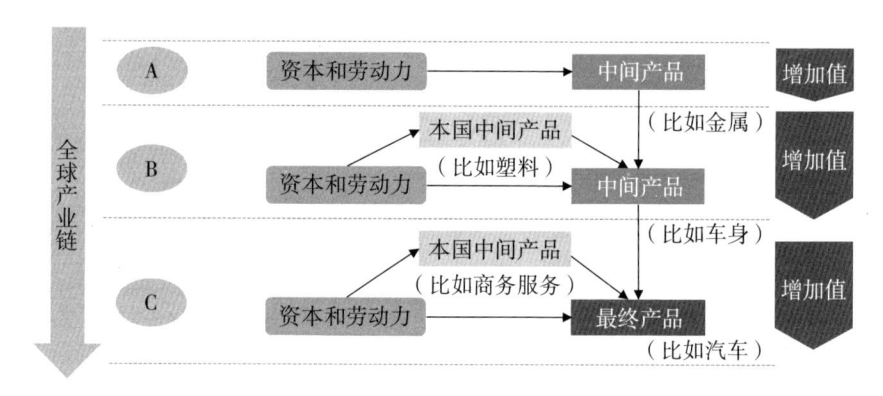

图1-9　全球产业链分工的基本范式：以汽车为例

资料来源：程大中等（2017）。

1950年之后，全球已经历过三轮产业的大迁移，目前正在经历的是第四轮产业迁移。产业迁移主要表现为产业链分工根据经济体要素密集度不同而动态分布，其一般规律是：低附加值的劳动密集型产业率先迁移，从相对发达、劳动力成本高的地区向欠发达且劳动力成本低的地区转移。产业迁移带动产业承接方经济的快速发展，其成本优势逐步降低直至消失，低附加值产业继续寻找新的承接方。自20世纪50年代以来，全球制造业中心先是从美国等发达经济体逐步转向日本和德国；再从日本和德国转向亚洲"四小龙"地区；20世纪80年代前后再转向中国东部沿海地区，推动中国成为"世界工厂"；2008年之后，全球开启第四轮产业迁移，主要从中国向东南亚等地区迁移（见图1-10）。

第一轮产业迁移发生在第二次世界大战后的20世纪50年代，部分中低附加值制造业由美国迁往日、德两国，带动了这两个战败国经济的快速复苏和发展。20世纪50年代以来，美国经历过两次重大的转型升级。第一次是"二战"结束后的经济整合阶段，面对国内劳动力成本的快速

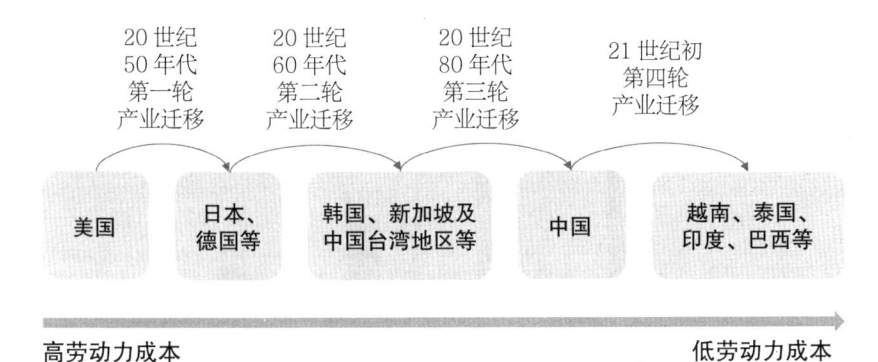

```
20世纪          20世纪          20世纪          21世纪初
50年代          60年代          80年代          第四轮
第一轮          第二轮          第三轮          产业迁移
产业迁移        产业迁移        产业迁移
```

美国 → 日本、德国等 → 韩国、新加坡及中国台湾地区等 → 中国 → 越南、泰国、印度、巴西等

高劳动力成本 ──────────────→ 低劳动力成本

图 1-10　全球历次产业迁移

资料来源：张帆（2014）。

上升，美国于 20 世纪 50 年代前后将纺织等低端制造业向外转移（主要转移到日本和德国等），在国内发展半导体、通信和电子等技术密集型制造业。第二次是 20 世纪 70 年代石油危机爆发后，为降低经济对石油的依赖程度，加之当时日本和德国制造业崛起对美国制造业造成冲击，美国继续向外迁移重化工业，经济重心逐渐由制造业向服务业转变。

通过承接美国产业转移和开启追赶进程，日本和德国成为第一轮产业迁移中两个最大的受益国。"二战"结束后，日本经济百废待兴，率先发展煤炭和钢铁产业，重建基础工业部门。1950—1955 年，日本确立"贸易立国"发展战略，凭借廉价劳动力及一定的工业基础，承接了美国的纺织和钢铁等产业；而战争背景下的"特需经济"则加快了这一产业承接进程。这也反映到了外贸结构上，截至 1955 年，纺织原料进口额占日本总进口额的比重高达 23.7%，纺织品出口额占比达 30%（见图 1-11）。积极承接转移产业，加之国内政策鼓励下投资和生产活动的快速修复，日本经济到 20 世纪 50 年代中期已恢复至战前水平。同一时期的德国（联邦德国）也通过产业承接等实现了战后工业体系的初步修复，并为制造业的重新崛起奠定了一定基础。

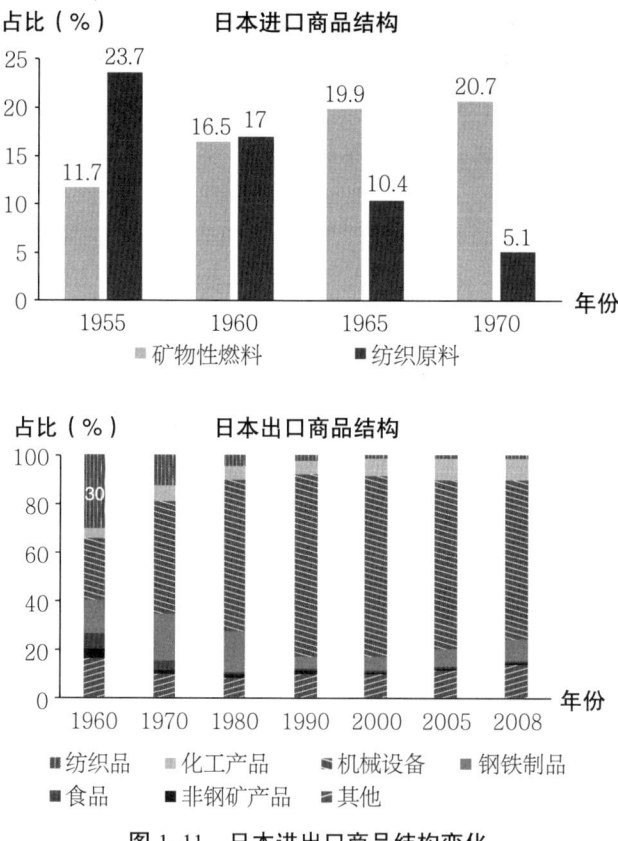

图 1-11 日本进出口商品结构变化

资料来源：日本大藏省、陈振锋等（2003）。

二十世纪六七十年代的第二轮产业迁移，促成了韩国及中国台湾地区等亚洲"四小龙"经济体的崛起。随着"追赶效应"的快速释放，在经济飞速发展的同时，日本的劳动力成本稳步攀升，环境问题日益凸显，于是日本国内开始大力发展电子、汽车、半导体和精密仪器等技术密集型制造业，中低端产业逐步外迁。凭借劳动力成本优势及区位优势，亚洲"四小龙"承接了大量的纺织等劳动密集型产业和重化工等资本密集型产业，从而成为第二轮产业迁移的主要受益者。

二、受益于第三轮产业迁移，中国成为世界制造中心

20世纪80年代，恰逢第三轮全球产业迁移契机，中国凭借改革开放释放的巨大市场潜力积极承接全球产业，开启"外向型"经济增长之路。20世纪80年代前后，亚洲"四小龙"的劳动力成本快速增长，劳动密集型产业的比较优势逐渐丧失。这一阶段，中国恰好处于"婴儿潮"人口的"黄金年代"，劳动年龄人口占比快速攀升，劳动力成本十分低廉。迎着改革开放的春风，凭借巨大的"人口红利"和区位优势，中国快速吸纳外资，承接迁移产业，融入全球产业链分工体系，实现经济的快速发展。中国商品出口额占世界商品出口总额的比重在1980年前尚不足1%，自20世纪80年代初以来快速攀升，到2018年已接近13%（见图1-12），位居世界第一。

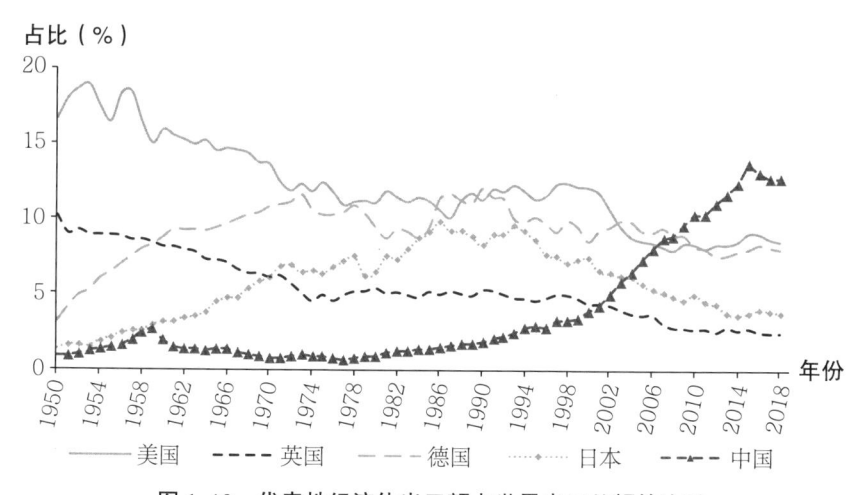

图1-12 代表性经济体出口额占世界出口总额的比重

资料来源：世界贸易组织。

中国早期承接的产业以纺织业、玩具和鞋帽等劳动密集型产业为主；20世纪90年代之后，部分资本与技术密集型产业的生产环节也开始向中

国迁移，加快了中国工业体系的完善与升级。20世纪90年代末，中国纺织轻工类产品出口占比最高时，能达到总出口规模的近一半，随后就一路下降了。20世纪90年代之后，发达经济体的信息技术飞速发展，产业转移的内涵也发生了一定变化。以现代科学技术为基础的零部件生产及整机组装等向中国转移，其中电子产品和半导体产业最具代表性，由此带动了以集成电路为代表的相关电子零部件产量的大幅增加。1990—2019年，集成电路年均产量从659万块增加至2 018亿块，年均增长72%（见图1-13）。

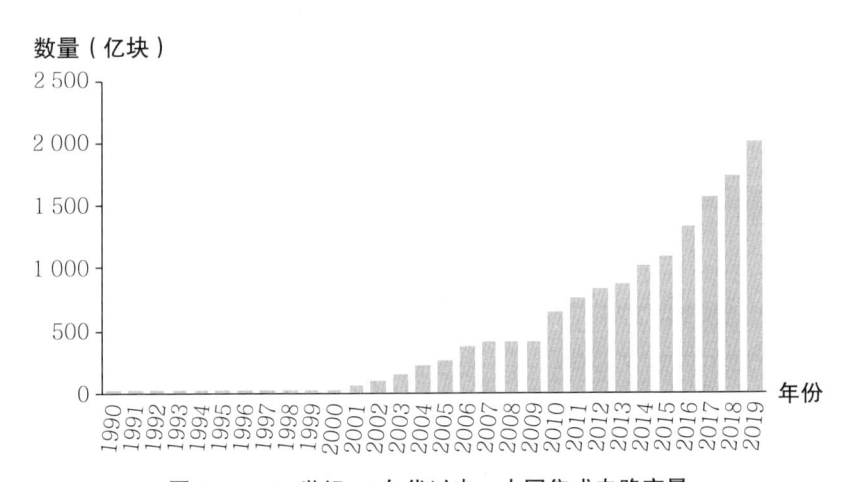

图1-13　20世纪90年代以来，中国集成电路产量

资料来源：国家统计局。

中国在吸收国外先进技术的基础上，不断研发和创新，加速实现技术水平的提升和产业结构的升级。自2000年以来，中国机械设备与电子电气等资本和技术密集型产业快速增长，占工业增加值比重持续提升，产品的出口竞争力也有所增强；其中，机械设备、电子电气产品的显示性

比较优势指数（RCA 指数）[①]1995—2011 年均上升 10% 左右，比较优势逐步形成（见图 1-14）。在快速"追赶"的过程中，中国的工业体系快速构建完成并不断完善升级。

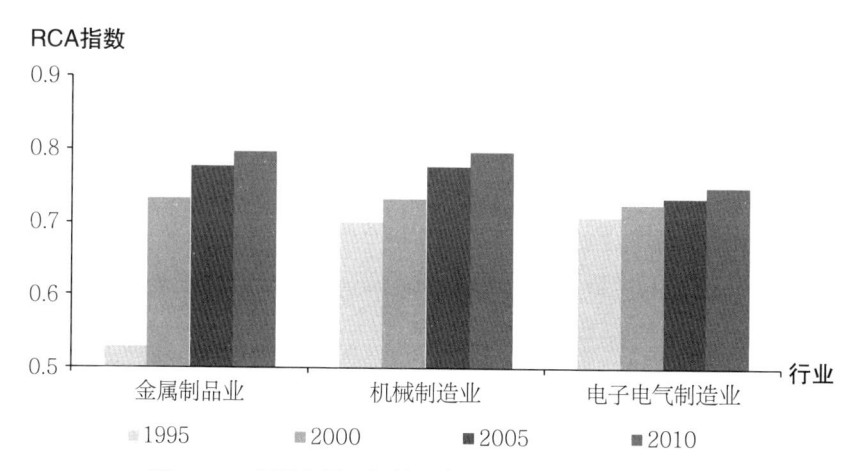

图 1-14 中国金属、机械及电子电气制造业 RCA 指数

资料来源：戴翔（2015）。

出口贸易中的相关商品，往往属于全球产业链分工体系中有相对优势的产业。从这些年出口商品的结构变化中，我们也能深切地感受到中国工业体系的结构升级。在我国早期的出口商品中，劳动密集型产品占比较高，尤其以低附加值的纺织原料和制品等为典型代表；1995 年，劳动密集型产品占出口产品比重高达 45%，几乎占据出口的半壁江山；20 世纪 90 年代后期，劳动密集型产品出口占比开始趋势性地降低，而附加值相对高一些的资本与技术密集型产品占比则持续提高（见图 1-15）。

---

① 显示性比较优势指数，是指一国某个行业出口额占该国总出口额的比重与全世界该行业出口额占全世界总出口额的比重的比值，常用于衡量一个国家某一行业的比较优势。RCA 指数若大于 1，表示该国该产业具备显示性比较优势，指数越大表明优势越强。

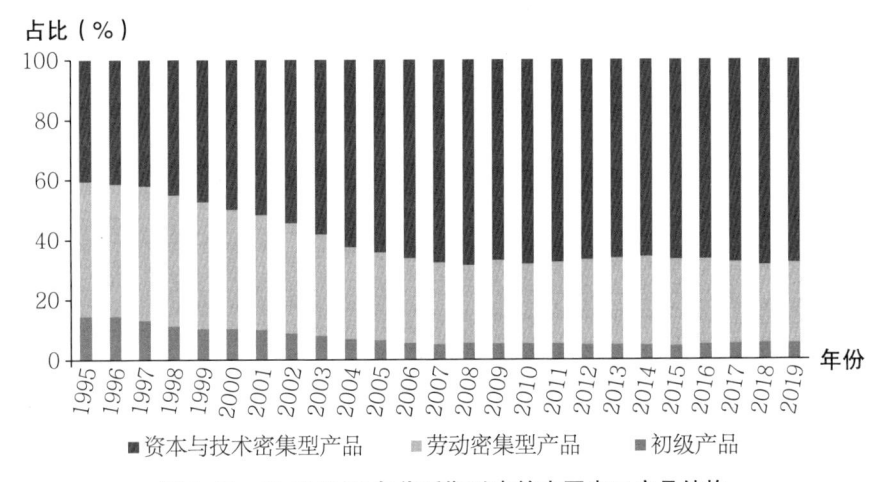

图 1-15　20 世纪 90 年代后期以来的中国出口产品结构

资料来源：中华人民共和国海关总署。

本章小结

改革开放后，中国实现了持续四十余年的高速增长，被经济学家们称为"中国奇迹"。"中国奇迹"出现的机理一度是非常热门的话题。事实上，改革开放后的经济腾飞，具有典型的后发"追赶"特征，先导型经济体也都经历过类似阶段。

先导型经济体经济发展的共性规律：深度融入全球产业链分工体系是高速"追赶"的重要引擎；依次经历"起飞→持续二三十年的高速增长→从高速向中速或中低速逐步过渡"的发展阶段；高增速阶段是"追赶红利"快速释放阶段，"换挡"的过程对应转型过程。

"中国奇迹"的出现，得益于改革开放的政策春风、低廉的劳动力成本以及勤勉的民族性格等，与第三次全球制造业大迁移交融在一起。前两轮全球制造业大迁移，成就的分别是日本、德国和亚洲"四小龙"等。

第二章

成长的烦恼：转型是发展的必经之路

第一节
"追赶红利"逐步消失，降速增效方是正途

一、追赶过程也是红利从兑现到透支的过程

低廉的要素价格，是经济体在承接全球迁移产业时"追赶效应"得以快速释放的重要支撑。但是，在经济发展水平不断提升的过程中，要素成本也会随之增加，导致传统竞争优势遭到削弱。拿1970—1990年这20年间的数据做横向对比分析，我们可以发现一些有趣的经济现象。

美国、加拿大等老牌资本主义国家，这一期间人均实际劳动报酬的变化非常小；受益于第一轮产业迁移的经济体（比如日本）在此之前已基本完成"追赶"任务，实际劳动报酬的提升幅度为60%~70%；受益于第二轮产业迁移的亚洲"四小龙"，正处于快速"追赶"阶段，人均实际劳动报酬增速最高，以韩国为例，20年间提升了近4倍（见图2-1）。

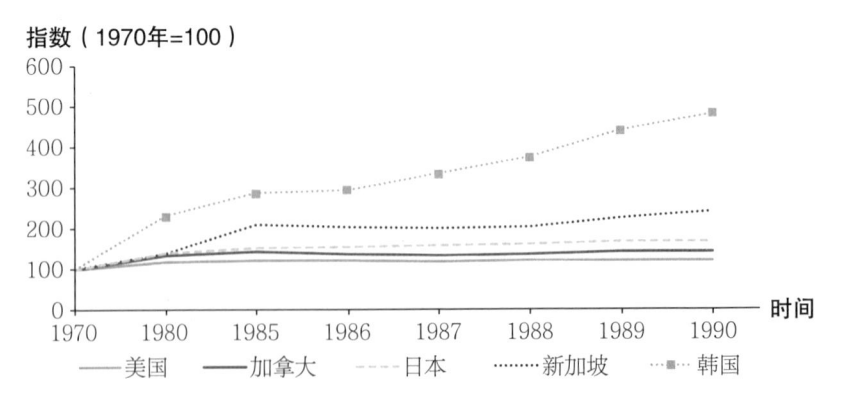

注：数据源于国家统计局网站，1985年前仅统计了1970年和1980年的指数，图中年份间隔仅为示意。

图2-1 制造业雇员人均实际劳动报酬指数

数据来源：世界银行《世界数据表》1996年。

对于劳动力实际成本上升，大家的第一反应通常是这些国家的人口结构是不是出现了恶化。事实并非如此。在成功突破"中等收入陷阱"①的先导型经济体中，除了日本在部分时段略有回落，其他国家这一时期的劳动力成本都处于上升趋势。劳动人口占比普遍也在明显上升：美国20世纪70年代处于上升阶段，80年代基本持平；韩国劳动人口占比在1970—1990年明显上升，从55%左右提升至接近70%的水平（见图2-2）。

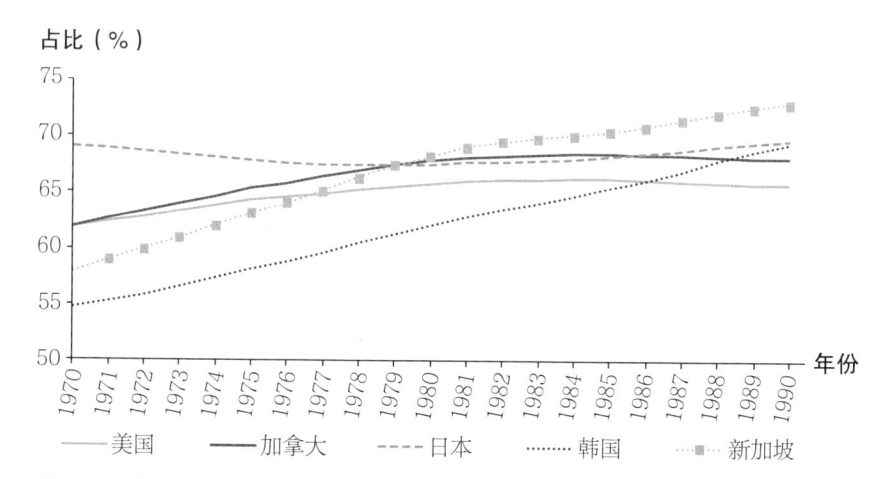

图 2-2　先导型经济体中成功突破"中等收入陷阱"国家劳动年龄人口占比情况
数据来源：世界银行。

劳动力成本上升的逻辑，可以用"两部门"模型来解释。如果将整个经济体分成可贸易部门与不可贸易部门，那么加入全球产业链分工体系

---

① "中等收入陷阱"的概念最早由世界银行在《东亚经济发展报告（2006）》中提出。它描述的是后发国家在从中等收入国家向高收入国家转型的过程中，低附加值、高耗能、高污染的传统模式不可持续，而要学习发达经济体的增长方式，其技术水平又跟不上，经济发展的潜力消失，增速大幅波动或长期陷入停滞，早期积累的经济、社会问题不断增加并集中爆发。从国际经验来看，在经济体由低收入向中低收入迈进的过程中，通常"追赶效应"占主导；步入中高收入阶段之后，前期快速发展阶段积累的经济、社会矛盾会不断加剧并逐步爆发，容易陷入所谓"中等收入陷阱"。

会从两个层面导致劳动力实际成本的上升。一方面，融入全球产业链之后，可贸易部门的生产效率会明显提升，从而带动实际劳动力成本的上升；同时，劳动力市场的流通性又会影响到不可贸易部门的劳动力成本上升。另一方面，"追赶效应"会促使工业化进程加快，可贸易部门的占比也会逐步提升。因此，"追赶效应"在带来后发国家经济快速发展的同时，也会使得要素价格上涨，而要素成本的增加会逐步削弱后发国家在追赶阶段的国际竞争优势，或者说，逐步消化掉后发国家早期发展模式的相对竞争优势。

在"追赶效应"释放的同时，要素价格的上涨相伴而生，这是经济发展的自然规律，但同时也会逐步削弱传统模式的竞争优势。换而言之，追赶过程本身也是"追赶红利"从兑现到透支的过程。我们可以看到，很多经济体在"追赶效应"快速释放的过程中，会经过二三十年的高速增长，随后经济增长会由高速向中低速回落。

二、经济结构转型升级是发展的必经之路

后发经济体在快速"追赶"的过程中，引进外部资本及先进的技术和管理经验，并配合相应的体制改革措施，可以有效提高单位要素的投入产出率。中国经济高速发展阶段，对应的也是全要素生产率高速增长的阶段。2011年之后，我国的全要素生产率增速明显下降，甚至进入负增长区间（见图2-3）。中国经济也是从这个时点开始，从高速增长向中高速增长逐步换挡，经济结构转型升级的迫切性不断增强。

劳动力供给从绝对过剩到相对不足，尤其是中低端劳动力严重供不应求，导致我国经济结构加快转型更显紧迫。求人倍率衡量的是劳动力市场的供需关系，该指标如果超过1，说明求职人数少于岗位数，也就是说劳动力供给不足。我们可以看到在2010年之后，我国的求人倍率几乎始

终在1以上，而且近两年还有持续提高的迹象（见图2-4）。特别是高中及以下、职业学校的准技术工人等中低学历劳动力，供不应求情况最为严重（见图2-5）。传统经济增长模式不可持续，产业结构转型升级已空前迫切。

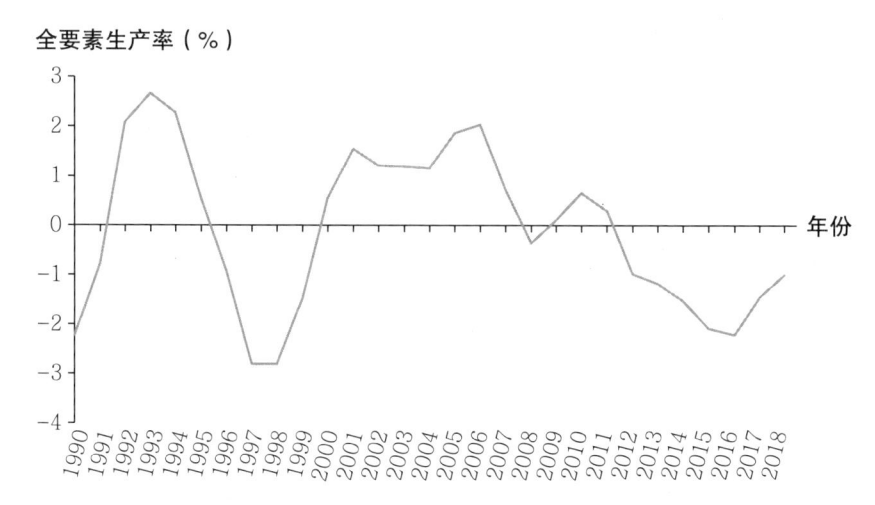

图 2-3　中国全要素生产率增速（3年移动平均）

资料来源：美国大型企业联合会数据库（TED）。

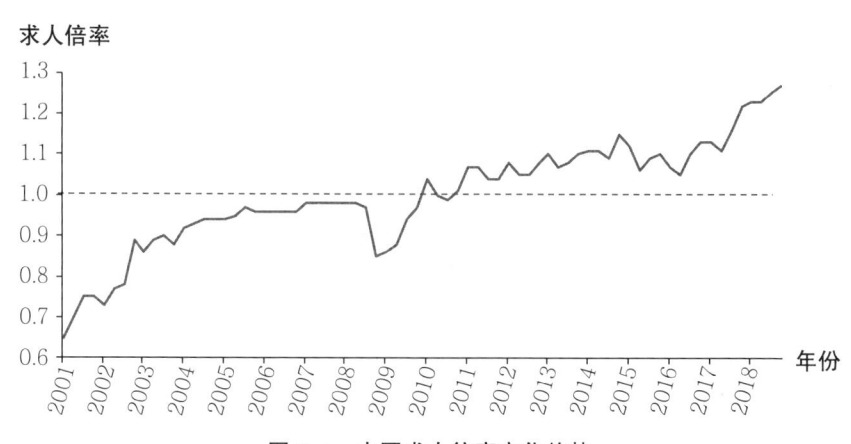

图 2-4　中国求人倍率变化趋势

资料来源：中国人力资源市场信息监测中心。

求人倍率

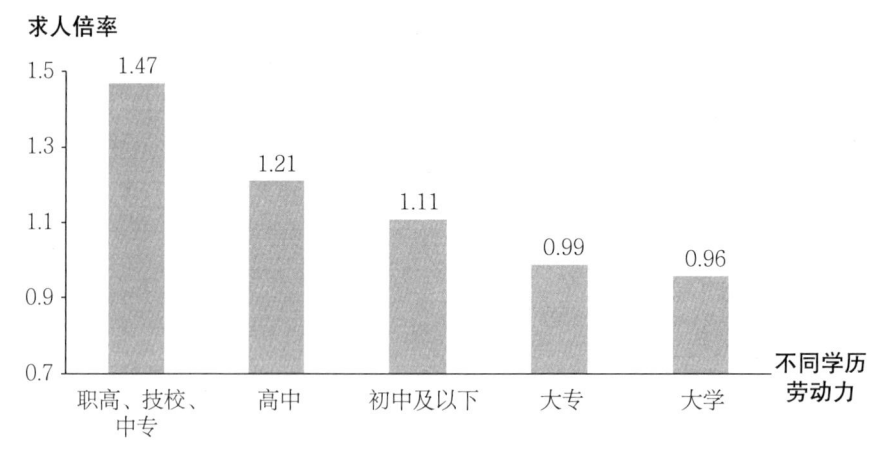

- 职高、技校、中专：1.47
- 高中：1.21
- 初中及以下：1.11
- 大专：0.99
- 大学：0.96

图 2-5　不同学历劳动力的求人倍率

资料来源：中国人力资源市场信息监测中心。

劳动力跨区域间的流动明显放缓，进一步提高了部分东部省市产业结构转型的迫切性。改革开放之初，大规模的人口从农村流向城市，从中西部欠发达地区流向东部地区，为我国的快速工业化做出了巨大贡献。第一次预警信号发生在 2004 年前后，珠三角地区首次出现"用工荒"。数据显示，跨省流动人口占比在 2005 年达到峰值，此后逐年下降，而省内流动人口占比趋于提高；农民工的流动也呈现类似特征。人口结构的变化，最先冲击的是对外来劳动力依赖度比较高的东部区域。2001—2010年，东部人口净流入以 5%~10% 的速度快速增长，但从 2011 年起，东部人口净流入增速开始明显放缓，2013 年开始进入负增长区间（见图 2-6）。

如前文所述，改革开放带来的制度红利、前两波婴儿潮带来的"人口红利"及"追赶效应"的持续释放，共同造就了"中国奇迹"。但随着经济发展水平的持续提高，传统竞争优势开始不断被削弱，传统增长模式变得不可持续。我国工业化率的顶峰出现在 2006 年前后，2011 年之后开始趋势性回落（见图 2-7）。2011 年是我国经济结构转型升级的转折点，也是经济增速从高速向中高速"换挡"的开始。

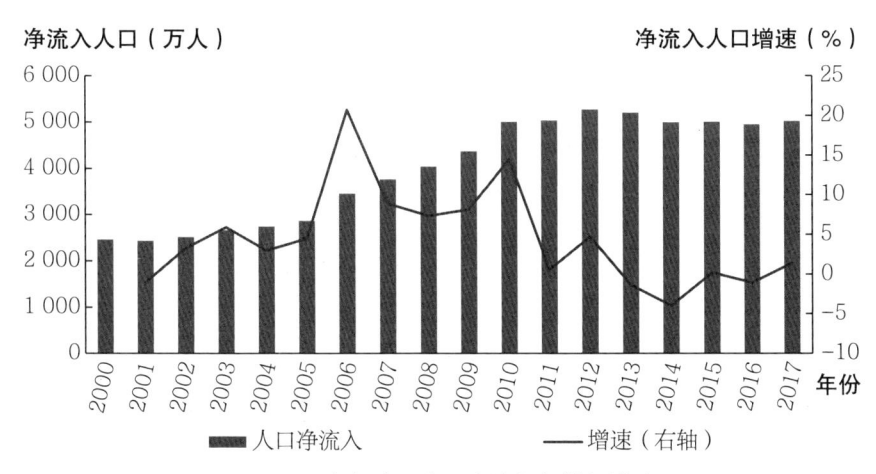

图 2–6　东部地区人口净流入规模与增速

资料来源：国家统计局、CEIC（中国经济数据库）。

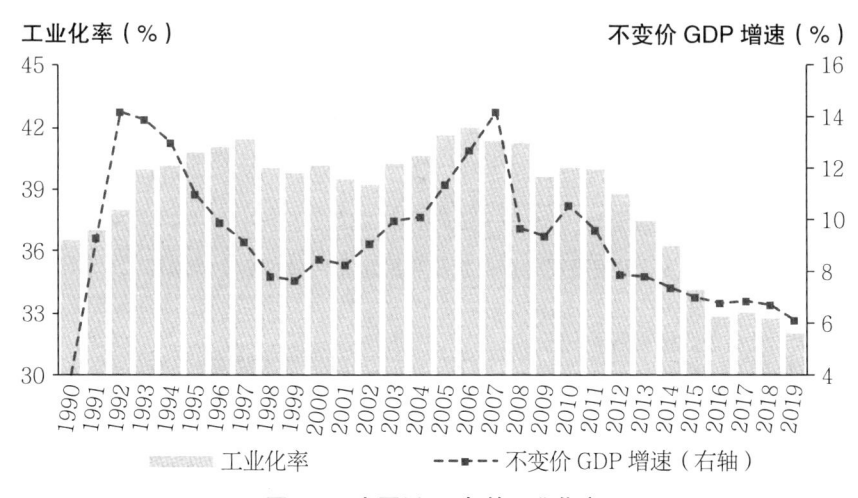

图 2–7　中国近 30 年的工业化率

资料来源：国家统计局。

传统高耗能行业的投资增速下滑，是产业结构转型启动的标志。为了方便考察，我们将工业分类中传统高耗能的十多个行业专门筛选出来，将它们的投资规模合并成一个指标——传统高耗能行业投资[①]。通过对比分析，我们会发现，这些高耗能行业都是典型的传统行业，特别能代表传统的粗放式增长模式。传统高耗能行业的投资增速在 2011 年之前持续保持高位，而且一直保持着 3~4 年的周期性波动态势；2011 年之后持续回落直至 2015 年出现深度负增长（见图 2-8）。传统高耗能行业的投资增速下降，拖累全行业投资增速，投资增速下降又拖累消费增速，进而造成经济增速的持续下滑。

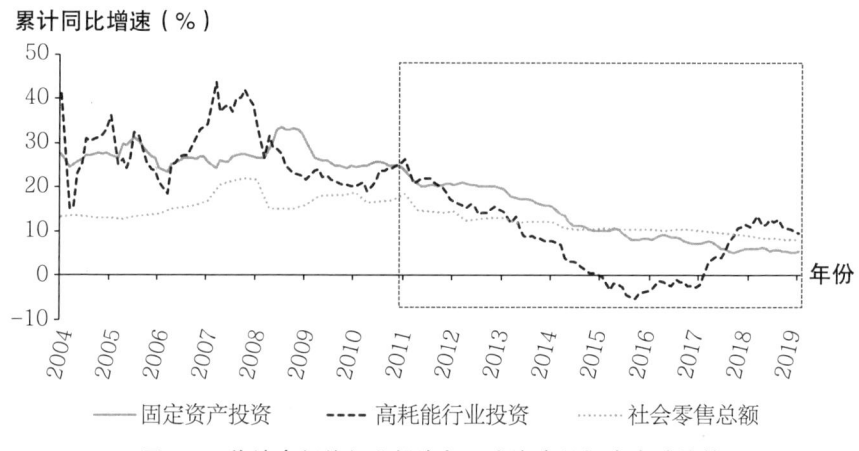

图 2-8　传统高耗能行业投资与固定资产总投资变动趋势

资料来源：国家统计局。

传统高耗能行业是最能代表传统增长模式的板块，当期的投资行为对应的是未来的产能兑现。由此来看，产业结构的转型升级从传统高耗

[①] 高耗能行业共计 14 个行业，其中包括采矿业的 7 个细分行业：石油、煤炭及其他燃料加工业，化学原料及化学制品制造业，化学纤维制造业，橡胶和塑料制品业，非金属矿物制品业，黑色金属冶炼及压延加工业，有色金属冶炼及压延加工业。

能行业的投资增速下滑开启也就不难理解了。我们也可以换个视角来理解这个问题：投资行为向来都是提前建设，在"追赶红利"快速释放的过程中，传统行业产能过剩的问题可以通过时间来消化；但是当"追赶效应"逐渐变弱、需求增速下降时，传统高耗能行业的产能过剩问题就会加快凸显，压制企业赢利能力，进而影响投资行为。2012年年底，中国电解铝、钢铁、平板玻璃、水泥等行业的产能利用率分别为71.9%、72.0%、73.1%、73.7%，明显低于国际通行标准；亏损率（亏损企业占全部企业数量的比重）分别为34.9%、28.2%、35.7%、27.8%，显著高于工业企业平均水平（见图2–9和图2–10）。

产能利用率（%）

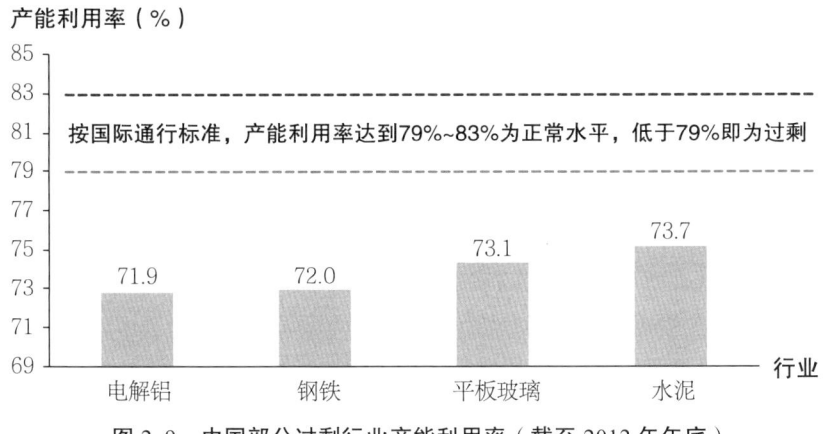

按国际通行标准，产能利用率达到79%~83%为正常水平，低于79%即为过剩

行业	产能利用率
电解铝	71.9
钢铁	72.0
平板玻璃	73.1
水泥	73.7

图2–9　中国部分过剩行业产能利用率（截至2012年年底）

资料来源：《国务院关于化解产能严重过剩矛盾的指导意见》。

传统高耗能行业投资增速的持续下滑，造成第二产业投资增速不断回落；与此同时，第三产业的国民经济贡献度开始持续提升，后工业化时代开启。2011年，第三产业占GDP的比重还只有44%，低于第二产业的47%；到2012年则与第二产业持平为45%，2013年开始超过第二产业占比，此后不断提升；2019年，第三产业在GDP中的占比达到54%，远超第二产业的 39%，对国民经济的主导作用越发显著（见图 2-11）。

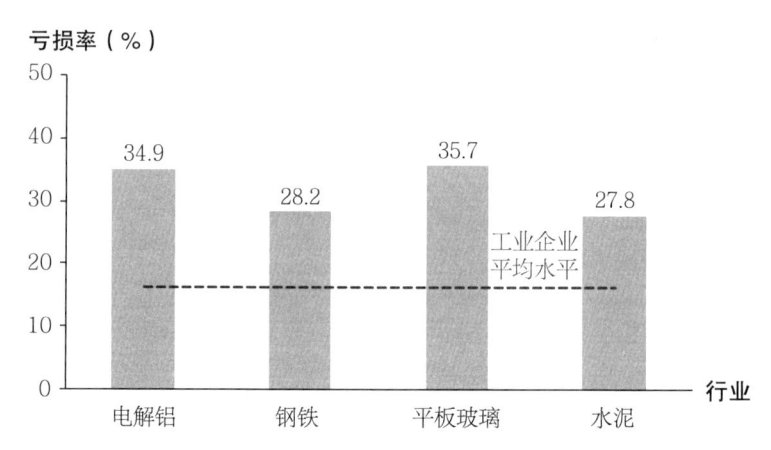

图 2-10　代表性过剩产能行业亏损率（截至 2012 年年底）

资料来源：《中国工业节能进展报告 2013》。

图 2-11　第二产业和第三产业占 GDP 比重变化趋势（1953—2019 年）

资料来源：国家统计局。

第二节
逆全球化兴起，加大中国经济转型迫切性

一、逆全球化思潮下，全球一体化退坡

2008年金融危机之后，逆全球化思潮再度兴起，对深度融入全球产业链分工体系的中国而言，不利影响在所难免。2008年的金融危机，不仅给全球经济造成了巨大负面冲击，而且极大地冲击了全球产业链分工体系。随着经济增长持续低迷，主要发达经济体纷纷从自由贸易的支持者转变为贸易保护的拥护者，希望通过将技术、资本留在本国以及抑制外来移民和商品进入本国等手段提振国内经济并增加工作机会。以美国为例，2010—2017年，美国将初级产品进口加权关税税率由1.21%提升至1.51%；2010—2018年，美国对欧盟及日本贸易活动的干预次数从年均85次、83次分别增加至107次、87次，对华贸易活动干预次数更是明显提升，2018年达到143次之多。

逆全球化思潮在各个维度均有所体现，2016年的英国脱欧公投[1]和特朗普上台之后发起的贸易摩擦都是典型代表。2009年以来，以美国为代表的发达经济体实施贸易干预（包括反倾销条例、原产地规则、进口配额制、出口配额制及进口许可证制等多种形式）活动的数量明显增加。特朗普2017年1月就任美国总统后，时隔7年和16年重新启用"301"

---

[1] 2016年6月24日，英国脱欧公投投票结果出炉，支持留欧者占比48.1%，支持退欧者占比51.9%，英国成为首个公投决定退出欧盟的国家。这是欧洲经济一体化进程的倒退，更是全球化遭遇逆转的真实呈现。脱欧阵营利用民粹主义情绪，广泛宣传英国留欧可能带来的难民增长、福利削减、犯罪率升高等潜在后果，迎合了普通民众（特别是中老年民众）的关注点，使逆全球化立场在英国基层得到广泛认可。

调查和"232"调查这两个贸易保护工具①（见图2-12），全面扩大贸易保护范围，加重贸易惩罚力度。对于特朗普政府的贸易政策，非美经济体纷纷发起"反击"。2018年6月，欧盟、加拿大、墨西哥、土耳其、印度等宣布对美国的钢铝产品及农产品征收高额关税（见表2-1）。2019年10月，针对美国对欧盟75亿美元商品加征关税的举措，欧盟反应激烈，表示已准备好对美国120亿美元的商品加征高额关税。

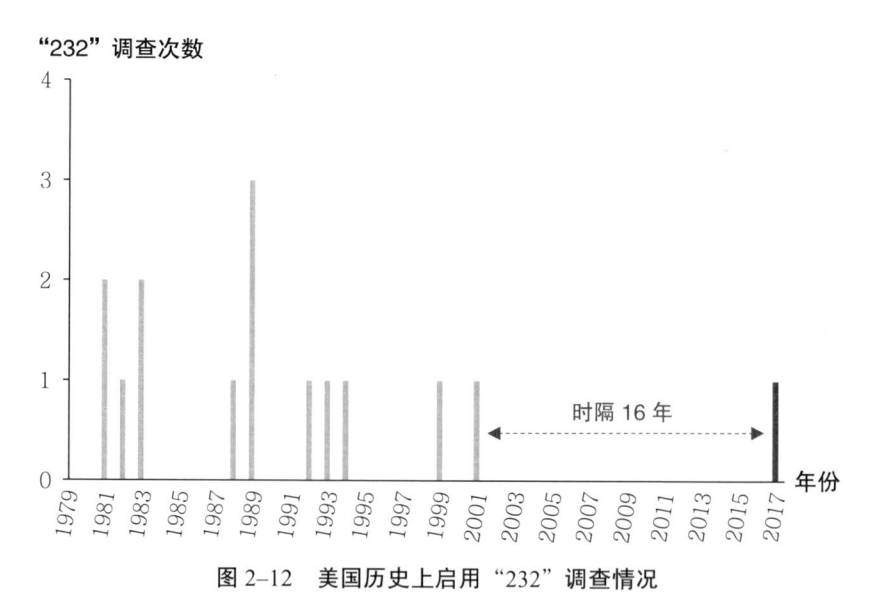

图2-12　美国历史上启用"232"调查情况

资料来源：USTR（美国贸易代表办公室）。

事实上，逆全球化不是什么突然出现的新鲜事物，从历史来看，全球化与逆全球化一直交织在一起，影响全球经济发展（见图2-13）。以全球化1.0时代为例，哥伦布发现新大陆后，诸多跨国贸易路线不断被开辟出

---

① 与"反倾销、反补贴"相比，"232"调查赋予了美国政府对某类商品的所有出口国征收高额关税权，"301"调查更是因威慑大和惩罚时间长而被称为美国贸易保护的"核武器"。

表 2-1　主要非美经济体针对美国贸易保护主义所采取的反击措施

国家或地区	时间	事件
墨西哥	2018-06-05	墨西哥经济部公布对美国产品征收进口关税清单，其中对钢铁产品征税 15%~25%，对猪后腿肉和猪肩胛肉征税 20%，对美国乳酪征税 20%~25%，对苹果和土豆征税 20%（2019 年 5 月达成新的《北美自由贸易协定》后，取消前期征收的高额关税）
印度	2018-06-21	印度将暂停向 30 种从美国进口的商品进行关税减让，作为美国向印度征收钢铝关税的回应，这些商品包括摩托车、某些钢铁产品、硼酸以及扁豆，关税价值约为 2.4 亿美元
土耳其	2018-06-21	土耳其对价值 11 亿美元的美国进口产品加征关税
欧盟	2018-06-22	欧盟启动针对美国金属关税的初步反击措施，将对 28 亿欧元美国商品征税，商品包括美国输欧服装、化妆品、船只、摩托车乃至橙汁、花生酱、蔓越莓、波本威士忌酒
加拿大	2018-07-01	加拿大将针对美国征收附加性钢铝关税，最多 166 亿加元，自 7 月 1 日开始生效。加拿大将对美国钢铁产品征收 25% 的关税，对美国铝产品征收 10% 的关税（2019 年 5 月达成新的《北美自由贸易协定》后，取消前期征收的高额关税）

资料来源：Bloomberg（彭博社）、长江证券研究所。

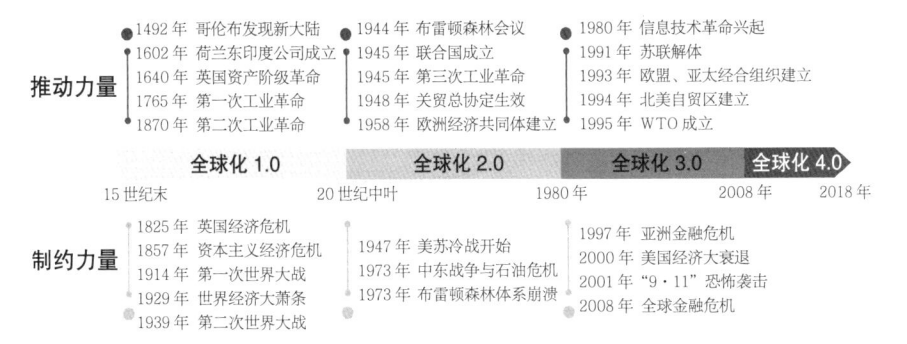

推动力量
- 1492 年　哥伦布发现新大陆
- 1602 年　荷兰东印度公司成立
- 1640 年　英国资产阶级革命
- 1765 年　第一次工业革命
- 1870 年　第二次工业革命
- 1944 年　布雷顿森林会议
- 1945 年　联合国成立
- 1945 年　第三次工业革命
- 1948 年　关贸总协定生效
- 1958 年　欧洲经济共同体建立
- 1980 年　信息技术革命兴起
- 1991 年　苏联解体
- 1993 年　欧盟、亚太经合组织建立
- 1994 年　北美自贸区建立
- 1995 年　WTO 成立

全球化 1.0　　全球化 2.0　　全球化 3.0　　全球化 4.0
15 世纪末　　20 世纪中叶　　1980 年　　2008 年　　2018 年

制约力量
- 1825 年　英国经济危机
- 1857 年　资本主义经济危机
- 1914 年　第一次世界大战
- 1929 年　世界经济大萧条
- 1939 年　第二次世界大战
- 1947 年　美苏冷战开始
- 1973 年　中东战争与石油危机
- 1973 年　布雷顿森林体系崩溃
- 1997 年　亚洲金融危机
- 2000 年　美国经济大衰退
- 2001 年　"9·11" 恐怖袭击
- 2008 年　全球金融危机

图 2-13　历史上的全球化与逆全球化力量

资料来源：IBM（国际商用机器公司）、黄仁伟（2017）。

来；两次工业革命大幅提升生产水平，商品贸易得以繁荣；英国大量建立海外殖民地，大规模跨国贸易市场形成。这些都是全球化的正向推动力量。而以1929年开始的大萧条为代表的经济危机，导致各国普遍采取贸易保护主义政策，严重影响跨国贸易活动；两次世界大战更是空前地摧毁了社会生产力。这些都是经济全球化的制约力量。在全球化2.0时代和3.0时代的发展历程中，推动力量和制约力量的博弈仍在继续发生。

逆全球化思潮兴起的背后，既有经济因素，也有非经济因素。经济方面主要表现为"全球化红利"分配不均，使得原有分工模式并没形成一个有效的闭环。虽然全球一体化带来了生产效率的提升，但这种红利并没有"公平"地分配到各个国家、各个产业。世界贸易带来的增加值，更多地向中国及东南亚新兴经济体倾斜，而欧美发达经济体分享到的增加值比重有所下降（见图2-14）。在全球化进程中，不仅国别间收入差距持续扩大，主要经济体内部的贫富差距也在扩大，比如欧美发达经济体自20世纪90年代以来最富有的前10%人群的财富占比持续上升（见图2-15）。一方面，经济总量在高速增长；另一方面，国别之间、国内社

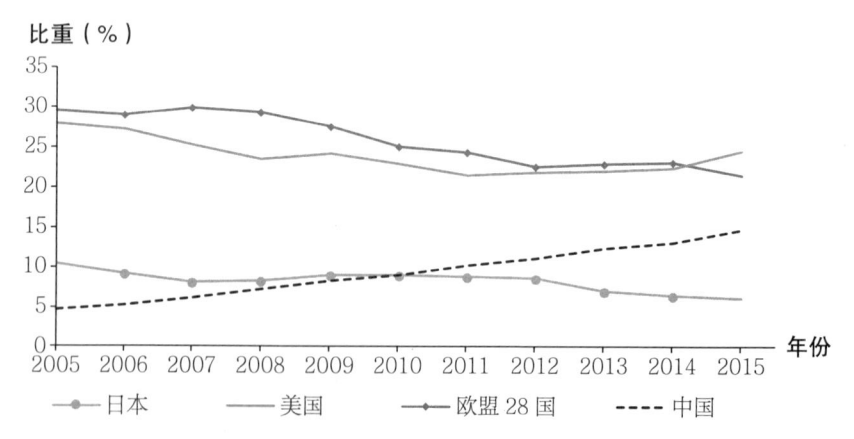

图2-14 世界主要经济体的贸易增加值占世界贸易需求的比重

资料来源：OECD（经济合作与发展组织，贸易增加值数据仅更新至2015年）。

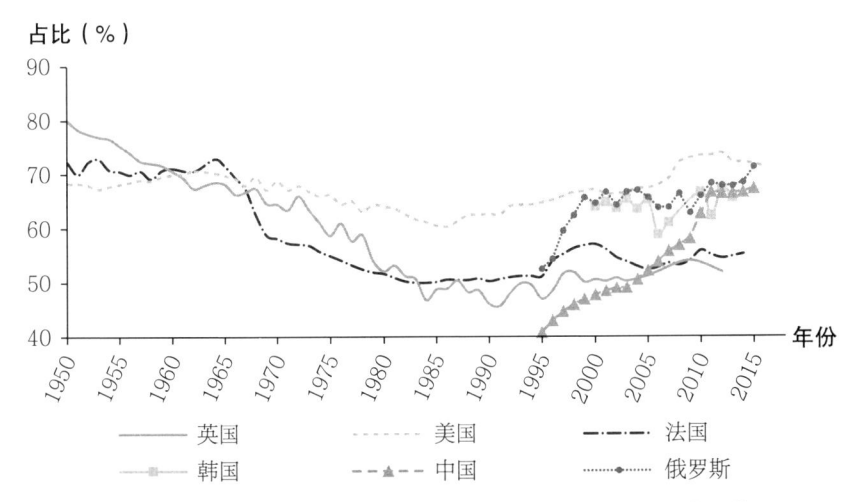

图 2–15　世界主要经济体前 10% 富有人群财富占比的演变趋势

资料来源：WID（World Inequality Database，世界不平等数据库）。

会各阶层之间的矛盾在不断加剧。一旦经济出现低迷，矛盾就容易激化，从而导致逆全球化思潮的活跃。

逆全球化的非经济因素包括移民冲突加剧、民族主义发酵及环境问题恶化等。事实上，经济因素与非经济因素在很多时候是无法分割的。例如，全球化带来的劳动力自由流动，虽然在很大程度上优化了人力资源配置，但也引发了一系列社会冲突，比如国际移民给迁入国带来的就业岗位挤出、社会治安恶化、公共服务挤占及人均福利下降等问题。其中比较具有代表性的是前些年的欧洲难民潮问题，由此滋生了以"反难民"为重要特征的逆全球化思潮，而且难民问题成为英国退欧的重要触发因素。

逆全球化思潮对全球产业链分工体系的冲击是巨大的，早期受益于全球产业分工的经济体在这一过程中容易受到负面冲击。20 世纪 80 年代美国与日本的贸易争端具有一定的参考意义。此后一段时期内，美日贸易摩擦升级，美国对日本的汽车、半导体、电子等行业采取大规模贸易保护措施,并通过"超级301条款"对日本众多制造行业展开贸易战(见图2-16)。除了传统贸易保护措施外,美日贸易战还通过签署《广场协议》、引导日元升值从而以"汇率战"的形式调节贸易失衡。日本出口竞争优势被大幅削弱,制造业企业开始加速向海外转移,国内产业出现明显的"空心化"。我们从日本风险资金的投向也可以看出端倪,该国制造业投资占比快速下降,对外投资大幅增加(见图2-17),比如受贸易摩擦影响较大的汽车行业部分产能迁至美国等终端需求国。

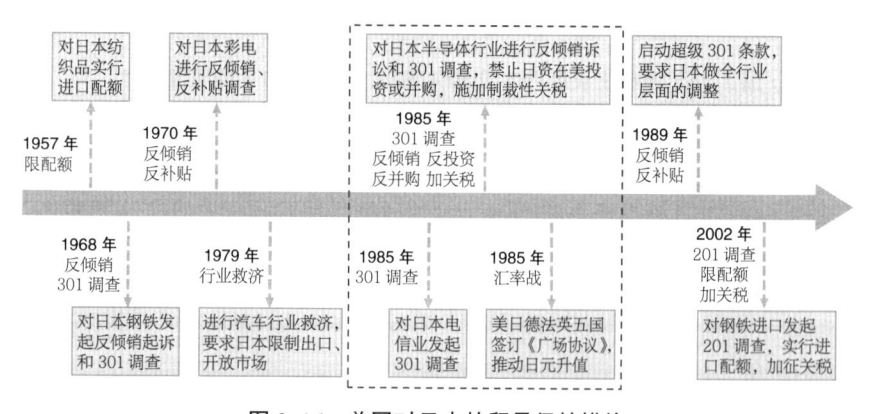

图 2-16 美国对日本的贸易保护措施

资料来源:USTR。

近几年的逆全球化思潮,对全球产业格局也已经开始产生影响,部分制造业企业重回发达经济体,部分则加快从中国迁移至东南亚等其他区域。以美国为例,奥巴马在金融危机之后大力推行"再工业化"和"制造业回归"。为了强调制造业的重要性,美国政府于2009年12月公布《重振美国制造业框架》,2011年6月和2012年2月相继启动《先进制造业伙伴计划》和《先进制造业国家战略计划》,2013年发布《制造业创新中心网络发展规划》,推动所谓的"制造业回归",近年来已经取得了一定成效。特朗普上台后,进一步通过减税、放松监管等手段降低成本并

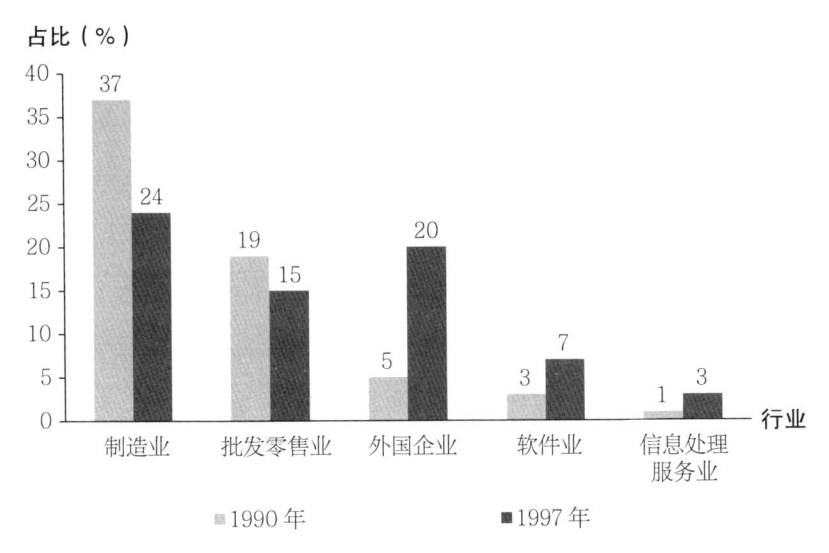

图 2-17 日本风险投资资金投向

资料来源：日本经济企划厅。

吸引制造业回流。美国回流倡议组织（The Reshoring Initiative）的统计显示，2010—2017 年，由中国回流至美国的企业达 721 家，为美国增加近 2.8 万个制造业岗位，约为美国总回流就业岗位的 60%。

全球产业资本的流向也反映出类似的情形，逆全球化在加快全球产业链的重构。在 2008 年金融危机之前，产业资本大规模流入新兴经济体；危机之后，流入发达经济体的 FDI 占 GDP 比重不断提升，而流入新兴经济体的 FDI 占 GDP 的比重则趋于下降。发达经济体 FDI 存量累积速度（占 GDP 比重）加速超过新兴经济体（见图 2-18）。其中，美国是产业资本回流的主要目的地，2010 年以来，流入美国的 FDI 占全球比重上升了 13 个百分点。

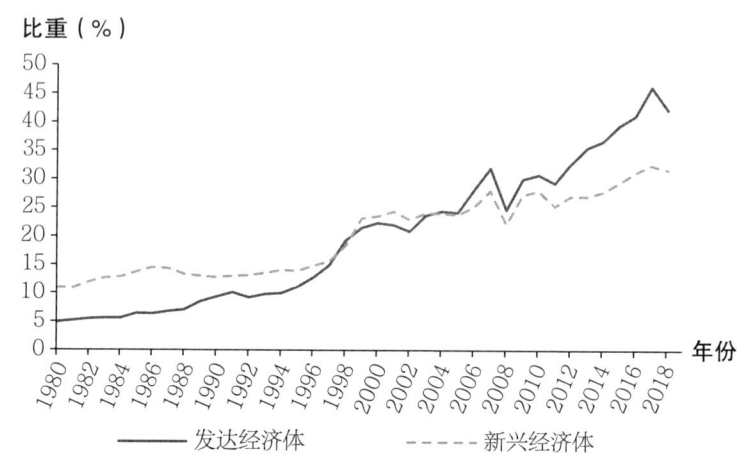

图 2-18　发达经济体和新兴经济体 FDI 存量占 GDP 比重变化趋势

资料来源：UNCTAD（联合国贸易和发展会议）。

二、全球产业链重构，倒逼中国加快转型

中国低附加值产业的外迁早在 2012 年前后就开始了，尤其以纺织服装业为代表，主要迁往东南亚部分经济体。2010 年之后，劳动力供需逐渐从绝对过剩变为相对不足，尤其中低端劳动力供给严重不足，导致中低端劳动密集型产业的比较优势被明显削弱，进而倒逼我国一批低附加值产业开始向外迁移，纺织鞋袜、食品加工和设备制造等行业的标准化生产环节大多迁至劳动力成本更加低廉的东南亚地区。这一现象在 2012 年之后的几年间表现较为明显（见图 2-19）。例如，全球最大的鞋类代工厂之一台湾宝成国际集团，已将部分产能陆续迁至越南和印尼等国，在国内的产量份额持续回落（见图 2-20）。台湾宝成集团近些年的发展历程可谓是全球产业迁移的经典样本，我们从该公司官网整理了一些信息，以此作为一个案例。

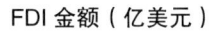

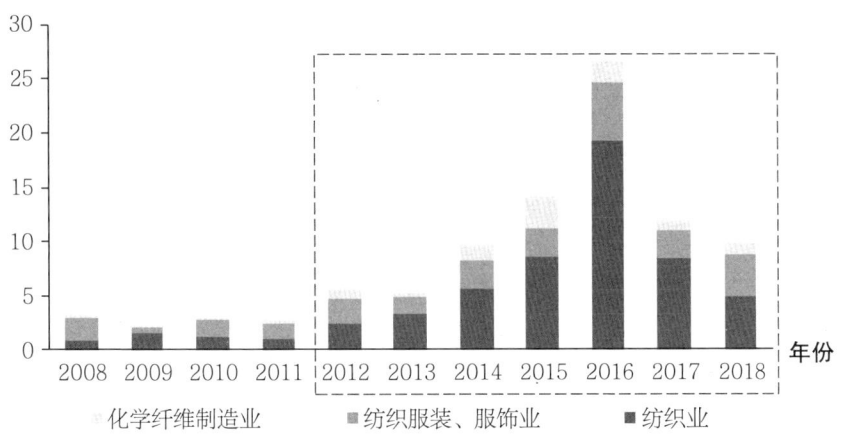

图 2-19　中国纺织业 FDI 变动趋势

资料来源：CEIC。

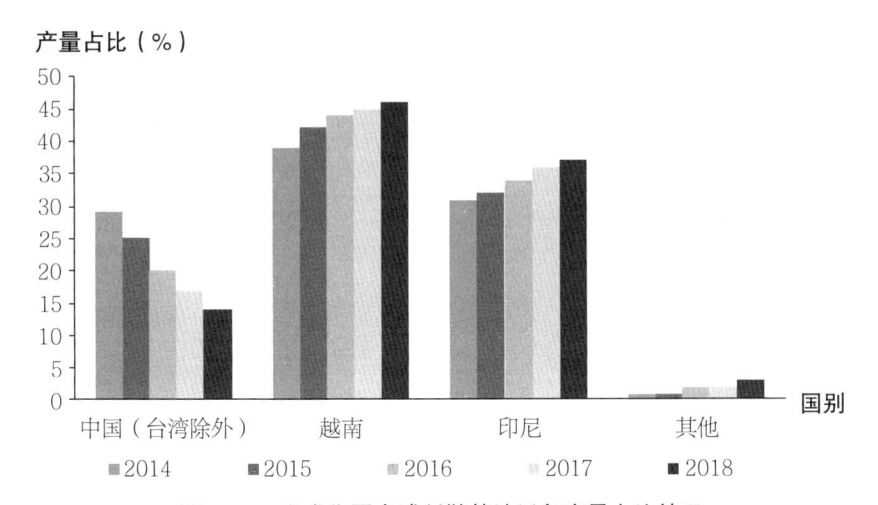

图 2-20　宝成集团全球制鞋基地近年产量占比情况

资料来源：中国鞋网。

案例

制鞋巨头台湾宝成国际集团

宝成国际集团成立于1969年9月，总部位于中国台湾台中市。公司在成立早期主要从事塑胶鞋的生产制造和出口；从1978年起，公司正式开始运动鞋的代工制造，此后专注于运动鞋、休闲鞋及户外鞋之研发与制造。随着产品品质的提升、生产制造流程的整合及研发设计能力的提升，宝成集团业务模式由纯代工制造（OEM）向代工设计制造（ODM）扩展。

到2018年，宝成承接耐克（Nike）、阿迪达斯（Adidas）、亚瑟士（Asics）、新百伦（New Balance）、添柏岚（Timberland）、萨洛蒙（Salomon）等国际著名品牌的代工业务，年产量超过3亿双，约占全球运动鞋及休闲鞋市场份额的20%，是全球最大的制鞋厂商。

宝成集团作为制鞋业的典型厂家，其产能布局的变化基本上代表了劳动密集型产业的迁移路径。

20世纪80年代末期，因台币大幅升值、薪资上涨及劳工短缺等问题浮现，中国台湾地区的制鞋业为了降低生产成本，陆续将工厂往本土之外迁移，形成产业迁移浪潮；祖国大陆拥有充足的劳动力和成本优势，成为台湾地区制造业的重要去向。宝成集团也不例外，于1988年在祖国大陆建立第一条生产线。

20世纪90年代，越南实行改革开放，出台许多租税优惠政策吸引外资，再加上越南鞋品出口至欧洲市场享有"普遍优惠制"（GSP）且无进口配额管制，对劳动密集型产业的吸引力也在上升。在这一阶段，中国台湾部分制造业开始在越南建立生产基地，宝成集团于1994年在越南建立第一个生产基地。

进入21世纪之后，尤其是2008年中国颁布实施《中华人民共和国劳动合同法》后，全球最大的制鞋基地珠三角的制造成本快速攀升。一些在当地扎根多年的外资鞋企开始掀起新一轮往越南、印度及孟加拉国等东南亚国家外移的热潮，中国台湾制鞋业也加速在东南亚国家的产能布局。在这一背景下，宝成集团加大对越南、印度尼西亚等国生产线的投资，还于2000年在墨西哥设厂，于2009年在孟加拉国与柬埔寨建立生产基地，于2015年在缅甸建立生产基地。

近年来，越南已经取代中国大陆成为宝成集团的主要生产基地；截至2019年上半年，中国、越南及印度尼西亚的产量分别占宝成鞋类产品总产量的13%、45%及38%（2016年，这一占比分别为20%、44%和34%）。2018年以来，随着中美贸易环境不确定性加强，产业外迁再次出现加速迹象。2019年，宝成集团董事长表示，将会持续在越南、印度尼西亚及缅甸等地投资，扩大集团制鞋营运布局。

（信息整理自宝成集团官网、2018年年报等）

在逆全球化思潮下，全球产业链的重构正在加速，尤其是特朗普政府上台后，中国部分企业外迁的速度在明显加快。我们以上市公司为样本进行观察，2018年，约40家上市企业发布公告，计划在越南、马来西亚、泰国和柬埔寨通过设立子公司或跨国并购等方式进行投资，这一数据较2017年增加两倍多；2019年前3季度，已有33家上市公司计划在这些国家进行投资（见图2-21）。在我国对外投资企业急剧增加的同时，产业结构也在发生明显变化；与早几年外迁的企业类型有所不同，2018年以来外迁的主要以贸易摩擦导致不确定性增强的电子制造企业为主。以越南为例，2018年前在越南投资的上市公司多为纺织服装等劳动密集型产业，而自2018年起在越南投资加速的上市公司则主要分布在电子元器件、计算机和机械制造等行业（见图2-22）。

数量（家）

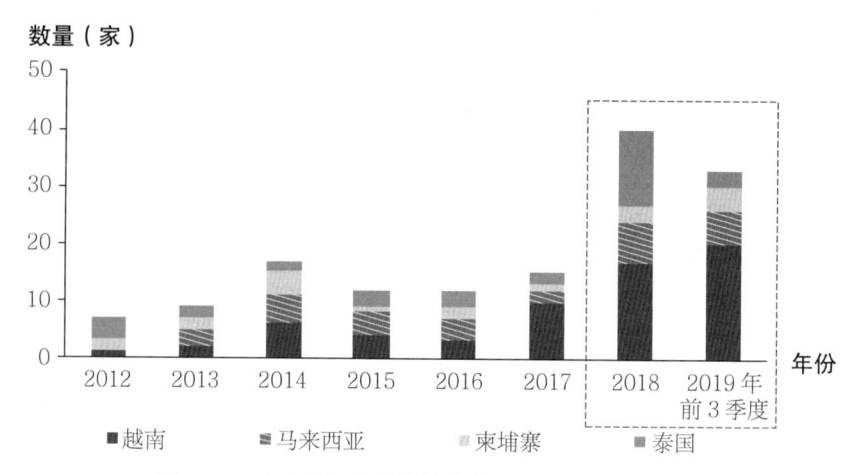

图 2–21　上市公司在代表性东南亚国家投资企业数量

资料来源：上市公司公告。

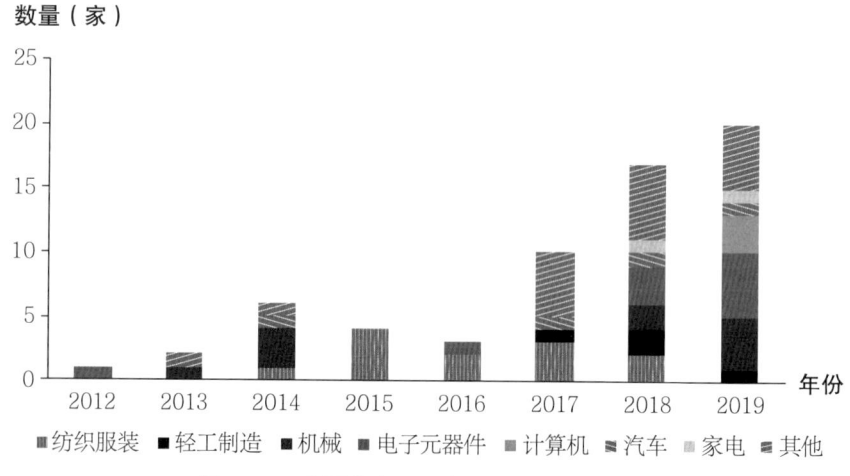

图 2–22　我国上市公司在越南投资企业数量

资料来源：上市公司公告。

微观的企业层面的数据也很直观。以美国苹果公司的全球产业链为例，2018 年，苹果手机在全球的前 200 大供应商中，已有 14 家公司在越南建厂，2019 年进一步上升至 15 家。目前，苹果公司最大的供应组装厂

（中国台湾鸿海集团旗下的富士康）也计划在越南建厂。从代表性城市数据中，我们也可以看出电子产业外迁的新趋势。深圳市近三年外迁的192家企业中，电子信息制造企业共计72家，占全部外迁企业的37.5%（见图2-23），电子信息等高技术行业成为外迁新领域。

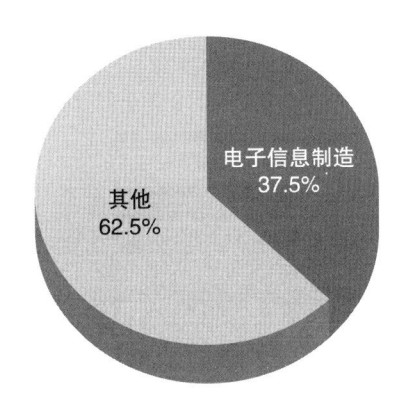

图2-23 2017—2019年，深圳192家外迁企业的行业分布

资料来源：新华网。

贸易数据的结构变化也能反映全球产业链重构加快的特征。我们从美国的进口数据中可以看到，自2019年以来，美国进口商品的中国份额占比在快速下降，而越南等国商品所占份额快速增加，"贸易替代"特征明显。中国作为美国最大的商品进口来源国，占美国进口总额的比重长期维持在20%左右的水平。然而，自2019年初起，中美贸易活动明显放缓。美国国际贸易委员会的统计显示，美国自中国进口全年下降16%——与过去两年平均水平相比，快速下降了3.3个百分点；与此同时，来自墨西哥、越南和中国台湾地区的进口占比明显上升，"贸易替代"特征明显。

以"贸易替代"最明显的越南为例进行分析，我们可以发现"贸易替代"与产业迁移也存在一定关系，而并不能完全归因为转口贸易。2019年，越南对美国出口金额增长最为明显的产品包括电机电气、家具和服装等，其中，电机电气对美国出口较 2018 年增加 106 亿美元，家具和机械设备对美国出口分别增加 24 亿美元、9 亿美元。但与此同时，越南从中国进口这些商品的金额分别减少 230 亿美元、增加 8 亿美元和减少 56 亿美元（见图 2-24）。这或许意味着越南对美国出口增加并非转口贸易使然，可能更多是产业迁移的体现。

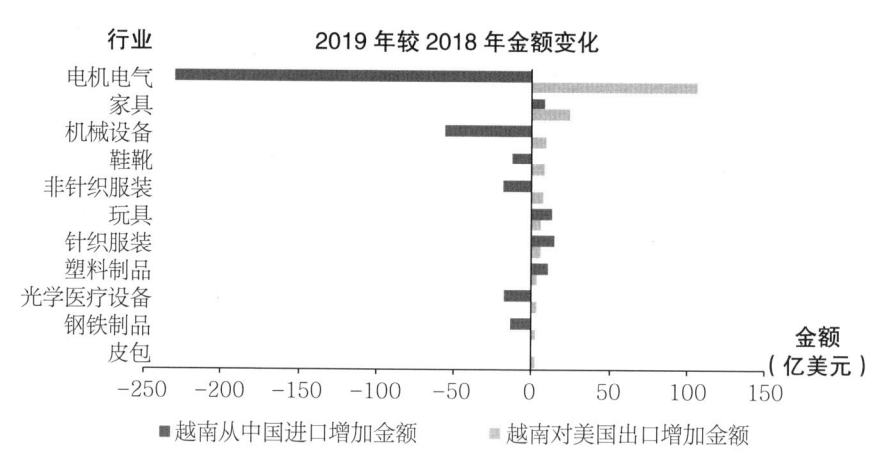

图 2-24 2019 年越南对美国出口与从中国进口相比 2018 年的变化情况

资料来源：美国国际贸易委员会、世界贸易数据库工具 Trademap 及中华人民共和国海关总署。

本章小结

在经济体融入全球产业链分工体系的初期，低廉的要素价格成为"追赶红利"快速释放的重要支撑。全球化的红利会带动当地经济出现一段时期的高速增长，在此过程中，要素价格也会随之上涨，传统优势逐步减弱，倒逼产业转型。

中国在 2011 年前后进入转型阶段，传统高耗能行业的投资增速持续大幅下滑是产业结构转型启动的标志。转型是发展过程中的必经阶段，也是

"成长的烦恼"。

中国在上一轮制造业大迁移中受益最大,在本轮逆全球化下受到的冲击也最大。逆全球化思潮的兴起加强了中国转型的紧迫性。如何加快转型升级以提高产业竞争力,决定了中国能否冲出"中等收入陷阱"。

第二部分

先导经验：产业是关键，改革做保障

第三章

产业结构升级是转型成功的关键

第一节
传统竞争优势不断被削弱是转型的压力所在

一、产业竞争优势决定一个经济体在全球产业分工体系中的定位

所谓的"中等收入陷阱"是近些年才逐渐凸显出来的问题，老牌资本主义国家的发展历程中少有类似问题。美国、加拿大和英国等资本主义经济体在1960年以前就进入了高收入国家行列，人均GDP一直处于全球最前列。"中等收入陷阱"似乎是全球产业链分工体系形成之后才凸显出来的问题。"二战"之后，美国主导的"消费型-生产型-资源型"三元格局的全球产业链分工体系逐渐形成，经济与贸易的全球化进程才明显加快。各经济体充分利用禀赋优势，通过融入全球产业链分工体系可以实现较快的经济增长，分享全球化带来的红利。

多数生产型经济体的经济发展历程，就是在全球产业链分工体系中持续进化的历程。在以要素为对象的全球产业链分工体系中，不同经济体之间的比较优势更多体现在某一生产阶段或生产环节；同时，产业竞争的比较优势决定了它们在全球财富分配中能够获得的份额。

凭借在前沿领域的尖端技术实力，美国等部分发达经济体位于全球产业链的顶端；发展中经济体和欠发达经济体受经济发展阶段所限，主要凭借要素成本优势等从事商品贸易的生产加工环节或服务贸易中偏低附加值的部分。在全球产业链分工体系中地位的不同，导致各经济体贸易活动的国内附加值比率明显分化。在以发达经济体为主要成员国的OECD中，国内附加值占总出口的平均比率高达92.9%，其中美国、日本、英国的这一指标分别为91%、88.6%和84.6%；相比之下，生产型发展中经济

体的出口附加值比率普遍偏低，例如中国、柬埔寨和越南等代表性经济体的这一指标普遍为 55%~80%（见图 3-1）。

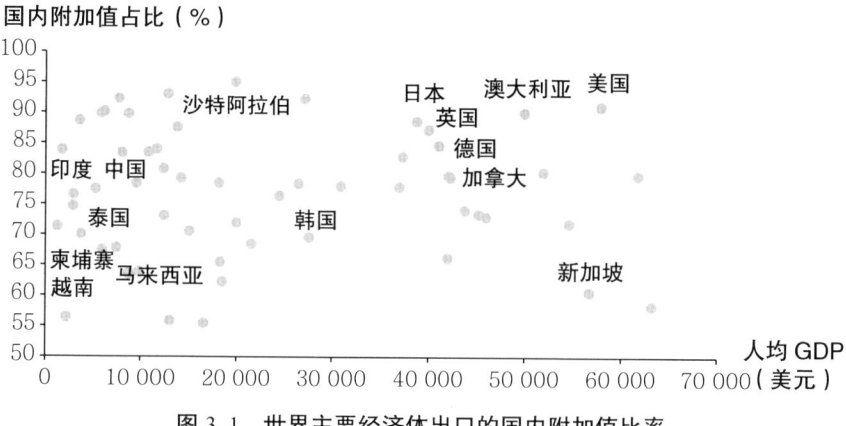

图 3-1 世界主要经济体出口的国内附加值比率

资料来源：OECD-iLibrary 数据库。

从不同分工环节的对比来看，位于产业链两端的附加值往往大于中间环节的附加值。两端包括前端的产品设计、技术研发和管理创新等，以及后端的生产性服务业中的金融、物流与市场推广等；中间主要指的是具体生产与加工环节。从国别比较来看，发展水平越高的经济体，服务业出口占比往往越高（见图 3-2），这与其创新驱动型的发展模式有关。在部分知识与技术密集程度高的服务贸易领域，发达经济体的优势更加明显，例如，2018 年，美国、日本和英国的知识产权服务出口分别占到全球知识产权服务出口总额的 33%、11% 和 5%，美国和英国的金融服务出口占全球金融服务出口总额的比重分别为 24% 和 17%（见图 3-3）。

相比之下，发展中经济体主要还是以加工贸易为主，服务贸易占比总体偏低。发展中经济体与欠发达经济体多是通过"资源型"或"生产型"定位融入全球产业链分工体系。它们受限于经济发展阶段，其服务贸易

图 3-2 世界部分经济体服务业占出口总额的比重

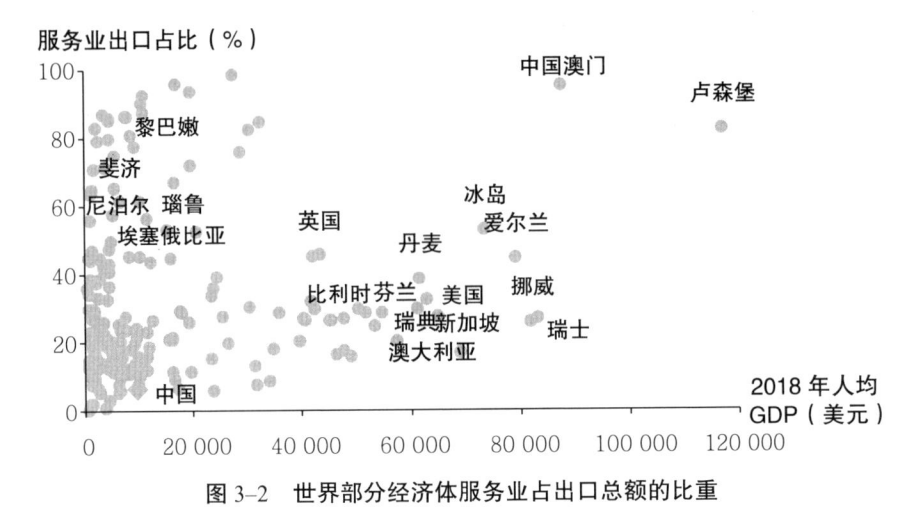

资料来源：世界银行。

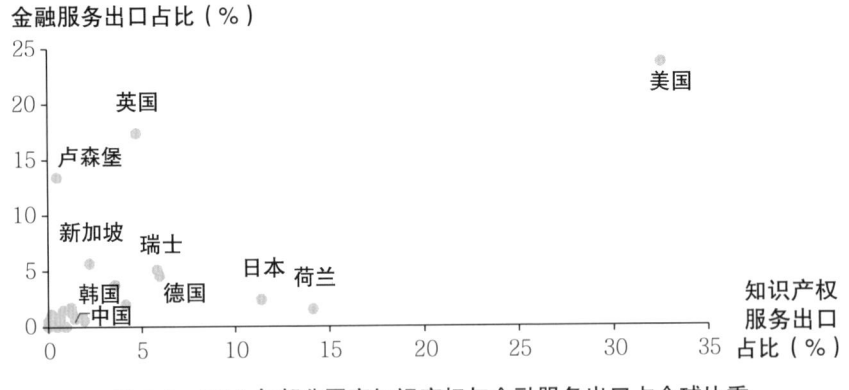

图 3-3 2018 年部分国家知识产权与金融服务出口占全球比重

资料来源：世界银行、Trademap。

占总贸易额的比重多在 10%~20%，明显低于发达经济体，尤其是老牌发达经济体美国（34%）和英国（46%）等。而且，发展中经济体的服务出口主要以旅游、加工和维修服务等附加值相对低的传统服务为主，知识产权和金融业等高附加值服务占比较少（见图 3-4）。

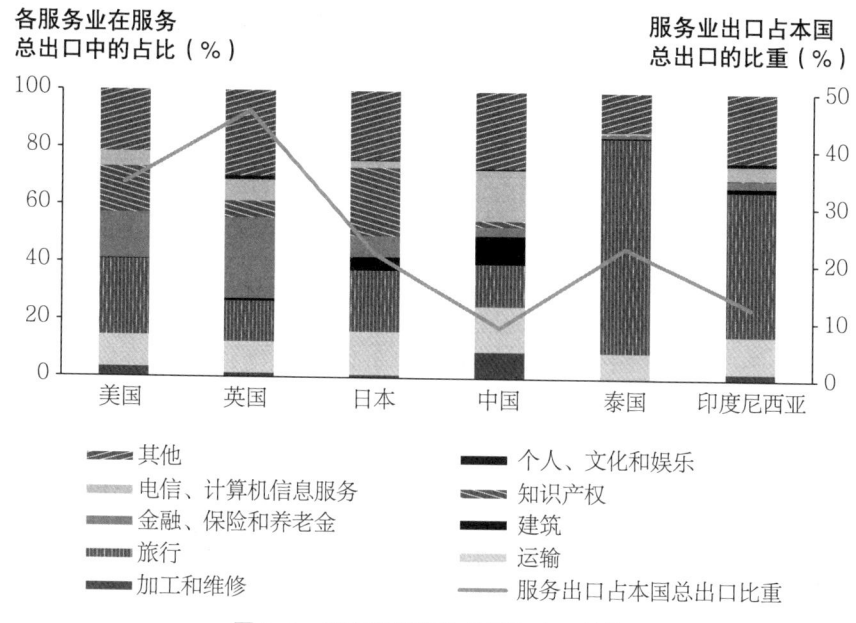

图 3-4　代表性经济体的服务出口结构

资料来源：世界银行、Trademap。

近几十年来，成功转型的追赶型经济体均是通过产业结构升级实现了在全球产业链分工体系中定位的攀升，从而更大程度地享受到全球化的红利。日本和亚洲"四小龙"等经济体最早受益于生产型经济体定位带来的发展红利，没有遇到"中等收入陷阱"，而是在继续强化的全球"三元格局"中找准自身定位，实现产业升级，进而培养出新的核心竞争力。拉美国家及部分东南亚国家陷入"中等收入陷阱"的原因主要在于：过于依赖传统增长模式，产业结构过于单一且升级无望，宏观战略或政策出现失误，以及社会不稳定阻碍经济发展，等等。

二、传统产业优势丧失是追赶阶段末期的共性问题

前文中针对"追赶效应"产生的机理已有诸多讨论。在"追赶效应"

逐步释放的过程中，传统行业的要素成本优势会不断遭到削弱，而能否培育出附加值更高的新兴优势行业，则成为追赶型经济体能否顺利向中高速增长阶段过渡的重要因素。

以日本为例，自20世纪50年代初开始，同时受益于第一轮全球产业迁移与战后重建的需求，日本经济从"二战"后的萧条中逐渐恢复，依托钢铁、造船、机械、重化工业等传统资本密集型产业开始加速追赶。此后近20年间，日本GDP以年均10%左右的速度高速增长，人均GDP在20世纪70年代初达到美国人均GDP的50%。20世纪70年代后，日本传统行业竞争优势开始减弱，投资增速走低，工业化率趋势性回落，经济增速逐步从高增长区间向中低增长区间自然回落（见图3-5）。

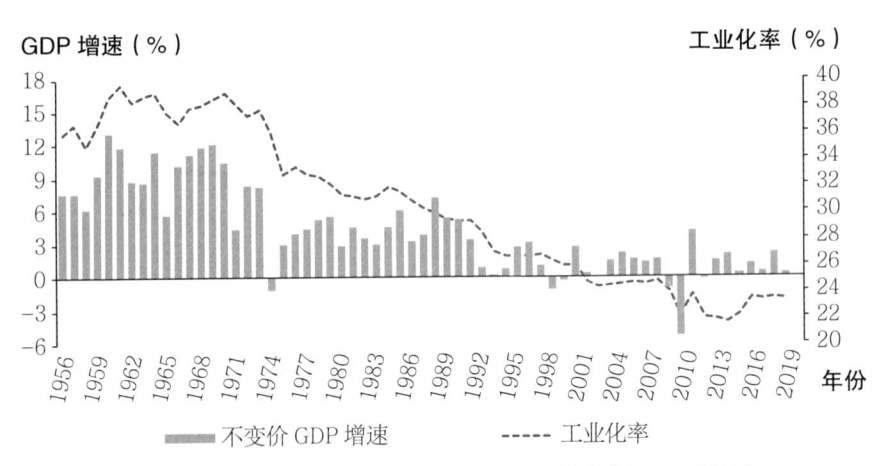

注：工业化率是指日本采掘业、制造业和电力、燃气及水供应业增加值占GDP的比重。

图3-5 1956年以来日本经济增速与工业化率

资料来源：日本内阁府。

竞争优势弱化最快的是以纺织业为代表的传统劳动密集型产业及采掘或加工冶炼类等高耗能行业。20世纪70年代之后，以纺织业为代表的劳动密集型制造业在日本工业增加值中的占比持续降低，从1974年的7.9%

持续降至20世纪末的3%左右，到2018年已进一步降至1%上下[①]；采掘、钢铁和有色金属等高耗能重工业亦是如此，在工业增加值中的比重从1974年的18.2%降至20世纪末的9%上下（见图3-6）。在这一阶段，占比增加较快的主要是机械设备制造业，其占工业增加值的比重从20世纪70年代初的20%左右上升至20世纪末的25%左右（见图3-6）。

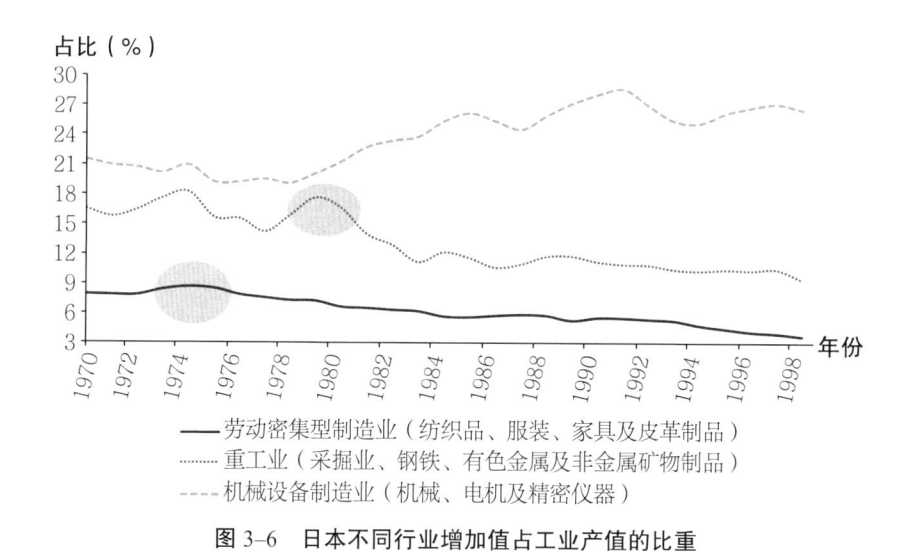

图3-6 日本不同行业增加值占工业产值的比重

资料来源：日本统计局。

与日本类似，韩国在20世纪80年代中后期开始面临转型压力，工业化率止升转降，经济增速震荡回落。在韩国经济转型期间，行业间的分化非常明显。增加值占比回落较为明显的行业，主要以纺织服装、皮革制造等传统劳动密集型行业，以及采掘业、石油、化工等传统高耗能行业为代表，这些行业合计占比从1970年前后的80%左右降至2010年前后不到20%；与此同时，机械、电机、精密仪器、运输设备制造业占比

---

① 1998年之后，日本GDP统计的行业分类有所调整，此前的"纺织业"调整为"纺织制品"。

趋势性上升，从1970年的将近5%上升至2012年的超过40%（见图3-7）。韩国产业结构的变化跟日本当年的情况有一些共性的地方，对近年来中国经济分析也有一些启示。

占比（%）

—— 食品饮料业
—◆— 采掘业、石油煤炭和化学制品、非金属矿物制品业
---- 纺织品、家具、木材及制品业
—▲— 机械、电机、精密仪器、运输设备制造业

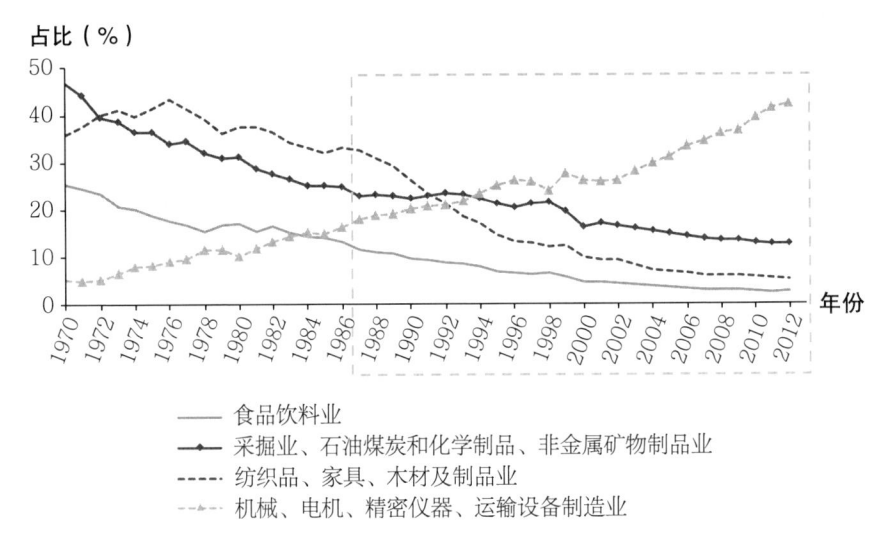

图 3-7 韩国部分传统劳动密集型产业增加值占工业产值的比重

资料来源：韩国央行。

我们在前文中分析过"人口红利"与经济发展之间的动态关系，韩国的经济数据可以对此加以直观地展现。从20世纪60年代至80年代，韩国劳动人口占比从55%以下持续提升至70%左右，人口红利优势显著，但是随着"追赶红利"的释放，劳动力的工资水平持续提升。以国内生产要素收入占比来衡量，我们会发现，随着劳动力工资的加速增长，雇员报酬占国内要素收入的比重从1975年的38.9%持续提升，1990年已达到56.5%，对应企业营业盈余占比从61.1%持续下降至43.5%（见图3-8）。劳动力成本提升对企业盈利的侵蚀还是很明显的，传统劳动密集型产业首当其冲。

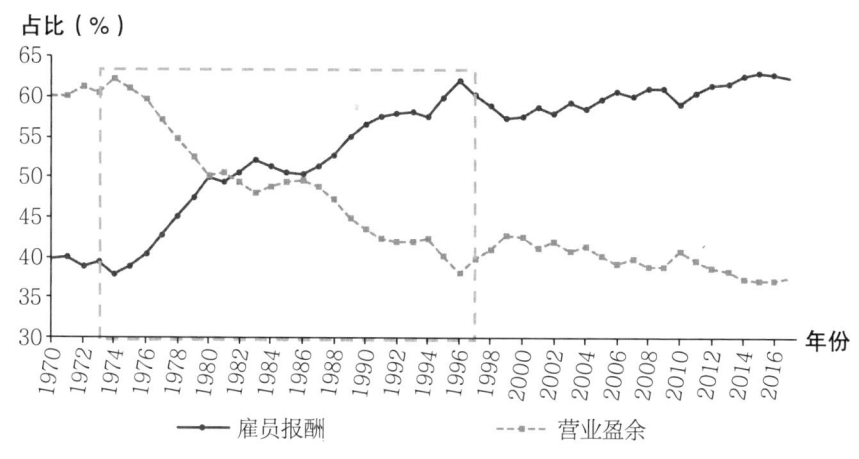

图 3-8 韩国雇员报酬在国内要素收入中的占比

资料来源：韩国央行。

第二节
通过改革打破要素约束，推动结构转型升级

一、产业政策引导，财政金融政策助力

在经济转型过程中，产业政策在引导产业结构转型升级方面起着极为重要的作用。合理的产业政策，首先需要与产业转型升级的普遍规律保持一致。技术密集型产业可以通过引进和模仿的方式进行发展，汽车及部分机械制造等都是这一类产业的典型代表。而创新能力的提升往往难以一蹴而就，需要通过长期的研发与创新积累来实现。在这一过程中，产业转型升级与当下发展水平的跨度也不能过大。

产业政策在操作层面需要聚力提效。在资源有限的条件下，优先发展特定产业并以其作为主导产业，由此培育为国家的核心竞争力，有助于带动经济结构的整体转变。在选择主导产业时，国家需要结合本国的产业基础、资源禀赋及发展战略等因素选择适合本国国情的主导产业。例如，中国香港、新加坡等经济体的区位优势明显，但土地狭小、资源匮乏，适于重点发展金融、航运等高端服务业。有些经济体工业基础比较完善，制造业水平较高，可以进一步发展高端制造业。例如，韩国和中国台湾的半导体及相关设备制造业竞争力位居世界前列，近年来，全球半导体设备销售额中，近一半来自韩国和中国台湾（见图3-9）。

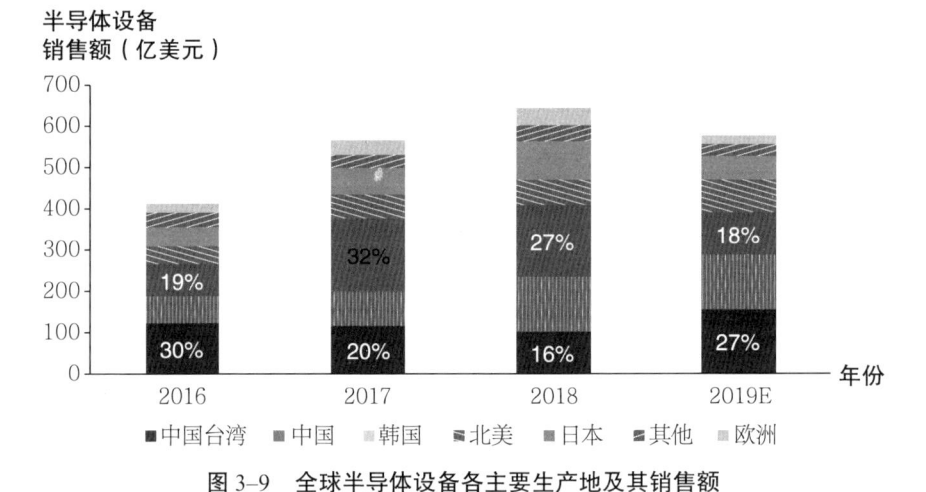

图 3-9　全球半导体设备各主要生产地及其销售额

资料来源：国际半导体产业协会（SEMI）。[①]

在实际操作过程中，各经济体在决策时还需要注意产业政策的适用边界，掌握好"度"。产业政策通常的手段包括设置关税壁垒、加大财税补贴或给予政策便利等。产业政策过度干预可能会干扰市场经济的运行秩序，影响公平竞争的市场环境。不当使用产业政策甚至可能导致资源错

---

① 国际半导体产业协会从 2016 年起公布主要经济体的半导体设备销售额数据。

配和效率低下，反而不利于相关产业发展。例如，重复建设和产能过剩会造成资源错配，而过度扶持和保护则会使相关产业缺乏激励与竞争，效率低下，从而成为长不大的"巨婴"。比较形象的比喻是：产业政策就像家长对小孩子的呵护和教育，没有不行，过度不行，手段不合理也不行。

合理的产业引导政策，往往要通过一个由财政政策、金融政策、土地政策与人才政策等构成的"政策篮子"协同发力。其中，财政政策更为直接，比如税收优惠或财政补贴等。金融政策是指通过定向信贷支持或贷款成本优惠等手段向特定领域注入资金。另外，设立工业园区、加快土地审批或放宽准入许可等其他手段也较为常用。

在产业结构逐步从劳动密集型向技术密集型升级的过程中，技术引进和模仿式创新的空间变小，自主研发创新的要求不断提高。而在从投资驱动向创新驱动的转型过程中，我们看到很多先导型经济体的研发投入都出现了明显增长，"生产型"定位的经济体尤为显著（见图3-10）。在

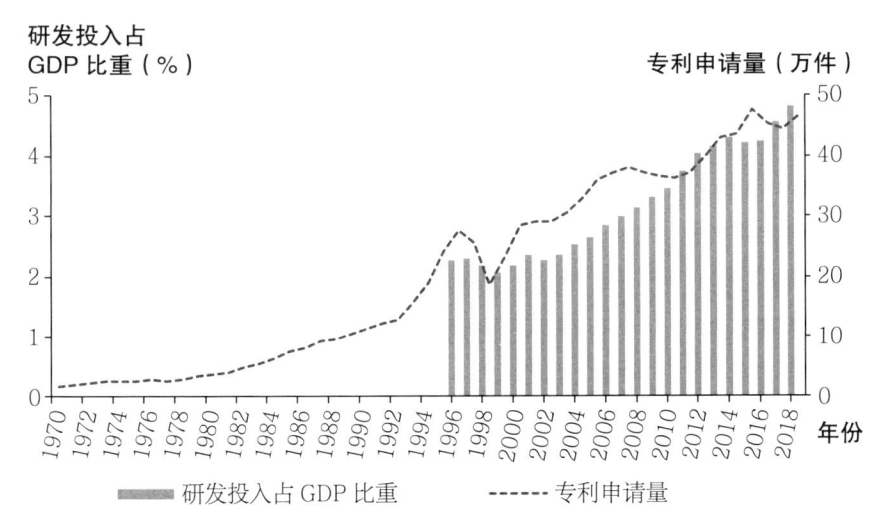

图 3-10 韩国研发投入占 GDP 的比重在转型阶段快速增长

资料来源：世界银行。

这一过程中，一个共性的特点就是，教育的投入会不断加大。创新驱动需要有大量高素质的劳动力供应，而为了提高国民的整体素质，效率最高的方式就是加大公共教育投入，普及全民基础教育。以韩国为例，在经济转型过程中，教育公共开支占比持续提高，中高等教育入学率随之不断提高。

二、社会政策与之配合，预防潜在风险

在结构转型的过程中，随着经济增速的"换挡"，前期积累的社会问题逐渐暴露，处理不好的话会影响转型进度。在新旧动能转换的过程中，传统行业在行政力量的支持下可以相对快速地出清，而新兴产业的培育则需要很长一段时间，在此期间，"结构性失业"问题很容易出现。就业问题关乎民生和社会安定，如果经济增速下滑过快，而就业和居民安置问题又无法有效、妥善地加以解决，社会风险就有可能发生，甚至导致经济转型的中断。

这使得转型期间的政策协调变得格外重要，即政策需合理搭配，预防经济失速，为结构转型升级提供相对平稳的宏观环境。社会政策也要发力，力求通过稳定就业、缩小贫富差距及提高社会保障等政策措施来稳定社会环境。旧产业的衰落与淘汰会使大量传统产业的劳动力失业，同时，高新产业的快速发展又迫切需要技能熟练的高素质劳动力。因此，教育投入的加大是非常必要的，为此，我们要双管齐下：一方面，国家要加大对公共教育的支持，提高全民素质；另一方面，各地方政府部门也应加大对下岗职工和待业人员的再教育、再培训，让他们与产业转型的方向相适应。

在"追赶效应"快速释放阶段，一国经济高速增长的同时，贫富差距会逐步拉大。因此，在转型期间，有效控制社会贫富差距有利于保证平

稳的社会秩序与经济活力。一般研究认为，当基尼系数超过 0.4 时，该经济体就存在明显的贫富差距。社会贫富差距往往与"阶层固化"、垄断及特权等社会问题混杂在一起，这会使得社会阶层流动性降低，创新和投资意愿变弱，进而导致社会活力下降。同时，贫富差距导致的社会二元分化容易加剧犯罪等恶性事件，扰乱社会秩序（见图 3–11）。

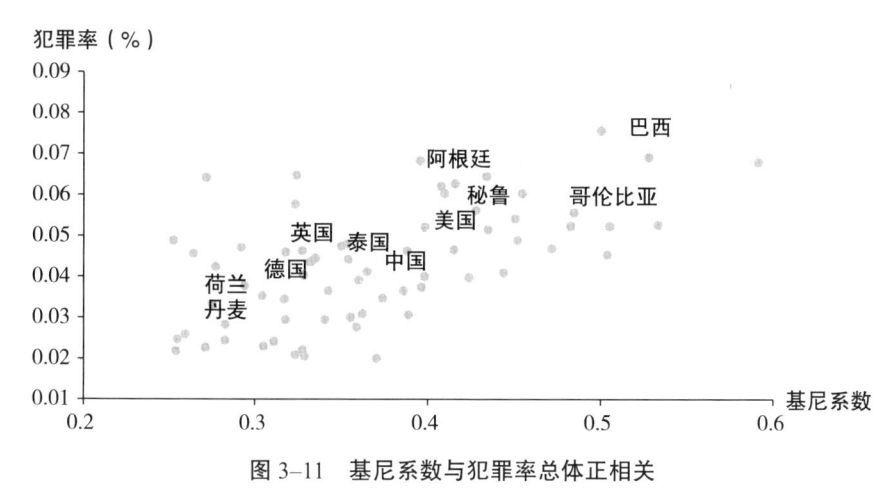

图 3–11 基尼系数与犯罪率总体正相关

资料来源：世界银行、美国智库世界人口综述（World Population Review）。

加强以公共卫生服务为代表的社会保障体系建设也非常重要。以公共卫生服务为例，重大疾病对于中低收入家庭的冲击相当巨大，许多家庭常常会出现因病致贫的情况。在全国层面建立公共卫生保障体系——在全体国民平均负担较小的情况下，就可以有效降低疾病对个人、家庭和社会的负担，减少"因病致贫"情况的出现。我们通过国际比较也可以看出，发达国家的公共卫生支出占比普遍较高（见图 3–12），在发展中国家产业转型的过程中，提高社会保障是重要的支撑手段。

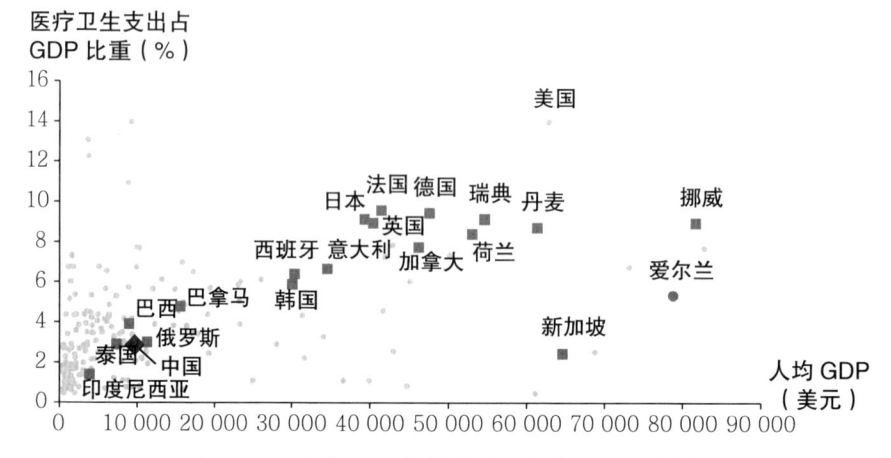

图 3-12　人均 GDP 与医疗卫生支出占 GDP 比重

资料来源：世界银行。

本章小结

"追赶红利"快速释放的过程也是红利从兑现到透支的过程。伴随要素成本的上升，传统竞争优势会逐步被削弱，倒逼经济转型升级。落入"中等收入陷阱"是转型失败的表征。

转型成败的关键在"产业"，产业竞争优势决定了一个经济体在全球产业链分工体系中的定位。唯有在全球产业链分工体系中的定位得到真正意义上的提升，一个经济体才能继续并更好地分享全球化带来的红利。

"转型"是一个系统工程。为了促成产业结构的转型升级，各经济体需要合理的产业政策引导、财政金融政策配合及社会政策托底等。这在后续章节中会有更深入的阐述。

第四章

不同经济体转型路径不同,结果迥异

第一节

亚洲"四小龙":立足自身禀赋,分头突围,成功转型

亚洲"四小龙"是追赶型经济体成功转型的典型代表,它们依托自身资源禀赋和产业基础分头突围,向各自的优势方向转型升级。新加坡和中国香港地区向现代服务业转型,韩国和中国台湾地区则向中高端制造业升级(见表4–1)。

表4–1 亚洲"四小龙"的转型战略与政策

转型方向	国家或地区	时间	政策要点
现代服务业	中国香港	20世纪70年代末	抓住内地改革开放的机遇,将制造业企业大举内迁;促进产业升级和产品更新换代,并与制造业结合,发展以金融、房地产、旅游和信息为主的服务业
		1986年	在政府主导下,香港四家证券交易所正式合并。联合交易所开始运作,成为香港唯一的证券交易所,并被接纳为国际证券交易所联合会正式成员。香港证券市场和金融业发展由此进入一个新时代
		1999年	对香港证券及期货市场进行全面改革,以提高香港的竞争力及迎接市场全球化所带来的挑战。将香港联合交易所(联交所)与香港期货交易所(期交所)进行股份化改制,并与香港中央结算有限公司合并,由单一控股公司香港交易所拥有
	新加坡	1980年	设立国家计算机委员会和国家电脑局,鼓励电脑教育和培训,在公共及私营行业普及电脑,制定了第一个"国家计算机化计划"

（续表）

转型方向	国家或地区	时间	政策要点
现代服务业	新加坡	1986年	先后推出了特准国际贸易计划、商业总部计划、营业总部计划、跨国营业总部奖励四个计划（后被合并为"国际总部计划"），协助新加坡注册的公司将其商业、技术和专业服务扩展到本区域，使新加坡商业区域化和国际化，并吸引跨国公司在新加坡设立"区域营业部"
现代服务业	新加坡	20世纪90年代初	推出国际商务中心计划。该项计划旨在巩固新加坡作为通向亚太地区服务窗口的地位，进一步发展金融服务、旅游、营业总部、物流分销、媒介远程通信、商品贸易、国际套汇、高等教育和培训、医疗等服务业
现代服务业	新加坡	21世纪以来	发布核准国际船务企业计划（AIS）、核准船务物流企业计划（ASL）、新加坡海事金融优惠计划（MFI）、新加坡证券交易所亚洲结算行和船舶注册登记制度等政策，提供税收优惠和服务便利，吸引航运相关企业
中高端制造业	中国台湾	1974年	开始推动十大建设计划，大力兴建交通及电力设施，决定建立炼钢厂、造船厂以及石油化学工业体系
中高端制造业	中国台湾	1979年	拟定《经济建设十年计划》（1980—1989），积极发展机械、资讯、电子、电机、运输工具等附加值高、能源消耗较低的技术密集型工业；召开科技大会，确定八大重点科技产业
中高端制造业	中国台湾	1980年	修订《奖励投资条例》，对技术密集型工业投资给予10%~15%的投资抵减
中高端制造业	中国台湾	1979—1982年	先后设立"资讯工业策进会"、电子研究所、新竹科学园区、材料工业研究所、机械工业研究所，积极发展集成电路、新材料、自动化设备并推动资讯工业等战略性工业发展

（续表）

转型方向	国家或地区	时间	政策要点
中高端制造业	韩国	1981年	颁布了《汽车工业合理化措施》，提高技术法规要求，放松进口限制，实现汽车生产的专业化，提高汽车的产能和质量
		1986年	实行《经济五年计划（1987—1991）》，改变产业结构，实现科技立国，扩大机械、电子、运输器械、精细化工等产业的投资；大力扶植中小企业的发展，特别是机械、零部件和材料等领域的中小企业；增加科技投资在国民生产总值中的占比，加强科技人才的培养和科研经费的投入
		1991年	提出G7工程计划，要在21世纪使本国科学技术赶上西方大国的水平。工程重点是政府主导的17项高新科技研究项目，包括新一代核反应堆、高新材料、新能源、环保等9项基础高新技术，以及超高集成半导体、宽带信息通信网、人工智能电脑、高清晰度彩电等应用高新技术
		1998年	《面向21世纪的产业政策方向及知识型新产业发展方案》，提出集中发展计算机、半导体、生物技术、新材料、新能源、精细化工、航空航天等28个知识型产业及服务业

资料来源：陈会珠等（2015）。

一、新加坡和中国香港立足自身优势，转型高端服务业

在转型过程中，中国香港将制造业内迁，形成与内地"前店后厂"的模式，并对金融市场进行改革，着重发展金融和地产等服务业。新加坡推出国际总部计划、国际商务中心计划及各类航运优惠计划，着重发展金融、商贸及航运等服务业。中国台湾和韩国则着重鼓励并培育资本密集型与技术密集型产业：一方面，加强钢铁、石化等基础工业发展；另一方

面，着重规划发展机械设备、运输设备、电子和计算机等先进制造业。

地狭人稠的新加坡和中国香港并不适宜大力发展工业，但两地的区位优势非常突出，凭借良好的航运基础，新加坡和中国香港1980年的集装箱吞吐量便已位居世界前五位。航运繁荣带来贸易扩张，20世纪80年代，新加坡和中国香港的转口贸易占比均在25%以上，远远高于中国台湾的0.3%。国际贸易的扩张带动了金融业的发展与国际化，1980年新加坡外国银行数量占比达到了86%。新加坡和中国香港凭借航运、贸易、金融等优势服务业使其主导产业进一步向第三产业转型。1980年，新加坡和中国香港的服务业占GDP的比重已在65%左右，显著高于57%的全球平均水平（见图4-1），从而为产业转型奠定了一定的基础。

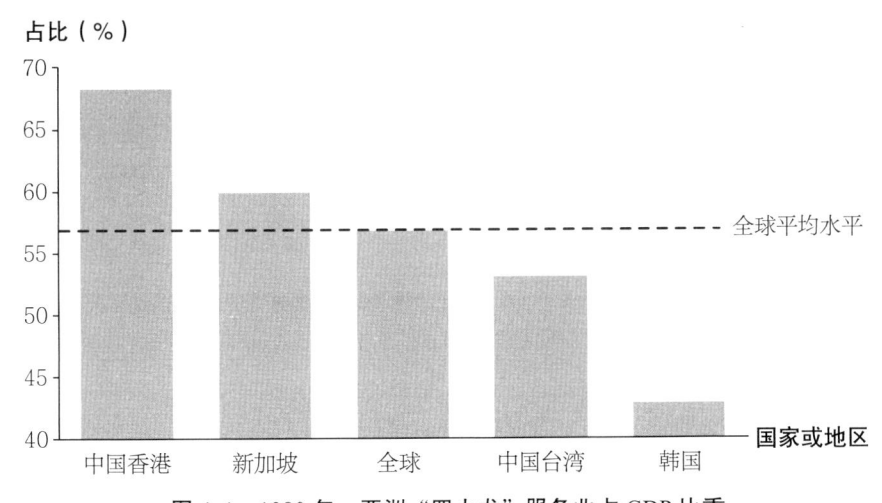

图4-1　1980年，亚洲"四小龙"服务业占GDP比重

资料来源：世界银行、中国台湾行政主管部门主计总处。

新加坡和中国香港的金融业也先后起步，两地逐渐发展成为仅次于伦敦和纽约的全球新兴金融中心。航运和外贸发达地区存在大量的货物交易和资金融通需求，金融业往往也较为发达。新加坡和中国香港在发展航运与外贸的同时，也非常注重金融业发展。20 世纪 70 年代末，新加坡金融业对经济增长的贡献率开始加速上升，1990 年占 GDP 比重已升至 13%。中国香港的金融业起步稍晚但发展迅猛，2007 年占 GDP 比重高达 18.3%。凭借发达的航运外贸、便捷的信息网络、完备的基础设施和优惠的金融政策，新加坡和中国香港已经发展成为仅次于伦敦和纽约的国际金融中心（见图 4-2），实现了经济结构的大转型。

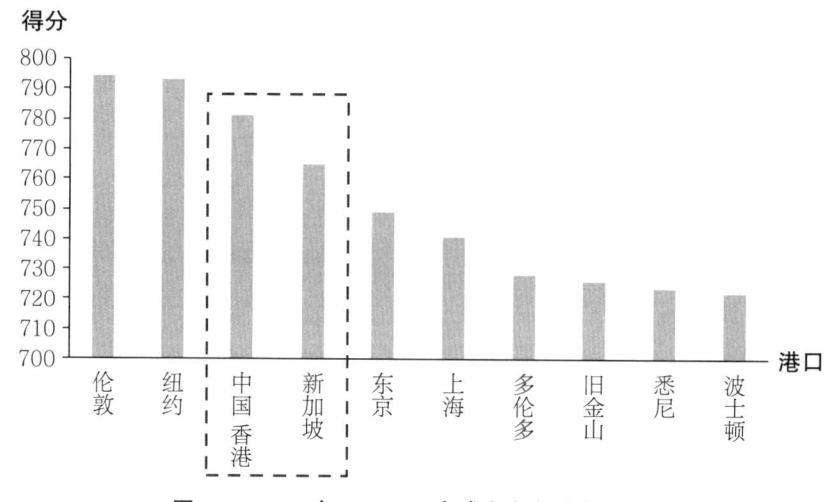

图 4-2　2018 年 GFCI 23 全球十大金融中心得分

资料来源：《全球金融中心指数（GFCI）报告 2019》。

从 20 世纪 80 年代起，中国香港和新加坡两大港口的集装箱吞吐量双双快速增长，由 1980 年的不足 150 万标箱（国际标准箱单位）增长至 2000 年的 1 800 万标箱左右；并且，在 20 世纪 80 年代末，新加坡和中国香港已成为全球最大的两个港口；2000 年，两地的吞吐量已经超过第三名韩国釜山的两倍（见表 4-2）。航运的快速发展带来的是外贸的持续繁荣。世界银行公布的数据显示，新加坡和中国香港的外贸依存度都在 300% 以上，显著高于韩国和中国台湾。其中，中国香港转口贸易占总出口的比重

表 4-2　1980—2018 年世界前 15 名港口排名及吞吐量（单位：万标箱）

名次	1980 年 港口	吞吐量	1990 年 港口	吞吐量	2000 年 港口	吞吐量	2010 年 港口	吞吐量	2018 年 港口	吞吐量
1	纽约新泽西	195	新加坡	522	香港	1810	上海	2907	上海	4201
2	鹿特丹	190	香港	510	新加坡	1709	新加坡	2843	新加坡	3660
3	香港	146	鹿特丹	367	釜山	754	香港	2353	宁波舟山	2635
4	高雄	98	高雄	349	高雄	743	深圳	2251	深圳	2574
5	新加坡	92	神户	260	鹿特丹	628	釜山	1416	广州	2187
6	汉堡	78	洛杉矶	259	上海	561	宁波	1314	釜山	2166
7	奥克兰	78	釜山	235	洛杉矶	488	广州	1255	香港	1960
8	西雅图	78	汉堡	197	长滩	460	青岛	1201	青岛	1932
9	神户	73	纽约新泽西	187	汉堡	425	迪拜	1160	洛杉矶/长滩	1755
10	安特卫普	72	基隆	183	安特卫普	408	鹿特丹	1115	天津	1601
11	横滨	72	横滨	165	深圳	399	天津	1008	迪拜	1495
12	不来梅	70	长滩	160	巴生港	321	高雄	918	鹿特丹	1451
13	巴尔的摩	66	东京	156	迪拜	306	巴生港	887	巴生港	1232
14	基隆	66	安特卫普	155	纽约新泽西	305	安特卫普	847	安特卫普	1110
15	釜山	63	菲利克斯托	142	东京	290	汉堡	790	厦门	1070

资料来源：《国际集装箱年鉴》（*Containerisation International Yearbook*）。

从 1977 年的 22% 提高到 2017 年的 99%，已成为国际货物中转中心。

新加坡和中国香港服务业基础好、发展快。1980 年，两地服务业占 GDP 的比重已分别高达 59% 和 68%；2010 年，新加坡服务业占比进一步提高到 67%，而中国香港几乎不再保留传统制造业，专注于服务业发展，2010 年中国香港服务业贡献了接近 91% 的 GDP（见图 4-3）。

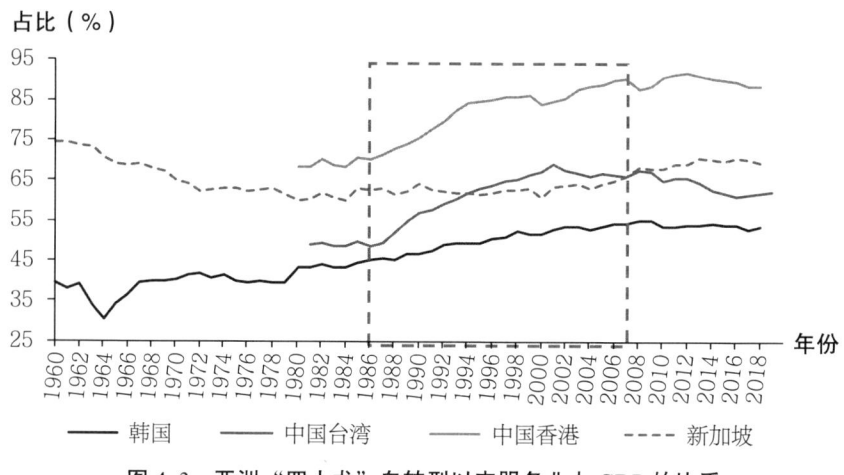

图 4-3 亚洲"四小龙"自转型以来服务业占 GDP 的比重

资料来源：世界银行。

二、韩国和中国台湾依托制造业基础，转向创新驱动

相比而言，在亚洲"四小龙"中，韩国和中国台湾人口规模与地域面积较大，工业基础也较为完备。因此，这两个经济体在转型方向上着重鼓励资本和技术密集型的先进制造业发展。自 20 世纪 80 年代起，中国台湾的电力设备、电子通信与电子元件等技术密集型制造业占比持续提高，其中，电子元件产业占比从 1981 年的 3.1% 大幅提高到 1995 年的 9.2%（见图 4-4）。韩国产业结构也有类似特点，机械、运输、电子电气等设备制造业占比持续提升，机械和运输设备占总出口额的比重从 1980 年的

20%提高到了1995年的52%；其中，电气机械占比大幅提升至22.8%，在主要出口产业中排名第一。

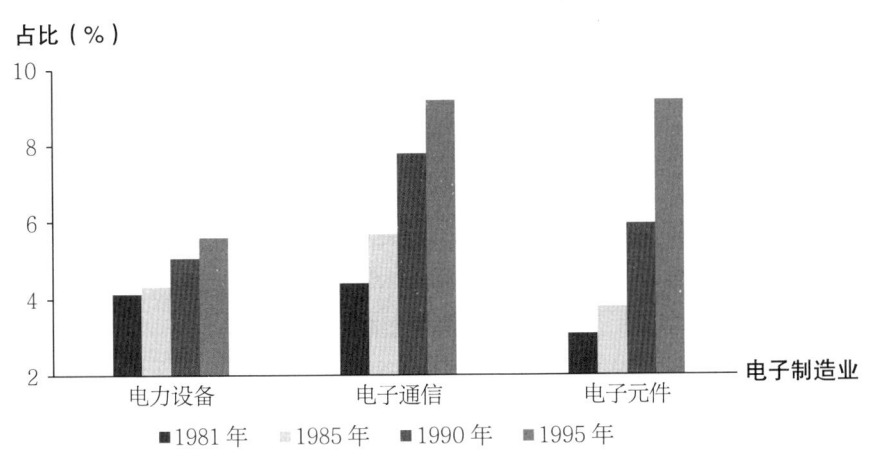

图 4-4 20世纪80~90年代中国台湾电子产业结构分布

资料来源：中国台湾行政当局主计总处。

中国台湾主要向技术密集型的部分中高端制造业转型，以电子通信业为代表。出口结构变化是经济体产业竞争优势的直接体现。20世纪80年代初，中国台湾高技术密集型商品出口占比不到20%，经过一段时期的持续提高，20世纪90年代末已提高至40%（见图4-5）。电子通信业表现最为突出。1980—2000年，电子元件占制造业的比重从3%提高到19%，电子通信从4%提高到12%。截至2000年，电子和信息通信产品已经成为中国台湾对外出口占比最高的两类产品（见图4-6）。

韩国的经济转型阶段也有类似表现，主导产业由传统产业升级为以电子设备制造为代表的高端制造业。20世纪90年代初，韩国的产业结构还以传统产业为主，包括以纺织和皮革为代表的劳动密集型产业及以非金属制品为代表的资本密集型产业。从20世纪90年代起，传统产业产品

出口占比（%）

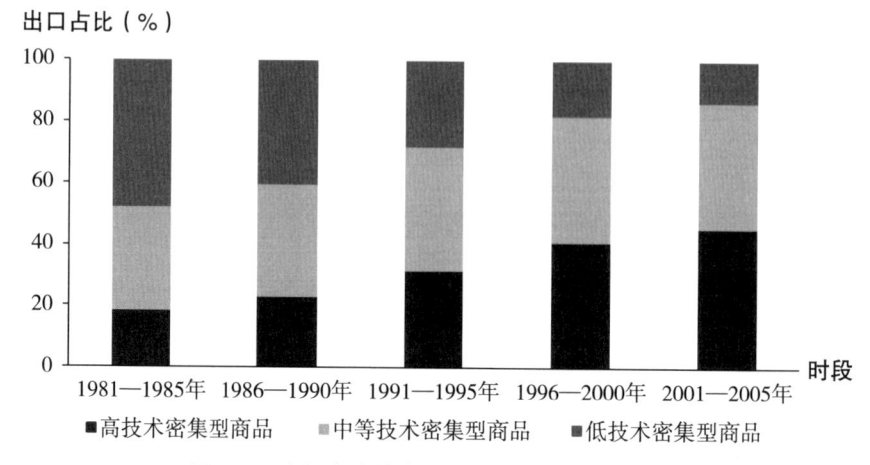

图 4-5 中国台湾技术密集型商品出口占比结构

资料来源：朱磊（2010）。

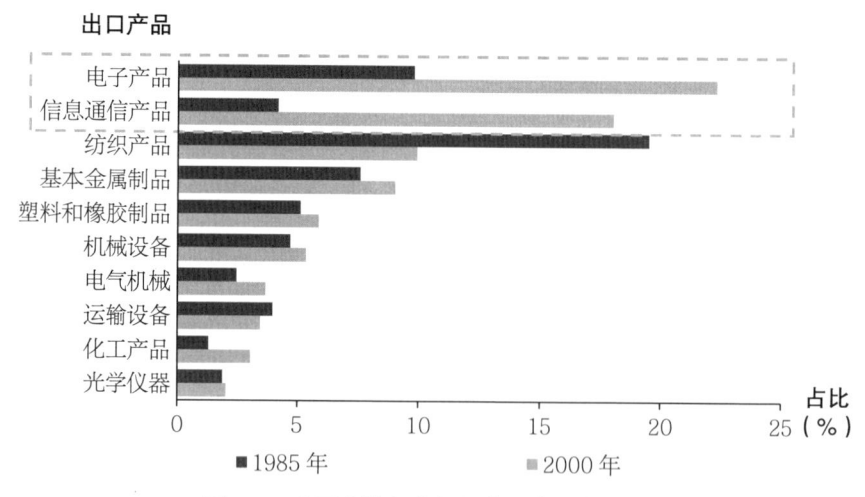

图 4-6 中国台湾部分行业产品出口占比变化

资料来源：中国台湾经济主管部门。

的增加值占比明显回落，而技术密集型产业产品的增加值占比明显上升，从 20 世纪 90 年代初的 20% 左右升至 21 世纪初的 35%，此后继续稳步提升至 2017 年的 42%（见图 4-7）。从行业层面来看，作为韩国大力发展的技术密集型产业的典型代表，电器和电子设备制造业到 1999 年的增加值占制造业的比重已达 23%，主导产业地位凸显（见图 4-8）。

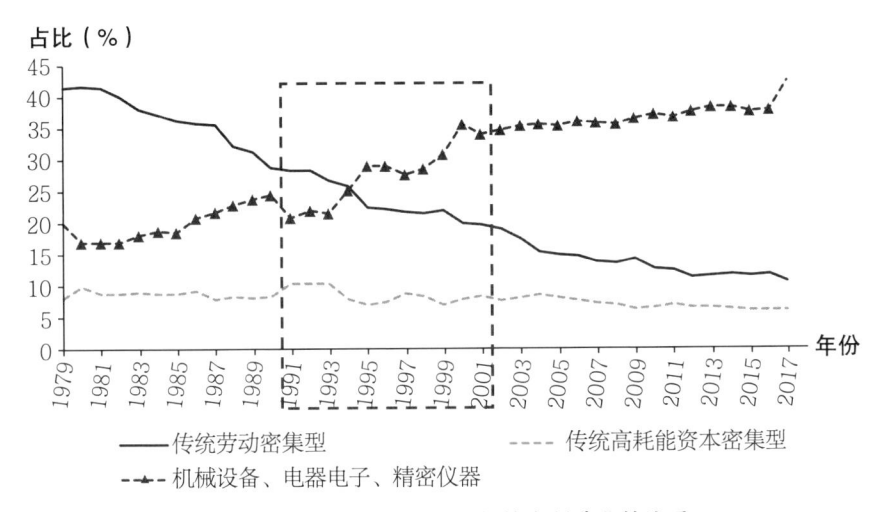

图 4-7　韩国代表性行业增加值占制造业的比重

资料来源：韩国央行。

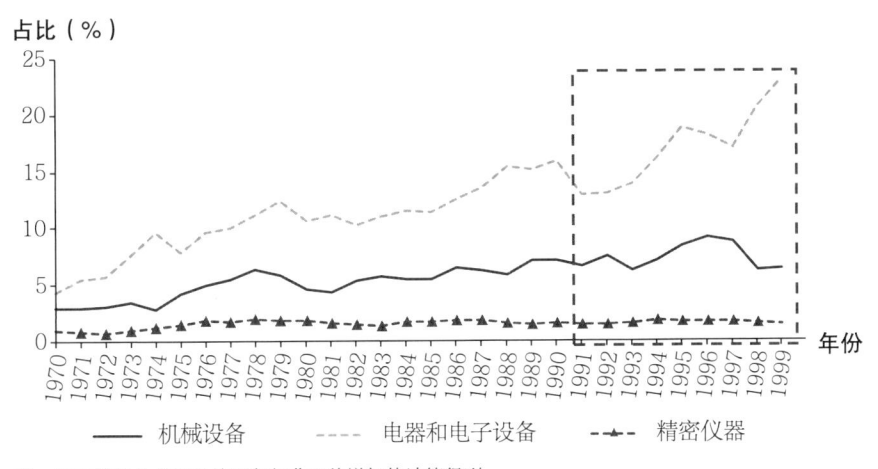

注：图中的行业占比系使用各行业现价增加值计算得到。

图 4-8　韩国技术密集型行业占制造业的比重

资料来源：韩国央行。

以人均国民收入衡量，韩国的发展水平在2005年超过了中国台湾，而且自此之后二者的差距越拉越大。那么，是什么原因导致了这样的发展历程？我们在研究时发现，教育及研发投入的多寡与可持续性，对创新驱动模式的可持续性和改善空间影响深远。与韩国相比，中国台湾的研发资金主要来自企业部门，创新能力依赖于企业投入，而自主创新研发投入具有前期投入规模大、产出回报周期长的特点。因此，中小企业的投入力度明显不及大企业，而中国台湾的中小企业占比较高，自主创新投入的动力自然就不足。近20年来，中国台湾的研发强度始终低于韩国，教育支出占GDP的比重也在持续下降（见图4-9），与韩国的差距因此逐渐扩大。中国台湾创新能力的提升受阻，影响了经济结构转型的进一步深化。

图4-9 中国台湾与韩国教育支出占GDP比重变化

资料来源：世界银行、中国台湾教育主管部门。

第二节
拉美经济体：产业升级停滞，经济秩序混乱

一、战略与政策失误使产业升级后继乏力

一些经济体在转型中出现了战略失误，这样的案例主要发生在拉美和东南亚部分国家，大家讨论比较多的以拉美经济体为主。从 20 世纪 70 年代末到 21 世纪初，在亚洲"四小龙"经济腾飞期间，拉美国家的经济增长速度明显放缓，甚至出现持续的经济衰退，社会危机频繁出现，成为掉入"中等收入陷阱"的典型代表（见图 4-10 与图 4-11）。

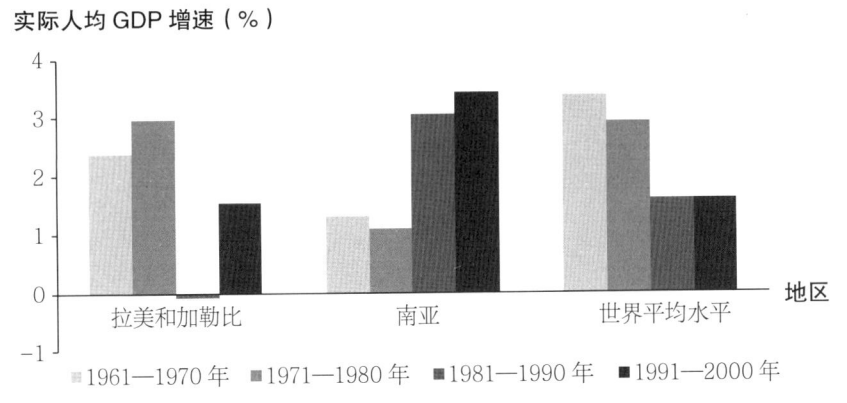

图 4-10 实际人均 GDP 增速：拉美和加勒比、南亚与世界平均水平

资料来源：Loayza, Fajnzylber and Calderón（2005）。

对于拉美经济体的战略失误，经济学领域的分析讨论已经比较多了。首先是拉美经济体的产业结构过于单一，抵抗外部风险的能力非常差。在全球产业链分工体系中，拉美经济体大多属于附加值较低的"资源型"

实际人均 GDP 增速（%）

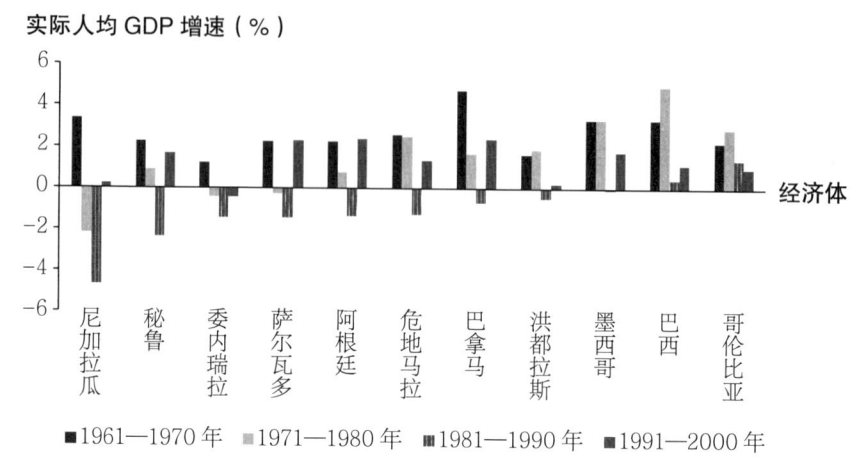

图 4–11　拉美主要经济体实际人均 GDP 增速

资料来源：Loayza, Fajnzylber and Calderón（2005）。

定位，工业体系的构建较为初级，受全球经济波动的影响较大。拉美主要经济体制造业增加值占 GDP 的比重普遍偏低（见图 4–12），而且，从出口商品结构来看，60% 左右是初级资源品及资源加工制成品（见图 4–13）。这反映了拉美经济体的工业化程度比较低，产业结构处于较为初级的阶段。这会导致拉美经济体对海外需求的依赖度非常高，经济波动更大，经济整体更为脆弱。

20 世纪中期之后，不断强化的进口替代战略在初期对拉美地区的工业化进程起到了重要的支撑作用，但是进口替代战略存在很多天然缺陷。以进口替代为战略方向的工业化路径，早期可以保护国内弱小产业，推动工业化进程，同时能够节省更多外汇并将其用于引进国外先进技术，加快技术进步。拉美的主流经济学界当时普遍支持这一战略思路。进口替代战略的实施的确加快了拉美部分经济体的工业化进程，1960—1980 年 20 年间，拉美地区的水泥产量增长了 3 倍多，钢铁产量增长了 5 倍多（江时学，1996）。

占比（%）

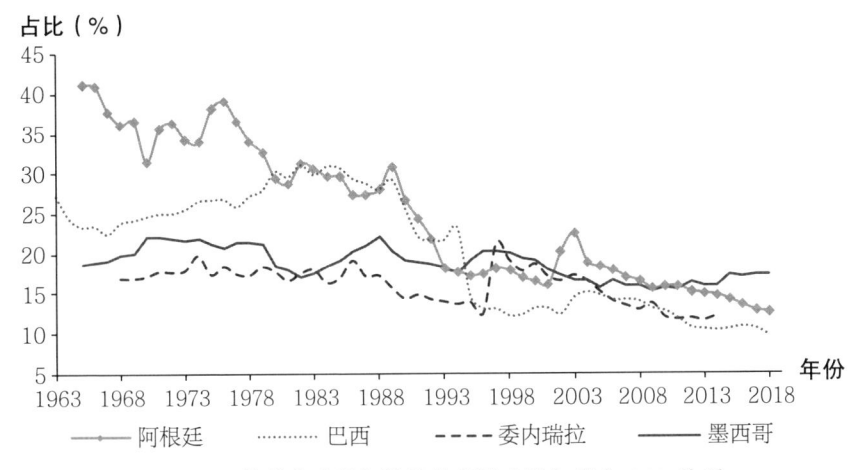

图 4-12　拉美代表性经济体的制造业增加值占 GDP 比重

资料来源：世界银行。

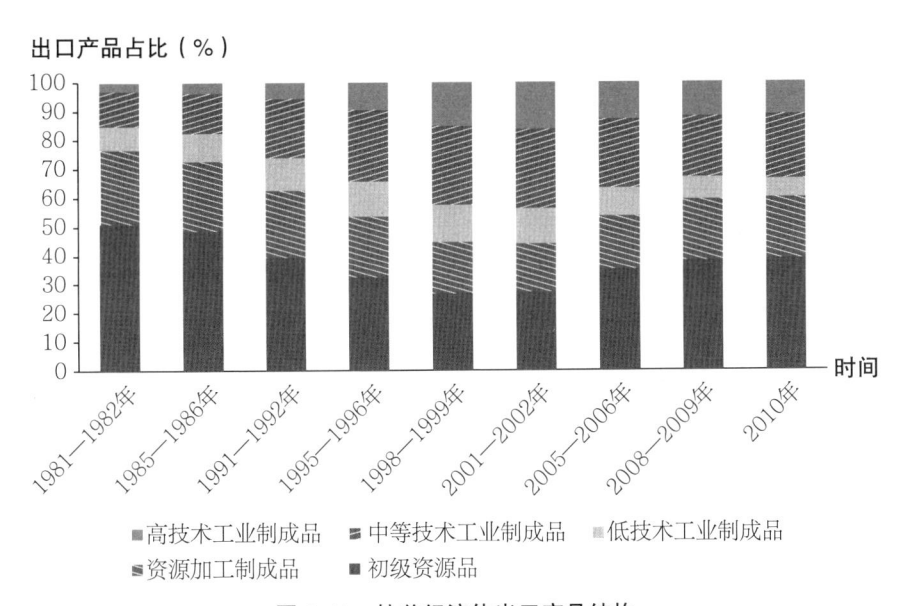

图 4-13　拉美经济体出口产品结构

资料来源：Ocampo（2013）。

但是，随着经济的发展，进口替代战略的弊端也越来越明显。弊端表现在三个方面：对国内弱小产业的保护（比如提高进口关税税率或施加进口许可证限制等）以及为了加快发展制造业而在一些战略性部门提高国有资本占比等保护措施，并不利于生产效率的提高；随着"追赶效应"的透支，进口替代战略进一步推进的难度不断加大；进口替代战略早期实现的产能主要用于国内需求，但是内需空间太小，产品的国际竞争力又差，需求不足抑制了发展潜力。在20世纪90年代之前，委内瑞拉和墨西哥等拉美国家的全要素生产率较高甚至超过美国，但自80年代末开始，国内产业的过度保护导致全要素生产率明显下降，墨西哥、巴西等国全要素生产率下降至不足美国的8成（见图4-14）。

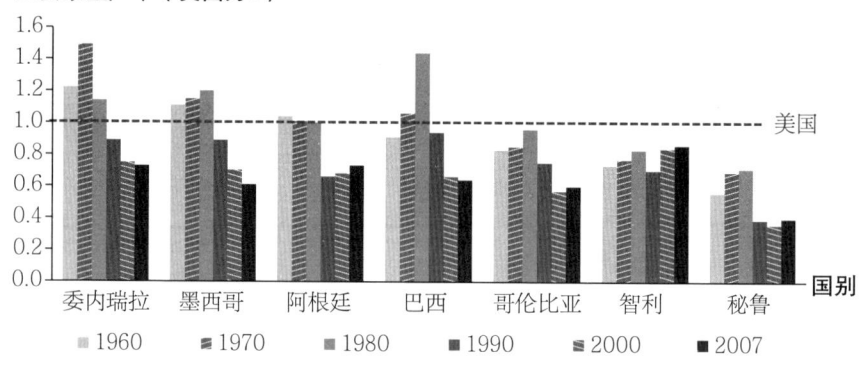

图4-14 拉美代表性经济体全要素生产率变动情况

资料来源：Ferreira, Pessôa and Veloso（2011）。

混乱的金融秩序，不仅加剧了国内经济的不稳定，而且成为转型失败的一个重要原因。相比很多国家金融自由化过程中的审慎监管，以阿根廷为代表的拉美经济体多采取了激进式改革路径，过度推行金融自由化，最终导致整个地区的金融秩序混乱。其中，激进式金融改革路径导致银行信用的无序扩张；过度宽松的货币政策则导致货币超量释放，进而出现恶性通胀。

以阿根廷为例，在短短两三年时间里，该国就基本实现了利率市场化和汇率市场化。利率市场化的迅速推进导致商业银行体系的风险偏好增强，机构无序竞争加剧。从银行提供的国内信用占 GDP 的比重来看，在利率市场化之前，这一比重长期保持在 22% 以下，最低为 1965 年的 16.2%；利率市场化推进之后，国内信用占 GDP 的比重迅速提高，20 世纪 70 年代时最高达到 31.3%，80 年代最高达到 80%。相伴而生的是，不良贷款率由 1975 年的 2% 迅速飙升至 1980 年的 9%，随后银行大规模破产。1980—1982 年，阿根廷共关闭了 168 家金融机构（见图 4–15），其中仅 1981 年政府就清理了 8 家破产的金融机构，它们拥有阿根廷金融总资产的 35%。金融系统的紊乱使整个经济秩序处于严重的动荡之中[①]。

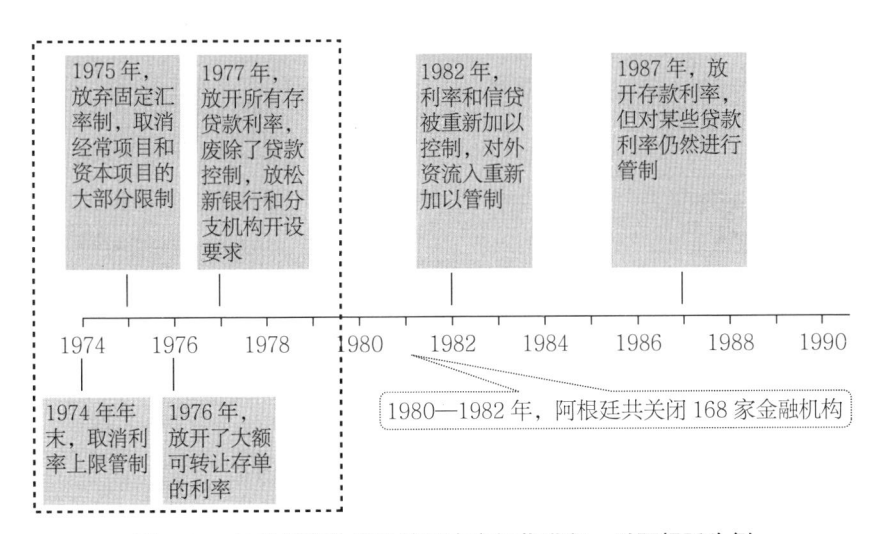

图 4–15　拉美经济体激进的利率市场化进程：以阿根廷为例

资料来源：李社环（2000）、盛朝晖（2010）。

激进式改革和货币政策失误，使得拉美经济体的通胀形势急剧恶化，

---

① 1982 年阿根廷被迫回归利率管制，利率市场化改革中途夭折，资本账户管制也从严。1987 年才重启利率市场化改革，有选择地放开存贷款利率管制。

金融秩序陷入混乱。20 世纪 70 年代，拉美国家平均通胀率超过 39%，80 年代上升至 149%，其中最为严重的阿根廷的平均通胀率从 70 年代的 132.2% 骤升到 80 年代的 565.7%，进入恶性通胀区间[1]（见表 4–3）。恶性通胀的出现，与过于宽松的货币政策有非常大的关系。在 20 世纪 60 年代至 80 年代，阿根廷货币供给量年均增速超过 1.3 倍，70 年代甚至达到 4.77 倍；在 20 世纪 70 年代至 80 年代，巴西货币供给量增速达到 6 倍甚至 7 倍（见表 4–4）。

表 4–3　拉美与其他地区的通货膨胀率比较（%）

国家或地区	20 世纪 50 年代	20 世纪 60 年代	20 世纪 70 年代	20 世纪 80 年代
工业国	2.1	3.3	8.7	4.9
亚洲	3.3	5.8	9.1	7.4
中东	3.6	3.8	19.6	19.0
拉美	7.9	21.2	39.4	149.0
阿根廷	30.4	22.9	132.9	565.7
巴西	19.5	45.9	30.6	319.6
智利	37.9	25.1	174.5	21.4
哥伦比亚	8.6	11.2	19.3	23.5
墨西哥	7.7	2.7	14.7	69.0
委内瑞拉	1.7	1.1	6.6	23.1
世界	2.4	4.4	11.0	12.7

资料来源：江时学（1996）、Hofman（2000）、世界银行。

---

[1] 阿根廷的通胀率一直处于相对偏高的水平。在 20 世纪 60 年代，其每年的平均通胀率超过 20%，部分年份接近 30%；1971—1973 年连续 3 年迅速攀升，从 1971 年的 31% 上升到 1973 年的 66%；1975—1982 年迅速推进利率市场化的几年间，通胀率每年平均在 190% 左右，其中 1976 年最高时达到 440%；利率市场化进程被暂时叫停之后，通胀率仍然保持在较高的水平，1982—1987 年，通胀率每年平均在 340% 左右，1985 年最高时年通胀率达到 630%，1986 年最低时也超过 70%。

表 4-4 拉美代表性经济体年均货币供应增速（%）

国　　家	20 世纪 50 年代	20 世纪 60 年代	20 世纪 70 年代	20 世纪 80 年代
阿根廷	27	136	477	144
巴西	53	42	610	740
智利	34	193	33	21
哥伦比亚	18	29	29	28
墨西哥	13	25	61	35
委内瑞拉	9	22	18	41

资料来源：世界银行。

加州大学伯克利分校的塞巴斯蒂安·爱德华兹（Sebastian Edwards）在《掉队的拉美：民粹主义的致命诱惑》（*Left Behind: Latin America and the False Promise of Populism*）一书中，针对拉美的货币危机、动荡与通胀问题有这样一段表述，引人深思：

平庸的增长和脆弱的制度并非拉美唯一的历史特点。从早期开始，实际上在摆脱西班牙和葡萄牙的殖民统治获得独立之后，许多国家通胀严重、危机频发，本币相对于黄金或英镑、美元等稳定货币大幅贬值。这些年来，大幅贬值、债务展期、通胀失控对于拉美似乎已成为常态而非例外。随着时间推移，拉美国家被认为是不可信赖的债务人，就像是奥斯卡·王尔德的戏剧《理想丈夫》中的人物，其中一个角色在谈到可疑的投资时说道："这个阿根廷人计划的就是一个常见的骗局。"

二、社会政策的缺位进一步削弱经济活力

拉美经济体社会政策的缺位，导致社会秩序的不稳定。社会问题进而与经济、政治问题交杂在一起，贫穷衍生出了更多的贫穷，也为产业转

型升级制造了障碍。对此，我们可以从三个维度理解：贫富差距悬殊及财富分配不均，导致社会矛盾不断积累；基础教育投入不足导致代际流动受阻，人口红利难以释放；公共卫生支出低迷拖累居民经济活动，加剧社会二元割裂。在经济转型过程中，结构性失业和社会问题的出现是不可避免的，拉美也不例外。高失业与高通胀的共存，加剧了普通大众生活状况的恶化以及社会问题的积重难返。

在拉美居民贫富差距持续扩大（见图 4-16）的过程中，各经济体始终缺乏有效的调节机制。巴西与智利的贫富差距至今仍然非常大，阿根廷和墨西哥也存在非常严重的贫富差距问题。在这些国家中，收入前 10% 的群体累积的财富占整个社会财富总量的 30% 以上。财富分配的不公，背后是资源分配的不公。在拉美地区固有的经济体制下，垄断和腐败现象严重，政府始终缺乏有效的调节机制，这导致贫富差距被不断拉大，从而严重影响了国内需求的提振和全要素生产率的提高。

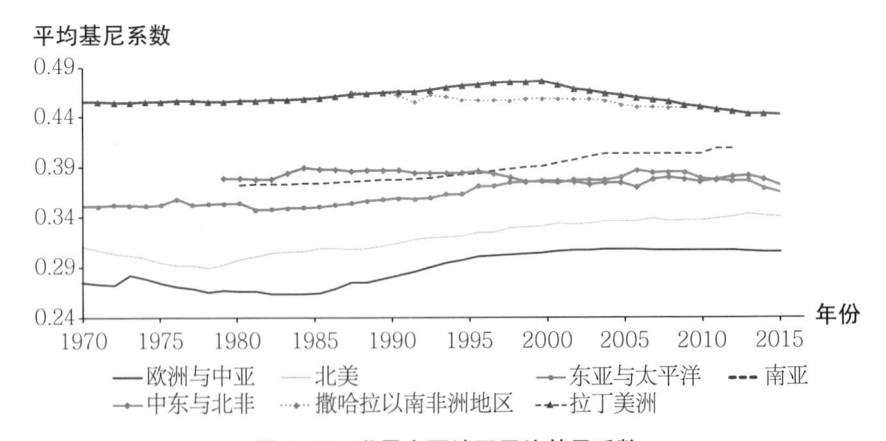

图 4-16 世界主要地区平均基尼系数

资料来源：根据世界收入不平等标准化数据库（SWIID 8.2）数据计算[①]。

[①] 数据来自 Solt, Frederick. 2019. "The Standardized World Income Inequality Database." SWIID Version 8.2, November 2019。作者综合考虑了经济体的代表性和数据可得性，在此基础上计算区域平均基尼系数。

在全球产业链分工体系中，拉美国家主要以"资源品"和"初级产品"为主，附加值相对较低。从教育和研发投入角度来看，拉美国家并没有很强的动力来改变这样的产业格局。我们在研究时发现，拉美国家普遍更加注重精英教育，而忽视普通大众的基础教育，代际流动不足，人口红利无法有效释放。虽然拉美国家公共教育支出占GDP的比重在全球来看并不算低，但是接受中等及以上教育的人口占比在全球范围内却是偏低的（见图4–17），这从侧面反映了教育资源分配的不公。研发支持也严重不足，产业核心竞争力培育缓慢，结构升级后继乏力，这些不利条件使得拉美国家在全球产业链分工体系中只能长期维持在相对低端的定位，抵御外部风险的能力非常差，每次全球经济的风吹草动都会导致拉美经济的剧烈波动。

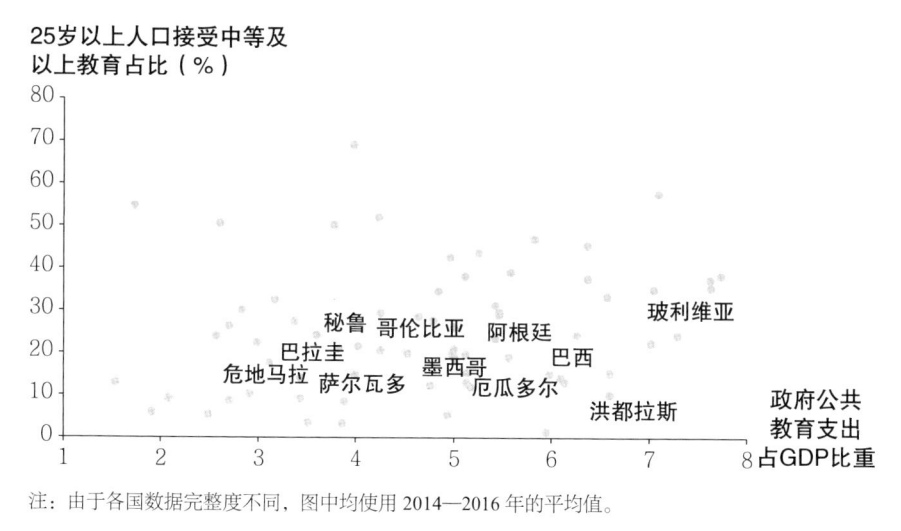

注：由于各国数据完整度不同，图中均使用2014—2016年的平均值。

图4–17　部分经济体接受中等及以上教育人口及政府公共教育支出占比

资料来源：世界银行。

公共医疗卫生支出占GDP的比重，反映了政府对低收入群体抗风险能力的保障水平。医疗支出往往是低收入群体的重要支出项，常会因为一个人的疾病拖累整个家庭陷入贫困的泥沼中而无法自拔。公共医疗卫生支出占医疗总支出的比重，发达经济体普遍都在 80% 以上，而拉美国家则普遍在 50% 上下（见图 4–18）。这使得拉美家庭只能更多地依赖自身的储蓄来抵御风险，规避风险较大的经济社会活动，从而导致整个社会缺乏活力。

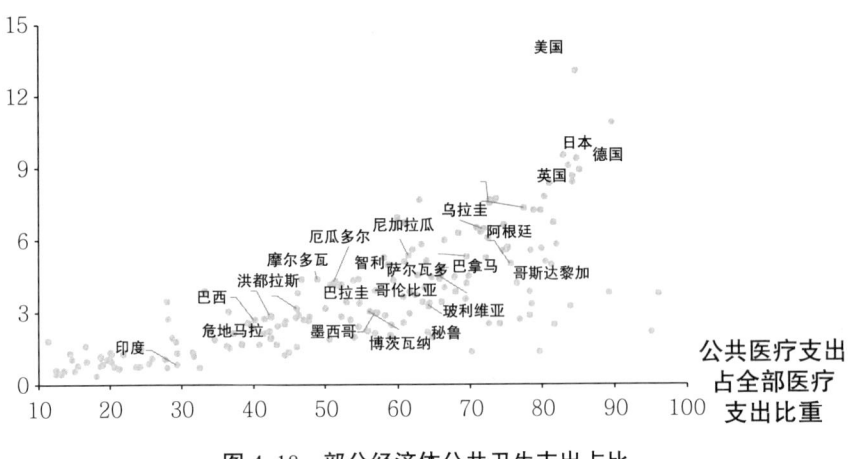

图 4–18 部分经济体公共卫生支出占比

资料来源：世界银行。

本章小结

本章内容是笔者在修改过程中耗费精力比较多的一个部分。我们需要用最简洁的语言，对近半个世纪以来不同经济体转型过程中成功或失败的经验教训进行提炼。

事实上，我们可以用一个形象的比喻来理解这个话题。比如，一个人的身体怎样才算强健？用最朴素的逻辑来看，强壮的骨骼、结实的肌肉和身体不同器官之间完美的协同，才可能成就一个强大的个体。

对于国家发展而言，就是强大的产业、完备的投融资机制，以及制度、文化与经济发展阶段的良好匹配。这样也方便我们理解为什么在转型过程中产业是关键因素，同时需要改革做保护，包括制度和文化在内的软实力也至关重要。

第五章

转型非一日之功，政策搭配和战略定力至关重要

第一节
韩国"弯道超车",政策合理搭配,保持定力

一、自20世纪90年代起,韩国从政策层面引导产业有序升级

自20世纪60年代以来,韩国产业发展经历了"劳动密集—资本密集—技术密集—创新驱动"的升级过程,这一产业发展路径符合产业升级的普遍规律。在20世纪60年代的早期追赶阶段,韩国经济结构以轻工业等劳动密集型产业为主;20世纪70年代逐步转向资本密集型,以钢铁、石化等重化工业为主;20世纪80年代以造船、汽车等机械类重工业为主;20世纪90年代,由资本密集型逐步转向技术密集型,半导体、高端家电、移动通信和生物科技等产业逐渐占据主导地位;进入21世纪初,经济进一步转向创新驱动型,LCD(液晶显示器)等高端电子设备、新材料及文化产业等逐渐成为韩国经济主导产业(见图5-1)。

由于韩国的产业升级节奏较快,主导产业平稳过渡,所以产业升级过程中没有出现长时期的经济失速或社会动荡等严重问题,这也与韩国转型过程中政策的合理引导密切相关。例如,早在20世纪60年代,韩国开始加快重化工业建设时就相继发布《机械工业振兴法》《钢铁工业扶持法》《石油与化学扶持法》等产业政策,提出"工矿业部门主导经济增长",重点发展钢铁、机械与石化等重化工业,带动工业经济实现快速赶超式增长;20世纪80年代初,随着产业技术的不断提升,韩国在发展重化工业的基础上发布《汽车工业合理化措施》,开始着重发展汽车制造等技术含量和附加值更高的产业(见表5-1)。

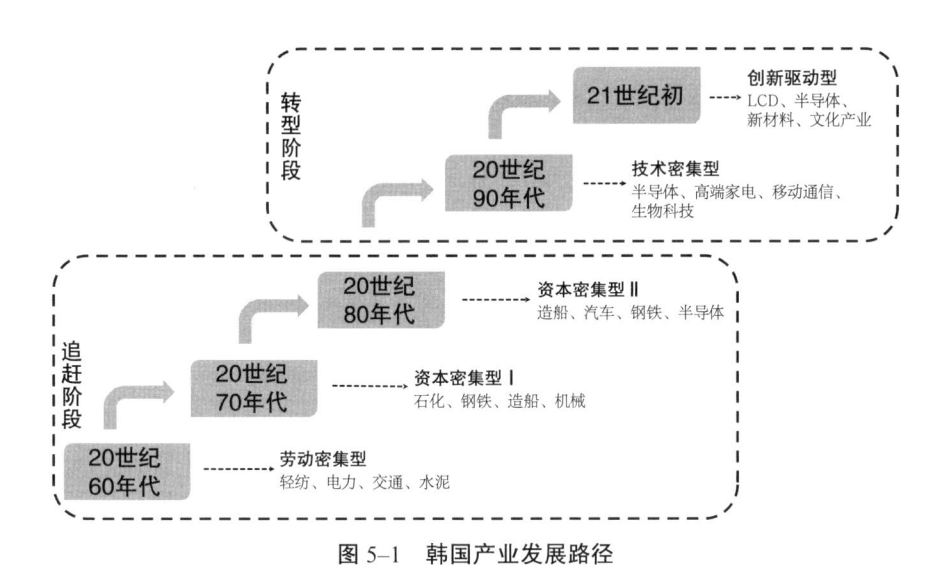

图 5-1 韩国产业发展路径

转型阶段：
- 21世纪初 → 创新驱动型：LCD、半导体、新材料、文化产业
- 20世纪90年代 → 技术密集型：半导体、高端家电、移动通信、生物科技

追赶阶段：
- 20世纪80年代 → 资本密集型Ⅱ：造船、汽车、钢铁、半导体
- 20世纪70年代 → 资本密集型Ⅰ：石化、钢铁、造船、机械
- 20世纪60年代 → 劳动密集型：轻纺、电力、交通、水泥

资料来源：朱灏（2007）。

表 5-1 韩国在追赶阶段发布的主要产业政策

时间	政策文件	政策要点
1962 年	经济五年计划（1962—1966 年）	提高农业生产力与农民收入；发展电力和煤炭等能源产业；以增加出口为主轴，改善国际收支
1966 年	经济五年计划（1967—1971 年）	建设化工、钢铁、机械工业，实现工业产值翻一番，为工业结构的提升打下基础；促进进口替代，进一步改善国际收支
1967 年	《机械工业振兴法》	加快机械工业发展，对有意投资于重点扶持产业的企业采取许可制；积极给予减免营业税、法人税及提供政策性资金等税收和金融方面的政策支持
1969 年	《钢铁工业扶持法》	加快钢铁工业发展，积极给予减免营业税、法人税及提供政策性资金等税收和金融方面的政策支持
1969 年	《石油与化学扶持法》	加快石油与化学工业发展

（续表）

时　间	政策文件	政策要点
1971年	经济五年计划（1972—1976年）	发展重化工业，转变产业结构；工矿部门的年均增长率定为13%，继续主导经济增长；钢铁、机械、石化等重化工业在工业结构中的比重要从1970年的35.9%提高到1976年的40.5%
1973年	《重化工业宣言》	集中力量开发比轻工业品具有更高附加值的造船、机械、电子、钢铁及化学等产品；要求经济中重化工业比重从60年代末的40%提高到70年代末的55%
1976年	经济五年计划（1977—1981年）	工矿业比例要从1975年的29.7%上升到1981年的40.9%；重化工业要年均增长17.3%，轻工业要年均增长11.8%；1981年重化工业在工业类别中的比重要从1975年的42.4%提高到49.5%
1981年	《汽车工业合理化措施》	提高技术法规要求，放松进口限制，实现汽车生产的专业化，提高汽车的生产能力和质量
1986年	《新工业发展法》	注重支持企业成为经济发展的主体，鼓励企业通过市场自由竞争的方式，促进产业结构重组与升级

资料来源：朱灏（2007）。

在利用产业政策进行引导时，韩国尤为注重各种政策的合理搭配，支持产业升级。在早期追赶阶段，为了支持重化工业加速发展，韩国在贸易、财税、金融、外汇及科技等政策领域协同发力，形成推动产业发展的合力。例如，1964年韩国发布《出口工业建设法》，在全国各地建立出口工业区、重化学工业区和出口加工工业区，为投资者提供标准化的厂房和仓库，鼓励重化工业和出口导向型产业发展。又如，1973年，韩国设立国家投资基金，专门用于支持大型重工业投资项目；基金提供的资金利率设定为9%，远低于同期15%左右的市场利率（见表5–2）。

20世纪80年代中后期，韩国对产业政策做了一些调整，旨在引导传统的劳动和资本密集型产业逐渐向技术密集型和创新驱动型产业转型。例如，1986年发布的经济五年计划提出，将"改变产业结构，实现科技

表 5-2 韩国在追赶阶段发布的各类产业配套政策

时间	政策文件	政策要点
1960 年	《外资引进促进法》	允许外国人以股份、技术或贷款等形式投资，主要通过税收优惠鼓励投资，并对外资待遇、投资的回收及利润汇出做出保证
1961 年	出口减税	减免出口收入法人税和所得税 50% 的税额
1964 年	《出口产业工业园区建设方案》	在首尔九老区开工建设"九老园区"，支持出口产业发展
1964 年	《出口工业建设法》	建立出口商品基地，在全国各地建立出口工业区、重化学工业区和出口加工工业区，为投资者提供标准厂房和仓库，兴建公共设施并制定各种法规以保障投资者的利益
1972 年	《技术发展促进法》	开展全国民的科学化运动，着力开发产业技术，启动技术开发准备金制度，对合作研究给予支持
1973 年	《引进外资条例》	支持民族工业发展，规定合资与合作经营的企业要比外商独资企业享受更多优惠
1973 年	《工业技术开发促进法》	对私营企业投资于研究开发的活动给予税收和贷款方面的优惠
1973 年	《投资法》	规定合资企业享有比独资企业更优先的权利
1973 年	设立国家投资基金	专门用于支持财阀的重工业大型投资项目，让财阀集团享受国家信用，并将利率设定为 9%
1981 年	利率自由化	为了适应新时期经济发展和开放政策的需要，确定金融自由化方针，开始利率体制市场化改革
1987 年	《对外贸易法》	主动适应急剧变化的对外贸易环境和开放体制，通过提高民间主导的自律性和有秩序的出口，提高国家的对外信用度

资料来源：曾铮（2011）。

立国"，扩大机械、电子、运输器械和精细化工等产业的投资；1989 年，韩国发布尖端产业发展五年计划，重点推进微电子、新材料、生物工程和光纤维等高科技项目的研究；1994 年，韩国进一步明确以半导体等电子产业为主导,发布《半导体芯片保护法》,支持和保护韩国半导体芯片产业发展;20 世纪 90 年代末,在大力发展电子等技术密集型产业的基础上,韩国发布《面向 21 世纪的产业政策方向及知识型新产业发展方案》,提出集中发展计算机、半导体、生物技术、新材料、新能源、精细化工和航空航天等 28 个知识型产业及服务业,明确了 21 世纪以创新驱动经济发展的思路(见表 5-3)。

表 5-3 韩国在转型阶段发布的主要产业政策

时间	政策文件	政策要点
1986 年	经济五年计划(1987—1991)	改变产业结构,实现科技立国,扩大机械、电子、运输器械和精细化工等产业的投资;大力扶植中小企业的发展,特别是机械、零部件和材料等领域的中小企业;增加科技投资在国民生产总值中的比例,加强科技人才的培养和科研经费的投入
1989 年	尖端产业发展五年计划	重点推进微电子、新材料、生物工程和光纤维等高科技项目的研究
1991 年	G7 工程计划	在 21 世纪使本国科学技术赶上西方大国的水平,工程重点是政府主导的 17 项高新科技研究项目,包括新一代核反应堆、高新材料、新能源、环保等 9 项基础高新技术和超高集成半导体、宽带信息通信网、人工智能电脑和高清晰度彩电等高新技术
1991 年	经济五年计划(1992—1996)	制造业的增长将由机械和电子工业主导,汽车和船舶工业也将继续增长;制造业年均增长 9.8%,在国民经济中的比重从 1991 年的 28.7% 提高到 1996 年的 32%
1994 年	《半导体芯片保护法》	支持和保护韩国半导体芯片产业发展
1998 年	《面向 21 世纪的产业政策方向及知识型新产业发展方案》	集中发展计算机、半导体、生物技术、新材料、新能源、精细化工和航空航天等 28 个知识型服务产业

(续表)

时间	政策文件	政策要点
1999 年	《文化产业振兴基本法》	设立韩国文化产业振兴院，扶持文化产业的振兴和发展

资料来源：崔永植（2013）。

在产业结构转型升级的过程中，韩国政府高度重视自主创新能力的提高，因此研发经费增长较快，其占 GDP 的比重从 1980 年的 0.5% 增加到 2000 年的 2.3%，此后进一步提高到 2017 年的 4.6%（见图 5–2）[①]。同时，研究院所和科研人员的数量也保持高速增长，企业研究所从 1980 年的 53 家增至 2004 年 10 000 余家；科研人员从 1964 年的不足 3 000 人增

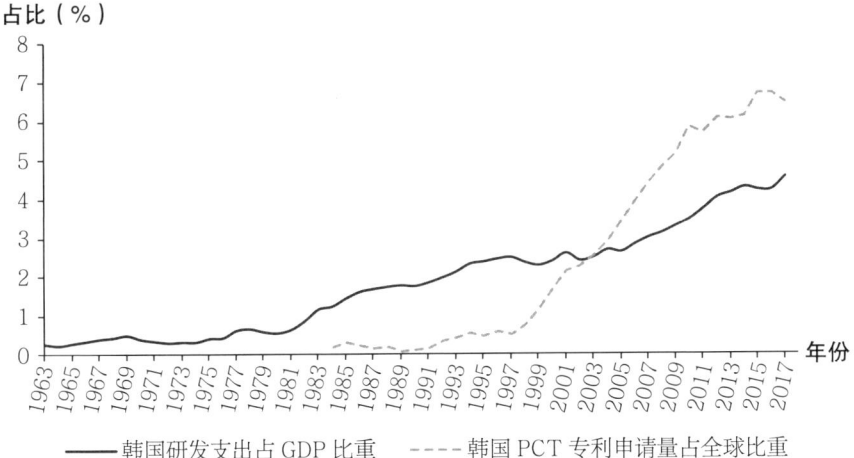

图 5–2　韩国研发投入情况（1963—2017 年）

资料来源：韩国科学技术企划评价院每年发布的科学技术力量综合指数报告（最新一期为 2019 年公布，数据公布至 2017 年）。

[①] 数据源于韩国科学技术企划评价院（KZSTEP）每年公布的科学技术力量综合指数（COSTII: The Evaluation of Science and Technology Innovation Capacity），该报告自 1963 年开始公布。其中常用的国别研发占比数据多使用世界银行数据，但考虑到需要观察韩国研发投入的长期走势，而世界银行该指标从 1996 年才开始公布，图中使用韩国本国数据。二者统计口径不同，数据也略有差异。

至 2017 年的近 38 万人[①]。科研力量的持续加强，有助于提升韩国的科技创新能力，并加快研究成果向生产力的转化。高强度的研发投入带来了丰富的研究成果，韩国 PCT（《专利合作条约》）专利申请量占全球总量的比重从 20 世纪 90 年代不足 1% 提高到 2017 年的 6.7%，位列世界第五。

20 世纪 90 年代之后，韩国的教育投入也在明显提高。1990—2017 年，韩国公共教育开支总额占 GDP 比重从 3.7% 上升至 4.6%（见图 5–3）。教育投入的增加为韩国的经济转型储备了大量的高技术人才。1990—2017 年，韩国高等教育入学率从 36.5% 上升至 94%，全国 25 岁以上人口中，接受过高等教育人数的占比从不足两成上升至超过四成（见图 5–4）。受益于较大力度的教育投入，2016 年韩国每千人中研究人员数量上升至 13.9 人，而同期美国、日本和德国每千人中研究人员分别为 8.5、10.1 和 9.7 人[②]。

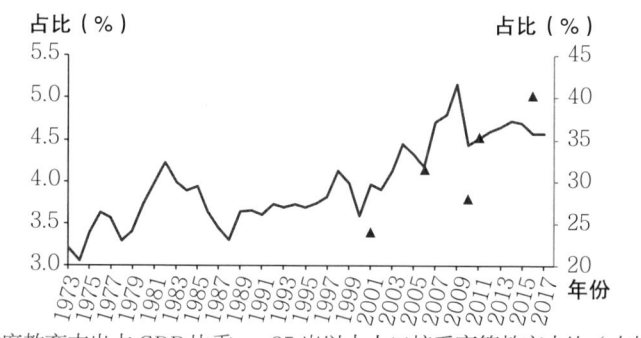

图 5–3　韩国教育开支占比及国民受教育水平变化趋势

资料来源：世界银行，韩国央行[③]。

[①] 2015 年前的数据来自 Kim Chuk Kyo 2019 年出版的《韩国经济发展》（*Economic Development of Korea*）一书，2015 年后的数据来自韩国科学技术企划评价院。

[②] 数据源于韩国科学技术企划评价院 2019 年发布的报告《韩国 100 项主要科学技术指标》（100 Main Science & Technology Indicators of Korea）。

[③] 政府教育支出占 GDP 比重是根据韩国央行公布的教育支出金额和现价 GDP 计算的；接受高等教育居民占比数据来自世界银行。

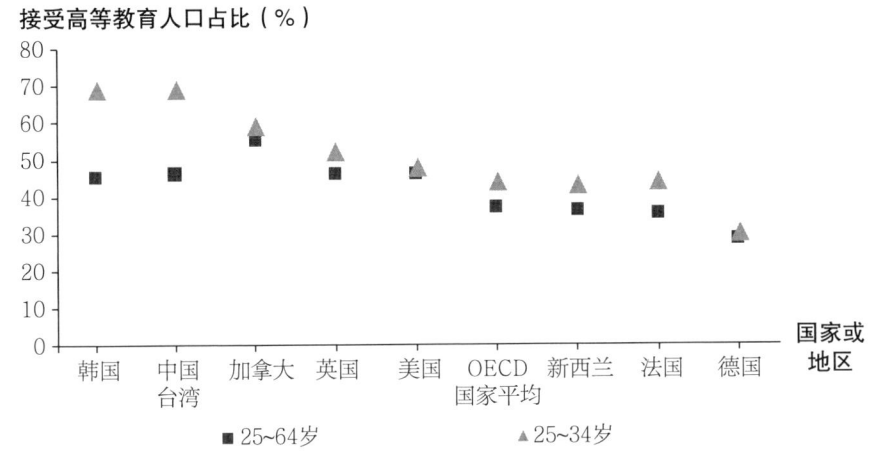

图 5-4　2016 年不同国家或地区接受高等教育人口占比

资料来源：《教育统计指标之国际比较（2018）》。

二、面对外部危机，保持政策定力，去杠杆助转型深化

在早期发展阶段，韩国表现出明显的负债驱动型特征，企业负债率持续攀升，债务风险不断累积。1997年，亚洲金融危机爆发，韩国经济遭遇重创，企业债务风险迅速暴露，随即引爆国内债务危机，韩元贬值将近一半，进一步加剧了外债的偿付压力。亚洲金融危机只是韩国债务风险暴露的导火索，政府背书造成的企业过度负债才是危机的根本原因。

20世纪90年代，韩国经济增长中枢开始逐步下降，但政府对经济客观规律的认知不够，反而继续鼓励企业通过加杠杆的方式进行投资并放宽企业从海外借款的要求，导致企业杠杆率的快速提高。1998年前后，非金融企业杠杆率达到110%左右（见图5-5），企业的平均负债率超过400%。直到亚洲金融危机爆发后，政府无力背书，韩国经济主管部门才开始扭转以往鼓励企业负债的政策思路，打破刚兑并开启长达数年的结构性去杠杆道路。

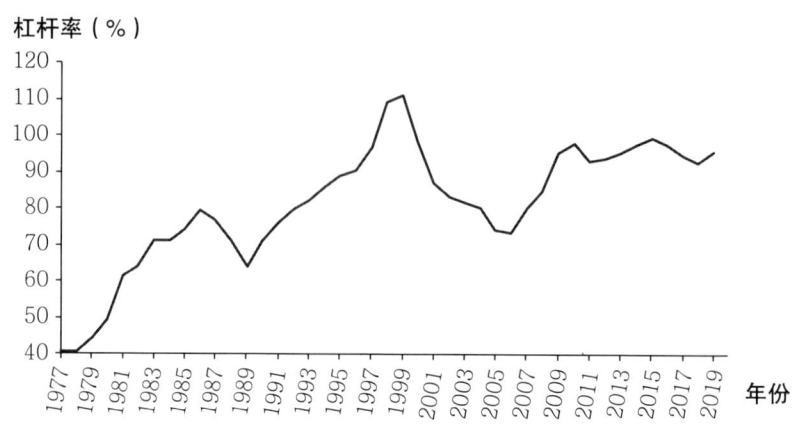

图 5-5　韩国非金融企业杠杆率畸高

资料来源：国际清算银行、韩国央行。

金融危机爆发后，韩国企业出现大规模债务违约，导致银行不良资产比例快速攀升。为了避免系统性风险的进一步恶化，韩国政府采取的首要措施就是清理并整顿金融机构的不良资产——迅速成立韩国资产管理公司，由其集中购买和处理金融机构不良资产（见图5-6）。从1997年11月26日收购韩国第一银行的不良资产开始，截至2002年3月，韩国资产

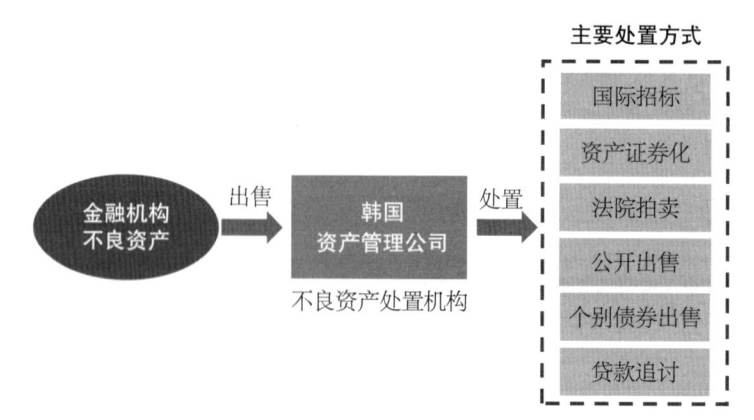

图 5-6　亚洲金融危机期间，韩国政府处理金融机构不良资产的方式

资料来源：张宝仁、韩笑（2000）。

管理公司已经使用39万亿韩元（合计约300亿美元）收购金融机构不良贷款，这笔支出占该公司全部资金的25%，占2001年韩国GDP的比重约为5.5%。

随后，韩国全面整顿金融机构并推动金融体制改革，以此解决导致杠杆率过高的体制性问题。这次改革的主要内容包括：确立金融机构市场化地位，加速出清经营不善的金融机构，提升金融资源配置效率，统一金融机构监管职责，完善直接融资渠道，支持外资对国内企业的兼并和重组，重塑有效率的金融体制（见表5-4）。在金融监督委员会的引导和监管下，经营不善的金融机构加速退出市场，其余问题不那么严重的金融机构被责令重组，经营情况正常的金融机构也纷纷合并，韩国金融体系的效率得以大幅提高。1997—2002年，韩国银行数量由33家降至23家，金融机构总量由2 072个减少至1 758个。

表5-4　韩国金融体制改革的主要内容

改革方向	具体改革措施
加强金融监管	设立或调整了包括金融监督委员会、韩国存款保险公社及韩国资产管理公司等机构，专门负责对金融机构的重整工作，并加强对金融机构的监管，实施功能监管
建立金融机构重整的判定基准与重整模式	金融机构重整以资本适足率作为判定基准，并将资本适足率低于8%的问题金融机构区分为无法继续营运与可继续营运两类。对无法继续营运的金融机构，政府采取收归国有、合并及终止营业三种方式进行清理
设置公共基金作为金融重整资金的财源	建立公共基金，用作金融机构重整的资金，以加快推动金融机构重整工作。
完善直接融资渠道	放松企业发债限制，对外国投资者完全放开资本市场投资
其他配套措施	建立及时纠正措施，强化会计标准，改善流动性风险管理制度，并于2001年修正存款保障制度

资料来源：金英姬（2001）。

在企业大规模进行债务违约后,韩国政府并没有像之前一样给予财政救助,而是由作为债权方的金融机构与负债企业自主协商处置。金融机构可以督促企业以拍卖资产或清理不良子公司等方式偿还债务。如果金融机构认为负债企业在经营上仍有竞争力,那么双方可以通过协商推迟行使债权或新增贷款等方式处理债务。然而,在市场化协商机制下,大量经营状况恶化的企业仍不可避免地走上了破产清算、兼并重组的道路。

从1998年下半年开始,韩国开启了大范围的大企业集团改革,强制要求企业重组[①](见表5–5)。大企业集团的资产重组,经营结构和治理结

表5–5　韩国五大企业集团重组改革的主要内容

改革方向	具体措施
改善财务结构	■ 亚洲金融危机后数年内,通过拍卖包括房地产在内的企业资产等自救行为来偿还贷款 ■ 通过有偿增资来改善企业财务结构 ■ 清理和重组下属子公司,缩减投资领域,建立以核心产业为主体的企业集团 ■ 建立企业理事和督察制度,以提高企业管理体制的透明度
大规模产业交换	■ 五大企业集团放弃亏损或盈利甚微的企业,专营主导产业,实施全面战略收缩 ■ 五大企业集团进行大规模产业互换,保留自己确定的主导产业,交出对方富有特色的产业
取消各子公司之间的贷款相互担保	■ 取消子公司间的双重担保关系,通过交换来解决跨产业担保贷款 ■ 从1998年4月1日起,全面禁止相互担保债务,2000年3月前完全清除已有的债务担保

资料来源:金英姬(2001)。

---

① 韩国企业大致分为三类:五大企业集团、排名前6~64位的大型企业以及中小型企业。不同类型企业的重组能力存在明显差异:五大企业集团由于自身重组能力较强,被要求在政府颁布的五大改革原则下进行"自我重组";排名前6~64位的大型企业不具备自我重组的能力,因此与金融机构签署《金融机构间促进企业结构调整协议》,被纳入"企业改善运作"计划,在金融机构的建议下进行企业结构重组;中小型企业由于无力承担重组成本,则由对应的债权金融机构实施救助。

构的改善及主导产业的确立等是改革的主要内容；企业重组改革的主要目的是提高赢利能力，降低流动性风险[①]及加强公司监管。在改革政策的疏导下，韩国企业负债率水平明显降低，其中，四大企业集团[②]的负债率从 1997 年的 470% 降至 1999 年的 174%，集团重组目标也超额完成。

第二节
日本和中国台湾"内功"修炼不足，转型后段不顺利

一、日本转型后段的产业规划失当，政策重走老路

日本经济转型的前半段是非常成功的。20 世纪 40 年代，日本以纺织、食品和轻型机械等产业为主；50 年代，日本转向以钢铁、煤炭、石化和造船等重化工业为主；70 年代，日本开始向高附加值的技术密集型产业转型，汽车、半导体、机械和家电等产业逐渐成为主导（见图 5-7）。到了 80 年代，日本的经济发展开始超越德国，成为资本主义国家中的第二大经济体。1980—1989 年的 10 年间，日本经济体量相对德国经济规模的比率以 1.16 倍快速提高到 2.19 倍。

在经济高速发展的同时，日本产品的国际竞争力也在显著提高。20 世纪 80 年代中期，日本出口商品中近 40% 销往美国，而美国进口商品中近两成来自日本（见图 5-8）。当"生产型"定位的日本越来越多的商品销往"消费型"定位的美国，进而挤压了美国本土企业的市场空间时，美国精英阶

---

① 韩国政府将负债率 200% 作为大企业负债偿还能力改善的目标值，引导企业降低负债，预防流动性风险。
② 亚洲金融危机前，韩国五大企业集团是现代、大宇、三星、LG、SK；1998 年企业重组改革过程中，大宇集团重组后依然无力偿还巨额债务，1999 年 8 月宣告破产，自此仅余四大企业集团。

层产生了强烈的不满情绪,"修昔底德陷阱"①在某种程度上出现了。美日之间的贸易摩擦和对抗不断加剧,二十世纪七八十年代,美国先后对日本的彩电、汽车和半导体等产品以及电信服务等诸多行业采取了贸易保护措施。

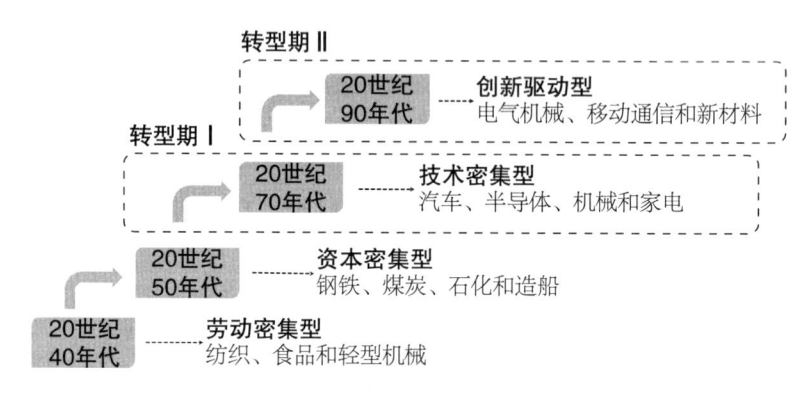

图 5-7　日本经济转型阶段与产业发展路径

资料来源:张文玺(2012)。

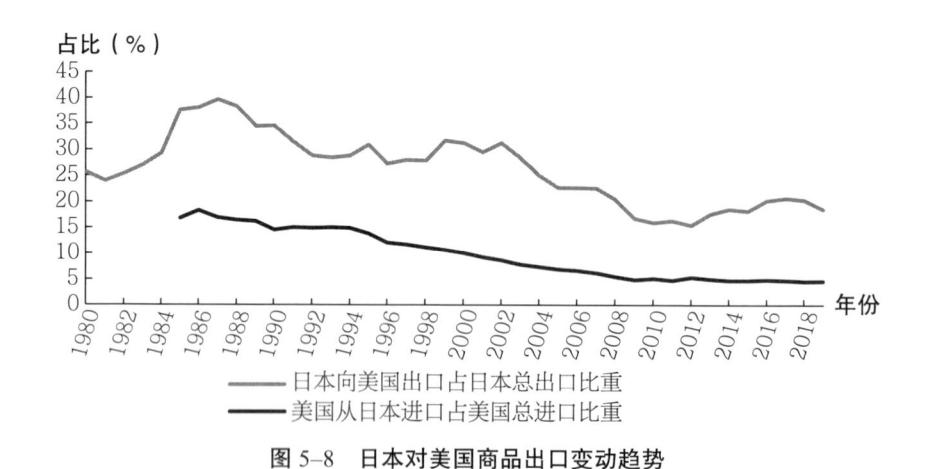

图 5-8　日本对美国商品出口变动趋势

资料来源:美国普查局、日本财务省。

---

① 修昔底德陷阱是由哈佛大学肯尼迪政府学院创始院长格雷厄姆·艾利森提出的,其核心思想是新崛起大国必然挑战守成大国,而守成大国也必然会做出回应,由此战争变成难以避免的历史规律。

1985年签署的《广场协议》是美国针对与其竞争的主要发达经济体尤其是日本的经济压制策略。1985年,在美国的主导下,美、日、德、法、英五国签署的这一协议要求各国联合干预外汇市场,让美元大幅贬值。日本和德国这两个经济体受冲击最大,从1985年年初到1988年年初的三年内,日元和德国马克均对美元升值了1倍(见图5–9)。美国试图通过让日元对美元被动升值来打压日本对美商品出口,进而压制日本经济发展。

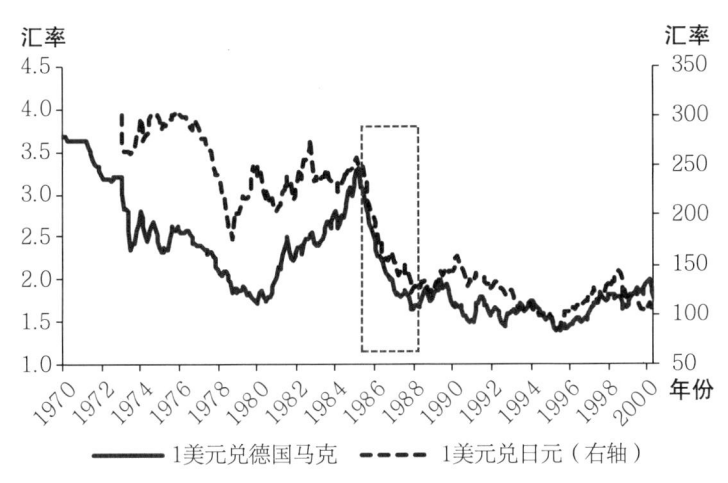

图 5–9　日元、德国马克与美元汇率变动趋势(1970—2000年)

资料来源:美联储。

由于日本对美国贸易依存度过高,所以汇率升值对日本出口竞争优势的影响非常大。1985年,日本对美国出口额占日本总出口额的比重高达37.6%,明显高于英国的14.9%、德国的10.4%和法国的8.4%(见图5–10)。同年,日本从美国进口额占其总进口额的比重也达到19.9%,高于英国、法国、德国的11.7%、7.6%和6.9%。对美国的贸易依存度过高,导致日本更易受美国贸易政策的冲击。《广场协议》签订后,日本出口占GDP的比重由13%以上持续回落至20世纪90年代中期的9%以下。

对美出口占本国总出口额的比重（%）

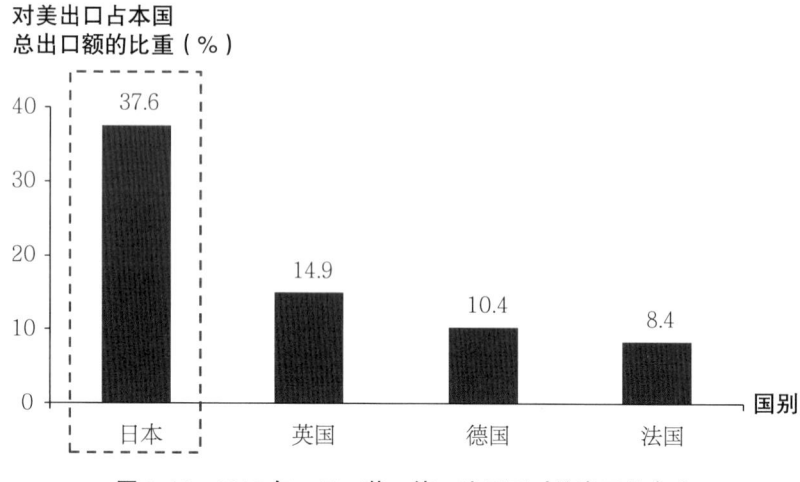

国别	比重
日本	37.6
英国	14.9
德国	10.4
法国	8.4

图 5-10　1985 年，日、英、德、法四国对美出口依存度

资料来源：日本内阁府。

在外部环境恶化之时产业政策规划失当，是日本转型后半段不顺利的重要原因（见图 5-11）。20 世纪 90 年代以后，全球产业已转向互联网、信息化等方向，而日本在产业规划缺乏过渡的背景下，跨越式地向工业机器人等高精尖技术领域倾斜，此举也存在一定的战略失误。[①] 用信息化设备投资占比来衡量，日本相比美国的差距在这一时期明显拉大，这表明日本在代表未来方向的创新型产业方面投入力度不足。

日元升值等因素导致出口竞争优势大幅削弱及产业大规模迁至国外，进而使日本产业 "空心化" 问题开始凸显。部分传统的日本优势产业在此过程中持续衰落。以日本工业生产指数来看，通用机械和交通运输设备等技术密集型产业在 20 世纪 90 年代的生产规模整体趋于收缩，这两个传统制造行业的生产指数分别由 1990 年的 115.6 和 108.3 降至 1999 年

---

① 这一时期日本的自主创新能力距离老牌资本主义国家也仍有很大距离。用 1995 年 PCT 专利申请占全球比重来衡量，日本仅为 6.9%，远低于同时期美国的 42.8%，也明显低于欧洲发达经济体德国的 12.8% 和英国的 7.5%。

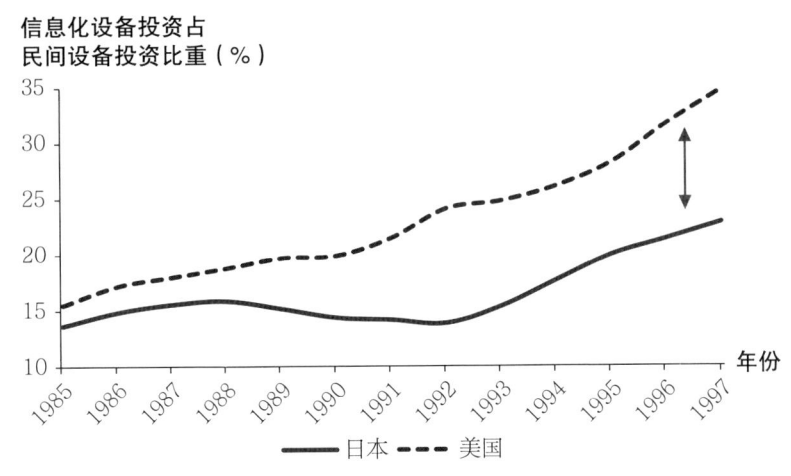

图 5–11　日本信息化设备投资趋势（1985—1997 年）

资料来源：日本经济企划厅。

的 91.6 和 96.2；类似地，以精密仪器为代表的技术密集型和创新驱动型产业的生产规模也明显收缩，生产指数由 20 世纪 90 年代初的 140 以上明显下降到 21 世纪初的 80 以下。

这使得日本 1990 年之后一段时期的产业结构优化升级效果并不明显，甚至出现了倒退（见图 5–12）。与 1980 年相比，1990 年制造业增加值占比提升的行业主要集中在电气机械、机械、交通运输设备与精密仪器等技术密集型产业；食品饮料、石油及煤制品与钢铁等劳动和资本密集型产业占比明显回落。与 1990 年相比，2000 年制造业增加值占比提升的行业主要集中在石油及煤制品与化学制品等重化工业，与产业转型升级的普遍性规律存在明显差异。

然而，同样是《广场协议》受害者的德国，虽然也是"生产型"经济体定位，但其受到的影响明显弱于日本。这主要有三方面的原因：德国与日本的贸易结构不同，其对外贸易主要集中在欧共体内部，对美国的依赖程度较低；与日本长期过度宽松的货币政策不同，德国 1985 年后采

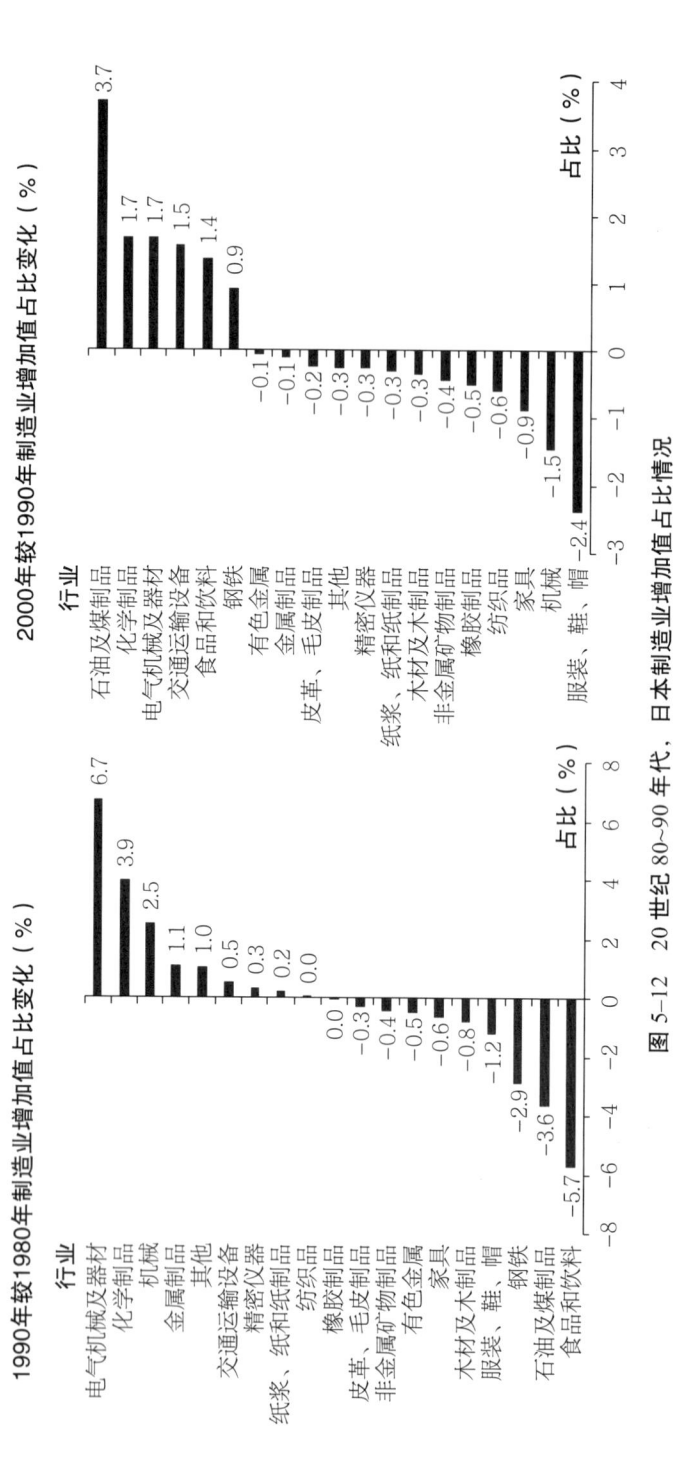

图 5-12 20世纪80~90年代，日本制造业增加值占比情况

资料来源：日本内阁府。

取"适度宽松"的货币政策,宽松力度及退出节奏的把握均与日本存在一定差异;与日本缺乏规划、盲目转型不同,德国通过加强研发投入和产业规划推动制造业稳步升级。

二、中国台湾地区创新能力不足制约转型深化

台湾的整个转型历程,对祖国大陆的产业结构转型也有很强的借鉴意义。20世纪60年代,全球第二轮产业迁移启动,世界制造业中心由日本向亚洲"四小龙"转移,中国台湾在"出口导向型"战略下,承接了以纺织服装为代表的劳动密集型产业,经济发展水平快速提升。20世纪80年代之后,传统竞争优势逐渐弱化,中国台湾转而鼓励高附加值产业的发展,电子元件与电子通信等技术密集型产业占比持续提高。电子元件制造业增加值占制造业比重从1981年的1.6%大幅提升至2008年的35%;电子通信行业增加值占比也从1981年的2.2%左右上升至2008年的接近10%(见图5-13)。

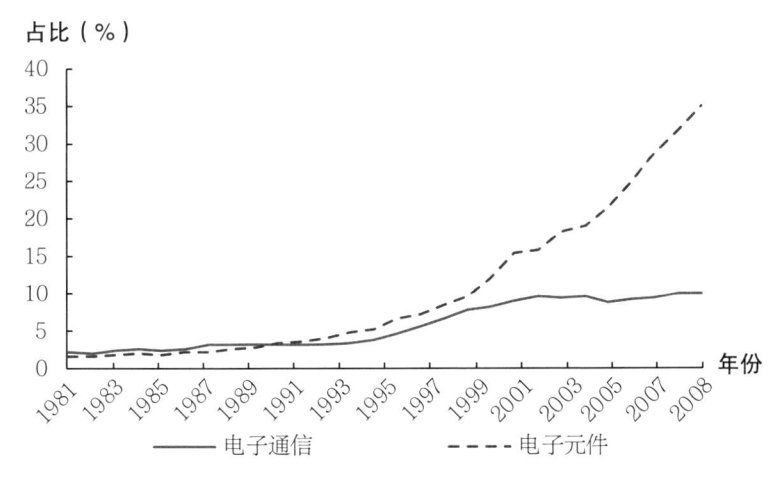

图5-13 中国台湾的电子产业占制造业增加值比重变化趋势

资料来源:台湾统计主管部门。

电子产业的快速发展，带动了中国台湾技术密集型产业的加快培育。从20世纪80年代起，中国台湾高技术密集型商品出口占比持续提高，从80年代初的不足20%提高到90年代末的40%（见图5-14）。在中国台湾的出口产品中，近一半属于高科技产品，基本达到或接近欧美日等发达经济体的水平。其中，电子、通信等产业表现最为突出。1980—2000年，电子元件制造业占制造业比重从3%提高到19%，电子通信制造业的占比也从4%提高到12%。截至2000年，电子和通信产品已成为中国台湾对外出口最多的两类产品。

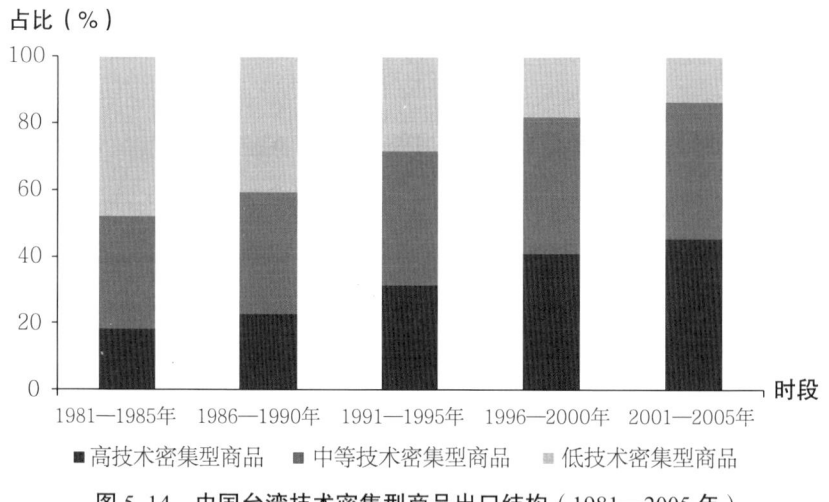

图5-14 中国台湾技术密集型商品出口结构（1981—2005年）

资料来源：Trademap。

但是，近些年，台湾研发支出占比增长缓慢，这对于自主研发能力的培育及产业进一步升级产生了明显的影响。我们知道，韩国和中国台湾都属于生产型定位的经济体，发展模式具有很多相似的地方。2003年之前，中国台湾的人均GDP一直是高于韩国的，2003年被韩国超越，自此两个经济体在这方面的差距越来越大（见图5-15）。研发支出增长缓慢也在一定程度上制约了创新能力的提升速度（见图 5-16），这也是台湾转型后段不顺利的重要原因。在半导体领域，中国台湾的销售额全球占比已显著低于韩国；在工业机器人领域，也始终难以提升，与韩国的差距逐渐拉大。

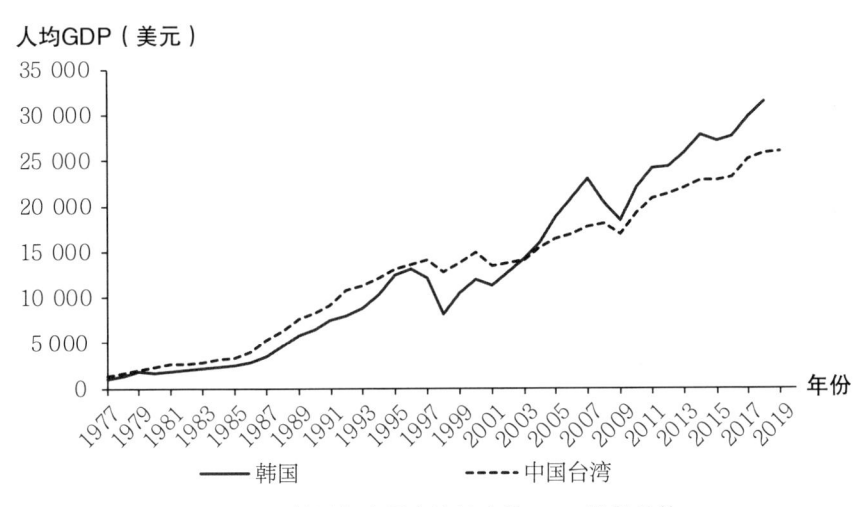

图 5-15 韩国与中国台湾的人均 GDP 增长趋势

资料来源：世界银行，中国台湾统计主管部门。

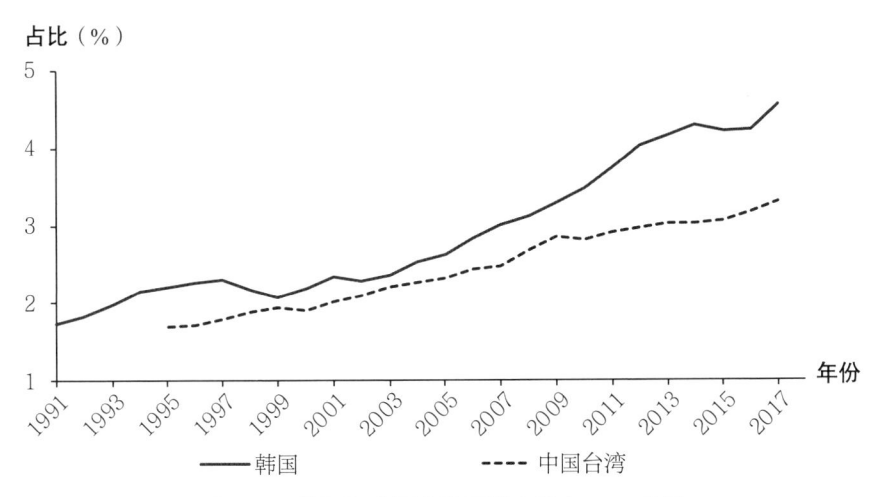

图 5-16 韩国与中国台湾研发支出占 GDP 比重

资料来源：OECD。

教育支出占比的持续下降对创新能力的影响，也值得关注。中国台湾教育支出占 GDP 的比重自 20 世纪 90 年代以来整体并没有明显提升，甚至出现持续下降，当前已回落至 3.5% 左右（见图 5-17）。对比来看，韩国长期重视教育投入，教育占公共开支的比重一直都在上升，高等院校入学率也从 1995 年的不足 50% 提高到 2015 年的 90% 以上。教育投入的强度会影响高质量劳动力的供给，进而影响创新驱动型增长模式的转型进度。以高端精密制造为例，该产业的稳定发展需要基础物理、数学、化学等各方面人才，中国台湾在基础教育上的投入不足，严重阻碍了产业的进一步升级。

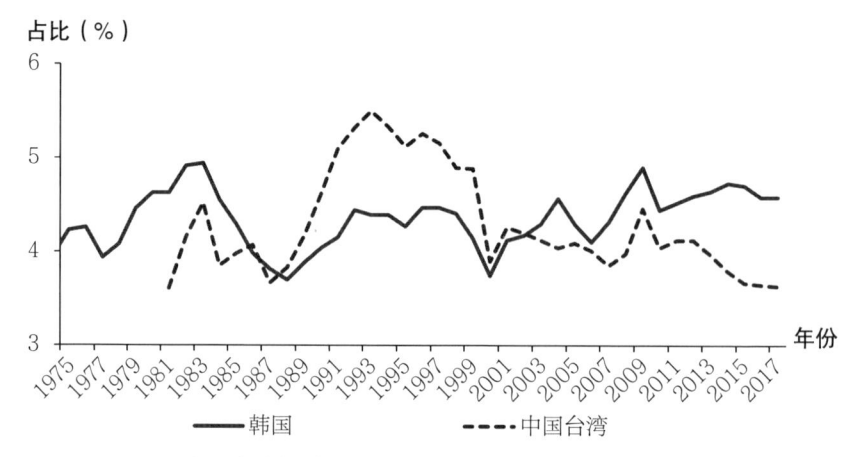

图 5-17　中国台湾与韩国的教育支出占 GDP 比重（1975—2017 年）

资料来源：中国台湾统计主管部门、韩国央行。

中国台湾的产业结构过于单一，而且对其他新兴产业的投入不足，这都影响了产业进一步转型升级的效果。从制造业的研发支出结构来看，与 2001 年相比，2015 年中国台湾研发支出增长主要集中在电子行业，其中电子零部件行业研发支出占比提高了 8.7 个百分点（见图 5-18）。而其他新兴产业方面，则明显缺乏培育。2000 年的台湾出口商品中，电子产品占比 22.2%，通信设备占比 13.0%，显著高于其他产业，结构不均衡的问题较为突出（见图 5-19）。过于单一的产业结构使台湾经济难以全面、纵深地发展，进而制约了台湾经济的深入转型。

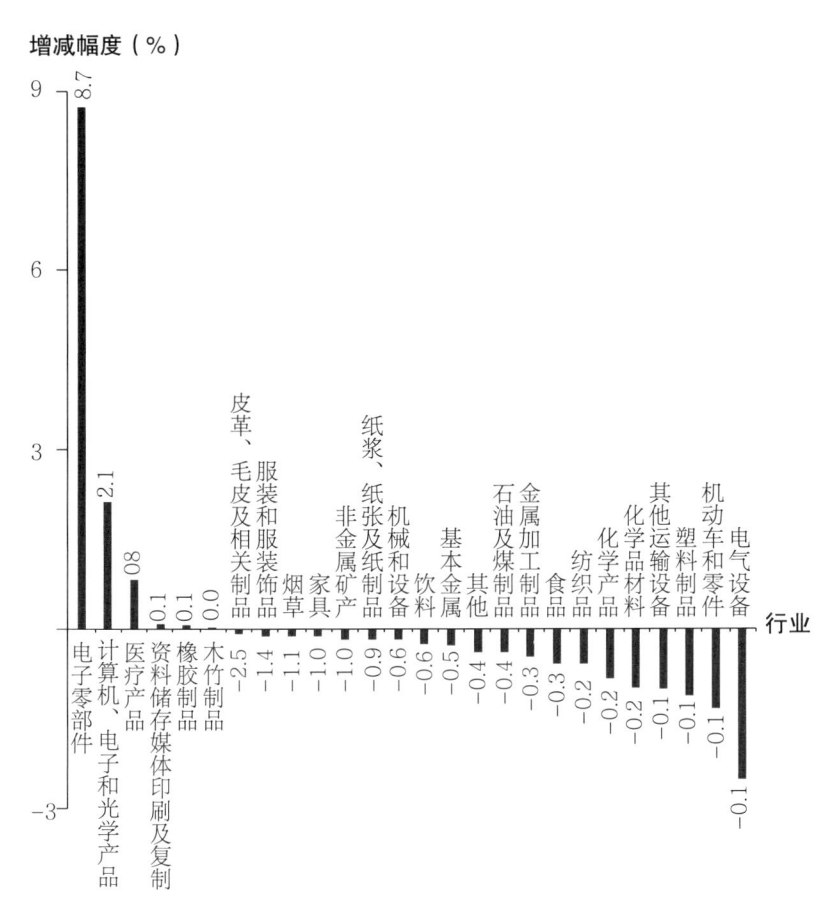

图 5-18　中国台湾制造业研发支出 2015 年相比 2001 年变化情况

资料来源：台湾经济研究院。

2001 年年底，中国正式加入 WTO（世界贸易组织）并快速发展成为全球制造业中心，让产业结构过于单一、创新驱动力度不足的台湾在很

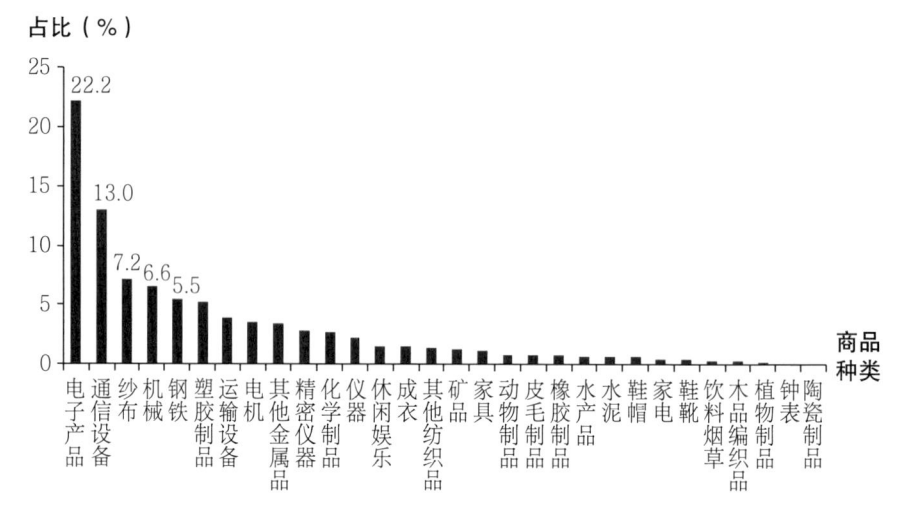

图 5-19 2000 年，中国台湾出口商品占比

资料来源：台湾政治大学。

多产业上的比较优势进一步被削弱。以工业机器人的全球销量占比为例，祖国大陆 2005 年的全球销量占比超过台湾省，之后继续提升，差距越来越大（见图 5-20）。"入世"之后，面对广阔的世界市场，中国的制造业高速发展，制造业总产值占世界的比重从 2000 年的 6.0% 提高到 2010 年的 19.8%，超过美国，跃居世界第一位。

回顾台湾地区的发展历程，我们发现，台湾地区的快速发展主要受益于全球第二轮产业大迁移，但是产业结构过于单一且创新驱动后劲不足导致"追赶红利"快速释放之后进一步转型深化的空间和速度都受到了极大压制。随着第三轮全球产业大迁移，中国大陆的崛起对台湾地区传统优势行业产生了直接冲击。在第四轮全球产业大迁移的背景下，东南亚地区制造业迅猛发展，正在不断承接从中国迁移过去的产业。凭借人口红利和政策优惠，东南亚各国的制造业发展会不会对中国台湾未来发展产生冲击尚未可知。台湾地区产业全面深化转型缺乏突破口，将导致其未来的经济增长潜力受到影响。

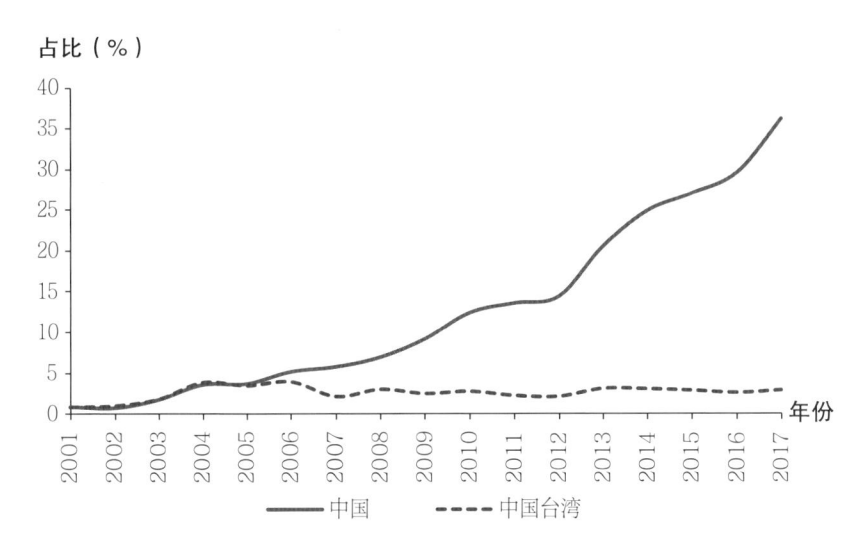

图 5-20　海峡两岸工业机器人销量占全球比重趋势图（2001—2017 年）
资料来源：国际机器人联合会。

本章小结

经过上一章的分析，我们知道经济转型能否成功，产业是关键。产业升级需要制度改革、产业政策和社会政策等各方面的保驾护航。转型失败的经济体，要么是因为改革思路过于激进，要么是因为产业规划与宏观调控失当，要么是由于社会政策没有做好托底的工作。

我们在本章换了一个视角，即动态地看待转型的过程。经济体在"追赶红利"释放的阶段，只要不是资质太差，都能有较快的发展速度。在"追赶红利"逐步兑现之后，转型过程可以划分为两个阶段。

在早期阶段，各经济体依然可以一定程度上通过接纳更高附加值的产业迁入及向国外先进技术学习等方式实现转型。但是，随着经济发展水平的进一步提高，转型后期阶段的产业升级对自主创新能力的要求会越来越高，这时候，基础教育与研发等方面投入的重要性会显著提升。

转型过程就是一个蜕变与新生的过程，经济体遇到外部冲击时如何应对？以《广场协议》之后德国和日本的经历来看，还是要坚持几个原则："以我为主"，不能因外部干扰而出现战略摇摆；"产业为本"，核心产业必须守住，"硬核"技术要升级，让其更"硬"；"保持定力"，基础教育和研发要加大投入，志在长远。

第三部分
崛起之道：加速新旧动能转换，稳中求进

第六章

中国政府理性克制，有序推进结构转型

第一节
转型的朴素理解：出清旧经济，培育新经济

一、从自然减速到政策助力，加速出清旧经济

我们在前文系统梳理过，20世纪80年代，中国凭借改革开放释放的巨大潜力，积极参与到第三轮产业大迁移的浪潮中，通过招商引资等方式快速融入全球产业链分工体系，并在"追赶效应"释放的过程中迅速实现了工业化。

我们在梳理先导型经济体的经济规律时分析过，在"追赶效应"快速释放的过程中，它们会经过二三十年的高速增长期，然后从高速增长向中低速增长逐步转变，增速"换挡"的过程实际上也是产业结构转型升级的过程。中国的经济规律大致类同，改革开放引发了长达四十余年的高速增长。从2011年前后开始，中国进入经济结构转型升级阶段。2011年是中国工业化率趋势性回落的开始，该指标从这一年的40%左右持续回落到2019年的32%。

从最朴素的角度来理解，"结构转型"就是出清低效率的部门并加速培育高效率的部门。我国的产业结构转型升级，最早是从投资增速持续回落的传统部门开始的。为方便展示，我们将工业分类中的十多个传统高耗能行业集合成一个"高耗能行业"的总指标。我们从前文的图2-8可以看到，高耗能行业的投资增速在2011年之后持续回落，从最高30%左右一路下行至2016年前后的-5%左右。高耗能行业固定资产投资增速的持续下降，既拖累全行业投资增速，也拖累消费增速。事实上，这也容易理解：当期的部分投资行为对应的是未来的"产能"；低效率部门出

清，首先从控制未来"产能"开始。

与此同时，我国 GDP 增速在 2010 年实现了阶段性高点 10.6%，在此之后短短 5 年的时间里，持续下降至 2015 年的 7%，"换挡"的速度相当快。2015 年之后，当高耗能行业的投资增速回落至绝对低点且不再进一步下降时，我们看到 GDP 增速下滑的速度也在明显减缓[1]，整体来看经济运行比较平稳。细究起来，其中的逻辑也是显而易见的。传统高耗能行业多属于资本密集型行业，在传统经济周期中，它们往往是经济周期性波动的主要贡献源。2015 年之后，传统高耗能行业因投资保持在低水平而失去波动性时，周期属性最强的板块对"经济波动"的影响自然就弱化了。

如果我们将 2011—2015 年称为转型过程中的"自然减速"阶段；那么 2015 年年底之后，转型开始进入下半场——政策"主动引导"阶段[2]。此后的政策思路一脉相承，紧紧围绕"调结构"这一工作重心，更加强调"战略定力""把握好度"；"稳增长"的目的只是为"调结构"创造一个相对平稳的宏观环境，而不是"大水漫灌"、走老路。

引导旧经济加速出清最具代表性的政策包括产业层面的"供给侧改革"和金融领域的"防风险"政策。前者主要作用于落后产能的淘汰，后者旨在约束负债驱动经济发展的冲动。其中，针对不同的行业，"供给侧改革"的思路也略有分化。2016 年以来，钢铁和煤炭行业以行政化手段去产能为主，中央明确压减和淘汰过剩产能的具体目标，并分解至各个地方及中央企业；2017 年，煤电企业也被纳入行政去产能的重点领域

---

[1] GDP 增速 2015—2018 年持续四年在 6.7%~7% 之间徘徊，2019 年受贸易摩擦等因素拖累，GDP 增速进一步回落至 6.1%。
[2] 2015 年年底的中央经济工作会议第一次提到"供给侧结构性改革"，并提出去产能、去库存、去杠杆、降成本、补短板的"三去一降一补"政策思路。此后的数年时间里，我国经济工作始终强调以"调结构"为重心，持续推进并不断完善。

（见表6–1）。相比而言，在水泥、玻璃和电解铝等原料行业"去产能"的过程中，行政力量主要体现在严控新增产能，而且新增产能只能等量或减量置换。而存量过剩产能的淘汰，主要通过环保"控产量"及提高能耗和排放标准等市场化机制倒逼行业自发"出清"。

表6–1 代表性过剩产能行业"去产能"的主要举措和目标

主要方式	行业	压减和淘汰过剩产能目标	发布部门
行政手段去产能为主	钢铁	"十三五"期间，压减粗钢产能1亿~1.5亿吨（2016年2月公布）	国务院
	煤炭	从2016年开始，用3~5年的时间退出产能5亿吨左右，减量重组5亿吨左右，较大幅度压缩煤炭产能（2016年2月公布）；到2020年，化解淘汰过剩落后产能8亿吨/年左右（2016年12月）公布	国务院（发改委国家能源局）
	煤电	"十三五"期间，停建和缓建煤电产能1.5亿千瓦，淘汰落后产能0.2亿千瓦以上（2017年8月公布）	发改委等16个部门
以环保手段和市场化机制等引导产能"出清"	水泥	2018—2020年，压减熟料产能39 270万吨，使全国熟料产能平均利用率达到80%，水泥产能平均利用率达到70%（2017年12月公布）	水泥行业协会
	平板玻璃	2020年前至少需淘汰和压减平板玻璃产能2亿重量箱	建筑玻璃与工业玻璃协会
	电解铝	—	—

资料来源：中国政府网、商务部、新华网、人民网。

钢铁和煤炭行业行政化压减过剩产能很快见效。2016—2018年，钢铁行业和煤炭行业分别压减、淘汰落后产能1.5亿吨和8.1亿吨（见图6–1），煤电行业淘汰、关停落后机组2 000万千瓦以上，这三个行业提前两年完成"十三五"去产能目标任务[①]。在淘汰落后产能的同时,钢铁行业严禁新增产能,煤炭行业和煤电行业严控新增产能,因此总产能去化效果较为明显。有了供给侧改革的助力,去产能成绩喜人,2017—2018年钢铁和煤炭行业产能利用率明显上升,赢利水平也有所改善。

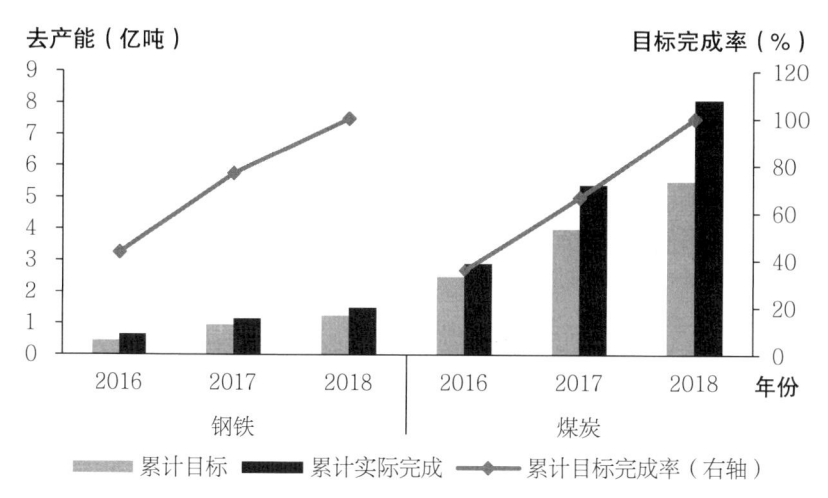

图 6–1 "十三五"期间钢铁和煤炭去产能情况

资料来源:中国政府网。

随着压减产能目标的提前完成,2019年以来钢铁和煤炭供给侧改革的工作重点都发生了一定变化。钢铁行业更多是在控制产能总量的前提下优化存量结构,主攻方向"从产能总量调整转向现有产能结构优化、布局调整和兼并重组";煤炭行业的工作重点则从总量去产能转向结构性去产能与系统性优产能,通过有序释放先进产能和淘汰落后产能提高供给质量(见表6–2)。

---

① 为了顺利推进钢铁、煤炭行业压减淘汰过剩产能,中央出台了专项奖补资金、财税支持、金融、职工安置、国土、环保、质量、安全8个配套文件。

表 6-2　钢铁和煤炭供给侧改革重点由总量去产能转向结构优化产能

时间	政策文件	主要内容
2016年9月	《关于推进钢铁产业兼并重组处置僵尸企业的指导意见》	■ 到 2025 年，中国钢铁产业 60%~70% 的产量将集中在 10 家左右的大集团内，其中包括 8 000 万吨级的钢铁集团 3~4 家、4 000 万吨级的钢铁集团 6~8 家和一些专业化的钢铁集团 ■ 围绕这一总目标，钢铁产业兼并重组在 2016—2025 年间将分三步走：第一步是到 2018 年，以去产能为主，该出清的出清，同时为下一步的兼并重组做出示范；第二步是 2018—2020 年，完善有关兼并重组的政策；第三步是 2020—2025 年，大规模推进钢铁产业兼并重组
2019年1月	在中国钢铁工业协会2019年理事（扩大）会议上的报告	■ 2019 年钢铁行业供给侧结构性改革的工作重点要从化解过剩产能转向防范已化解产能复产，严防"地条钢"死灰复燃及严禁新增产能等方面；主攻方向要从产能总量调整转向现有产能结构优化、布局调整和兼并重组。各级政府要按照中央"紧紧抓住处置'僵尸企业'这个牛鼻子"的要求，积极做好相关工作，促进钢铁行业"僵尸企业"加快退出
2019年5月	《关于做好2019年重点领域化解过剩产能工作的通知》	■ 着力巩固去产能成果。对2016—2018年去产能项目实施"回头看"，坚决防止已经退出的项目死灰复燃。尚未完成压减粗钢产能目标的地区和中央企业，力争在 2019 年全面完成任务；尚未完成煤炭去产能目标的地区和中央企业，在 2020 年年底前完成任务；继续大力淘汰关停不达标落后煤电机组 ■ 钢铁行业：更多运用市场化和法制化手段，在控制产能总量的前提下，调整优化存量 ■ 煤炭行业：进一步优化存量资源配置，推动在建煤矿加快建设、建成煤矿加快投产，有序释放优质先进产能，不断扩大优质增量供给。深入推进煤电联营、兼并重组、转型升级、优化布局等工作，促进煤炭行业新旧发展动能转换。主要产煤省区要加快释放优质产能，组织做好均衡生产，不得集中停产，避免影响煤炭的稳定供应 ■ 加快重点领域"僵尸企业"出清，确保2020年年底前完成全部处置工作。对于长期停工停产、连年亏损、资不抵债或者没有生存能力和发展潜力的"僵尸企业"，主管部门加快实施清算注销、破产清算甚至强制注销。对于已丧失清偿能力，但有一定发展潜力和重组价值的"僵尸企业"，主管部门加快实施破产重整、兼并重组或债务重组

(续表)

时间	政策文件	主要内容
2019年9月	《30万吨/年以下煤矿分类处置工作方案》	■ 煤炭去产能由总量去产能转向结构性去产能和系统性优产能，需要继续淘汰落后产能，有序释放先进产能，进一步推动煤炭行业转型升级。产量在30万吨/年以下的煤矿普遍生产效率低、技术装备水平低、安全保障程度低。从煤炭供需形势看，晋陕蒙宁新等重点产煤省（区）优质先进产能逐步释放，北煤南运通道建设加快，为煤炭调入地区调整产业结构、加快退出产量在30万吨/年以下的煤矿创造了有利条件

资料来源：中国政府网、新华网。

水泥与平板玻璃等建材行业过剩产能的化解，更多的是通过环保"控产量"引导"去产能"或提高能耗和排放标准以倒逼落后产能退出等方式进行。压减过剩产能主要由行业协会牵头和制定目标，并由业内企业自律执行，这往往缺乏有力的约束机制。环保限产或错峰生产常态化等办法虽可通过"控产量"倒逼落后产能去化，但总体见效较慢，导致产能更多是"休眠"而非"去化"。自2016年以来，虽然水泥产能不再增长，但总产能保持在较高水平，玻璃产能甚至继续增加，产能利用率也一直处于较低水平（见图6-2）。水泥与平板玻璃等建材行业自2019年年

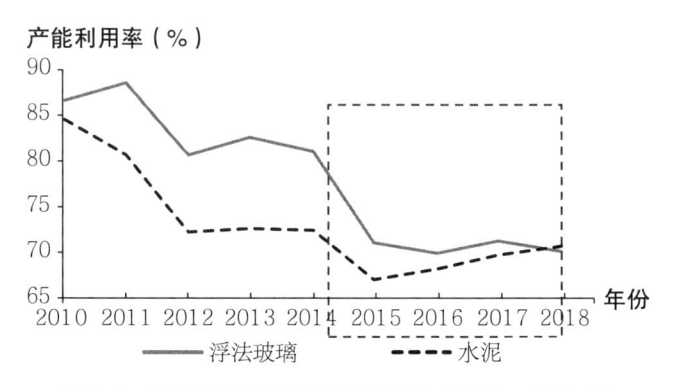

图6-2 浮法玻璃和水泥产能利用率（2010—2018年）

资料来源：国家统计局。

中起压减产能协同效应增强且环保标准更趋严格，未来一段时间落后产能去化或将加速。

二、出清旧经济的同时，新经济也在加速培育

加快"新经济"培育的政策并非2015年之后才出现的。早在2010年，国务院就发布了《关于加快培育和发展战略性新兴产业的决定》，首次提出七大战略新兴产业的概念，以此作为未来国民经济的支柱产业和先导产业，它们包括节能环保、信息技术、生物、高端装备制造、新能源、新材料和新能源汽车。

2015年以来，加速新经济[①]培育的政策密集出台，政府对加快新旧动能转换的重视程度显著提高。国务院先后出台《中国制造2025》[②]《关于深化制造业与互联网融合发展的指导意见》[③]《"十三五"国家战略性新兴产业发展规划》[④]等政策纲要予以重点支持。

2015年前后的产业规划的特征有比较明显的区别：早前更多是围绕高端制造[⑤]展开；2015年之后更加突出信息化，以及新一代信息技术与高端制造的结合，而且对新业态、新商业模式等其他新经济领域也予以政

---

① 根据顶层设计方案并结合相关领域发展业态来看，新经济大致包括高端装备制造、新材料、新能源汽车、节能环保、生物医药、新能源、新一代信息技术及数字创意等板块。

② 《中国制造2025》于2015年5月发布，主要内容包括明确要求大力推动重点领域突破发展，聚焦新一代信息技术产业、高档数控机床和机器人、航空航天装备、海洋工程装备及高技术船舶、先进轨道交通装备、节能与新能源汽车、电力装备、农机装备、新材料、生物医药及高性能医疗器械十大重点领域。

③ 该指导意见于2016年5月发布，主要内容包括部署深化制造业与互联网融合发展，协同推进"中国制造2025"和"互联网＋"行动，加快制造强国建设。

④ 此规划于2016年12月印发，主要内容包括加快发展壮大新一代信息技术、高端装备、新材料、生物、新能源汽车、新能源、节能环保、数字创意等战略性新兴产业，促进更广领域新技术、新产品、新业态、新模式蓬勃发展，建设制造强国，发展现代服务业，推动产业迈向中高端。到2020年形成新一代信息技术、高端制造、生物、绿色低碳、数字创意等5个产值规模10万亿元级的新支柱产业。

⑤ 当时的"高端制造"泛指高技术制造业、高端装备制造业、先进制造业、工业战略性新兴产业等概念下所包含的制造领域。

策支持。2018年之后，对于以新一代信息技术为核心的高端生产性服务业，从硬件到软件的政策支持力度在明显增强，并且这类服务业的范围从传统信息技术拓展到了人工智能、工业互联网和物联网等产业。

在政策的支持引导下，近些年来新经济领域的研发力度在不断提升，研发支出在国民经济中的占比也在快速增长。上市公司数据显示，近些年来，新经济板块的研发投入明显高于上市公司平均水平，2019年高技术制造类上市公司的研发投入占营业收入的比重预计达到6.4%[①]（见图6-3）。研发投入力度的加大也有助于新经济产业快速发展。高技术制造业投资占制造业总投资的比重，近些年来持续显著攀升，2014年仅为10%多一点，2019年已经达到20%；增加值占比也在以相似的幅度提升，2019年相比2014年占比提升近4个百分点至14.4%（见图6-4）。

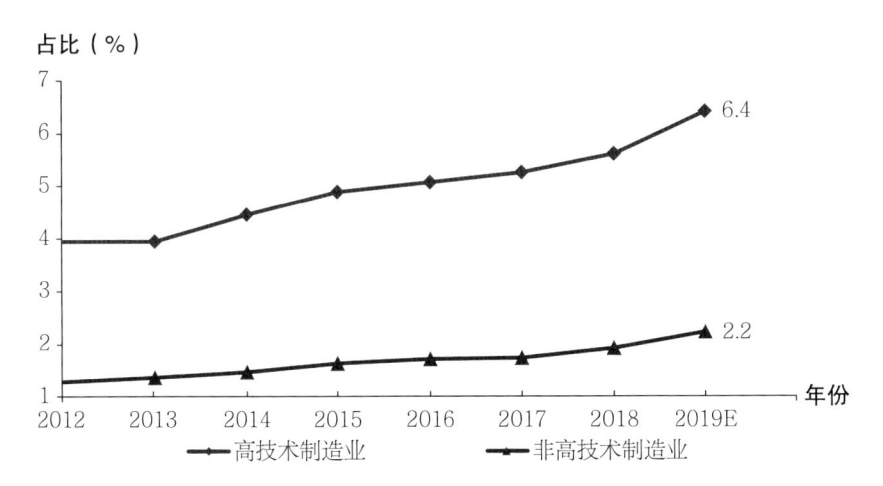

注：此图中的高技术制造企业是依据《高技术产业（制造业）分类（2017）》并结合上市公司的行业分类筛选出的符合条件的企业。

图6-3 制造业上市公司研发支出占营业收入比重（2012—2019年）

资料来源：上市公司公告。

[①] 该数据是根据2019年三季报，并结合2018年三季报和年报数据的关系推算得到的。

占比（%）

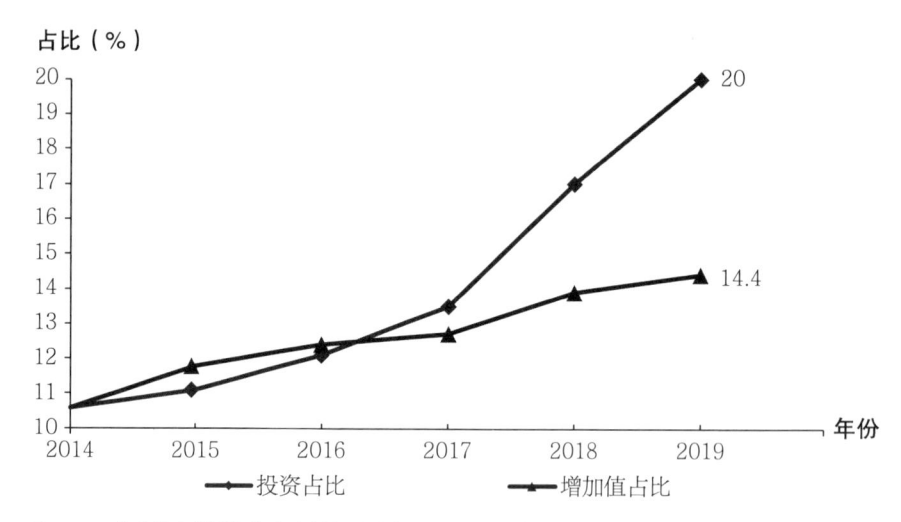

图中数据点：
- 投资占比：2014年10.5，2015年11.0，2016年12.2，2017年13.5，2018年17.0，2019年20
- 增加值占比：2014年10.5，2015年11.8，2016年12.3，2017年12.6，2018年13.8，2019年14.4

→投资占比 →增加值占比

注：2018年高技术制造投资占比数据未公布，以2018年上半年数值代替。

图 6-4　高技术制造业投资和增加值占制造业总投资比重

资料来源：国家统计局。

第二节
财政金融政策配合，社会政策托底

一、财政金融政策为转型保驾护航

为保障新兴产业的快速发展，财政金融政策加大了对新兴产业的支持力度，全力提供产业发展所需的资金和税收优惠。其中，以5G、云计算和大数据等为代表的新一代信息技术，以及高端装备制造和新能源汽车等领域的顶层设计文件出台较早，政策思路较为明确，政策支持力度相对较大（见表6-3）。

表 6–3　我国促进新经济细分行业发展的主要政策

产　业	时　间	政　策	主要内容
高端装备制造业	2016 年 8 月	工信部等《高端装备创新工程实施指南（2016—2020 年）》	集中资源，着力突破大型飞机、航空发动机及燃气轮机、民用航天、先进轨道交通装备、节能与新能源汽车、海洋工程装备及高技术船舶等一批高端装备
新一代信息技术和数字经济	2016 年 7 月	中办、国办《国家信息化发展战略纲要》	制定和出台集成电路、人工智能、物联网和 5G 等多个细分领域的产业政策
	2017 年 1 月	工信部《大数据产业发展规划（2016—2020 年）》	充分发挥国家科技计划（专项、基金等）资金扶持政策的作用，鼓励有条件的地方设立大数据发展专项基金，引导金融机构对技术先进、带动力强、惠及面广的大数据项目优先予以信贷支持，支持符合条件的大数据企业享受相应的优惠政策
	2017 年 7 月	国务院《新一代人工智能发展规划》	落实对人工智能中小企业和初创企业的财税优惠政策，通过高新技术企业税收优惠和研发费用加计扣除等政策支持人工智能企业发展
新能源汽车	2017 年 11 月	央行、银监会《关于调整汽车贷款有关政策的通知》	2018 年 1 月 1 日起，自用新能源汽车贷款最高发放比例为 85%，高于自用传统动力汽车贷款最高 80% 的发放比例
新材料	2017 年 1 月	工信部等《新材料产业发展指南》	加大财政金融支持，落实支持新材料产业发展的税收优惠政策，加大对产业的融资支持
生物医药	2017 年 4 月	国家税务总局《"大众创业、万众创新"税收优惠政策指引》	对企业固定资产实行加速折旧，尤其是生物医药制造业、软件和信息技术服务业等 6 个行业、4 个领域重点行业的企业用于研发活动的仪器设备不超过 100 万元的，可以一次性税前扣除

（续表）

产　业	时　间	政　策	主要内容
节能环保	2016 年 12 月	发改委等《"十三五"节能环保产业发展规划》	利用中央预算内投资对节能环保产业给予支持，鼓励地方政府安排财政专项资金支持和引导节能环保产业发展

资料来源：中国政府网、人民网。

财税政策支持措施主要体现为通过减税降费、研发抵税及财政补贴等方式鼓励新兴产业发展及企业自主创新的动力。减轻企业税负压力主要通过降低增值税税率、减轻社保负担、规范涉企收费、降低物流成本等方式减轻企业运营压力。其中，集成电路、软件和污染防治等新兴产业[①]是结构性减税的重点领域。2018 年、2019 年是有史以来减税降费力度最大的年份，减税降费金额分别为 1.35 万亿元、2.36 万亿元，拉动企业研发投入和激活市场主体活力[②]的效果明显。

此外，中央政府还通过提高研发费用税前加计扣除比例进一步地有效提振了企业研发创新的积极性。研发费用税前加计扣除政策自 1996 年开始实施，最早适用于国有和集体工业企业，扣除比例为 50%。近年来，该政策适用范围向高技术企业扩展。2017 年，我国将科技型中小企业的研发费用加计扣除比例由 50% 提高到 75%；自 2018 年起，进一步将扣除比例提

[①] 2019 年 4 月 13 日，财政部、国家税务总局等四部门联合发布《关于从事污染防治的第三方企业所得税政策问题的公告》，明确"对符合条件的从事污染防治的第三方企业减按 15% 的税率征收企业所得税"。2019 年 5 月 17 日，财政部和国家税务总局发布《关于集成电路设计和软件产业企业所得税政策的公告》，明确"集成电路设计企业和软件企业，2018 年年底前自开始赢利起计算优惠期，按'两免三减半'政策享受所得优惠"。

[②] 2019 年 9 月 24 日，在庆祝中华人民共和国成立 70 周年活动的首场新闻发布会上，财政部部长刘昆表示：国家统计局对北京等 9 个省市、311 家企业开展的专题调研显示，减税红利的七成以上用在了企业研发、技改和扩大再生产及再投资等方面，并明显带动了企业加大研发投入；同时减税降费激发了市场主体活力，有力地增强了市场信心和经济增长后劲。

高至 75%，并将其适用范围扩大到全部企业。从效果上看，2019 年，研发费用税前加计扣除政策为企业减税约 878 亿元。在投资增速整体下行的背景下，高技术产业投资增速仍达到了 17.3%，较 2018 年提高 2.4 个百分点。

以新能源汽车和光伏发电为代表的部分战略性新兴产业在成长初期的生产成本过高，的确需要一定的财政补贴政策保护。以新能源汽车为例，2009 年国务院办公厅发布《汽车产业调整和振兴规划》[①]、财政部、科技部发布《关于开展节能和新能源汽车示范推广试点工作的通知》，新能源汽车补贴时代由此开启，主要以消费者[②]、动力电池和充电站建设等为补贴对象（见表 6-4）。随着行业的不断发展，补贴政策也在不断完善，直到 2017 年之后才逐步收紧补贴政策。光伏发电行业也有一定相似之处。自 2006 年《中华人民共和国可再生能源法》实施以来，政府极为重视可再生能源的开发利用；自 2009 年起，国家通过补贴电价、初始投资补贴及特许权招标等方式支持光伏发电行业发展。近年来，随着行业成本的持续下降，补贴力度总体也在减弱。

表 6-4 新能源汽车产业的财政补贴政策

时 间	政策及发布主体	主要内容
2009 年	国务院《汽车产业调整和振兴规划》	启动国家节能和新能源汽车示范工程，由中央财政安排资金给予补贴
2009 年	财政部、科技部《关于开展节能和新能源汽车示范推广试点工作的通知》	在北京、上海、重庆等 13 个城市开展示范推广试点工作。中央财政重点对购置节能与新能源汽车的消费者给予补助，地方财政重点对相关配套设施建设及维护保养给予补助

[①] 文件中提出："启动国家节能和新能源汽车示范工程，由中央财政安排资金给予补贴。"
[②] 考虑到便于统一管理与降低行政成本等因素，国家采取消费者按照补贴后售价购买新能源汽车，以及由生产企业统一申领中央财政购置补贴资金的方式。

（续表）

时间	政策及发布主体	主要内容
2010年	财政部等《关于扩大公共服务领域节能与新能源汽车示范推广有关工作的通知》	在此前13个试点城市的基础上，增加天津、海口、郑州、厦门、苏州、唐山和广州7个试点城市
2010年	财政部等《关于开展私人购买新能源汽车补贴试点的通知》	中央财政对试点城市私人购买、登记注册和使用的新能源汽车给予一次性补助，对动力电池、充电站等基础设施的标准化建设给予适当补助；地方财政安排一定资金，重点对充电站等配套基础设施建设、新能源汽车购置和电池回购等给予支持
2012年	财政部等《关于节约能源使用新能源车船车船税优惠政策的通知》	对节约能源的车船，减半征收车船税；对使用新能源的车船，免征车船税
2012年	国务院《节能与新能源汽车产业发展规划（2012—2020年）》	要以纯电驱动为汽车工业转型的主要战略取向，当前重点推进纯电动汽车和插电式混合动力汽车产业化，推广普及非插电式混合动力汽车、节能内燃机汽车。争取到2015年，纯电动汽车和插电式混合动力汽车累计产销量达到50万辆，到2020年超过500万辆
2012年	财政部、工信部等《新能源汽车产业技术创新工程财政奖励资金管理暂行办法》	进一步提高新能源汽车产业技术创新能力，加快产业化进程。奖励资金支持对象包括新能源汽车整车项目（包括纯电动、插电式混合动力、燃料电池汽车）和动力电池项目两大类
2013年	财政部等《关于继续开展新能源汽车推广应用工作的通知》	继续依托城市尤其是特大城市推广应用新能源汽车；对消费者购买新能源汽车给予补贴，按销售价格扣减补贴后支付。补贴标准依据新能源汽车与同类传统汽车的基础差价确定，并考虑规模效应、技术进步等因素逐年退坡。中央财政将安排资金对示范城市给予综合奖励，奖励资金将主要用于充电设施建设等方面

（续表）

时间	政策及发布主体	主要内容
2014年	国管局等《政府机关及公共机构购买新能源汽车实施方案》	备案范围的新能源汽车推广应用城市的政府机关及公共机构购买的新能源汽车占当年配备更新总量的比例不低于30%，以后逐年提高
	财政部等《关于免征新能源汽车车辆购置税的公告》	对纯电动汽车、插电式混合动力汽车和燃料电池汽车从2014年9月1日到2017年年底免征车辆购置税
2014年	财政部等《关于新能源汽车充电设施建设奖励的通知》	中央财政安排资金对新能源汽车推广城市或城市群给予充电设施建设奖励
2015年	财政部等《关于2016—2020年新能源汽车推广应用财政支持政策的通知》	将在2016—2020年继续实施新能源汽车推广应用补助政策；2017—2020年除燃料电池汽车外其他车型补助标准适当退坡
2016年	财政部等《关于"十三五"新能源汽车充电基础设施奖励政策及加强新能源汽车推广应用的通知》	为加快推动新能源汽车充电基础设施建设，培育良好的新能源汽车应用环境，2016—2020年中央财政将继续安排资金对充电基础设施建设及运营给予奖补
	工信部《严惩新能源汽车骗补行为规范产业发展秩序》	对涉及"有牌无车"的4家企业给予"责令停止生产销售问题车型，暂停新能源汽车推荐目录申报资质及责令进行为期6个月整改"等处罚措施
2016年	财政部等《关于调整新能源汽车推广应用财政补贴政策的通知》	提高推荐车型目录门槛并动态调整；在保持2016—2020年补贴政策总体稳定的前提下，调整新能源汽车补贴标准；改进补贴资金拨付方式；落实地方政府的推广主体责任，国家有关部门将加强推广应用监督检查；建立惩罚机制
2018年	财政部等《关于调整完善新能源汽车推广应用财政补贴政策的通知》	新能源汽车产品纳入《新能源汽车推广应用推荐车型目录》后销售推广方可申请补贴；根据成本变化等情况，调整优化新能源乘用车补贴标准，合理降低新能源客车和新能源专用车补贴标准

（续表）

时间	政策及发布主体	主要内容
2019 年	财政部等《关于进一步完善新能源汽车推广应用财政补贴政策的通知》	根据新能源汽车规模效益、成本下降等因素及补贴政策退坡退出的规定，降低新能源乘用车、新能源客车及新能源货车的补贴标准，促进产业优胜劣汰，防止市场大起大落

资料来源：中国政府网、财政部与新华网。

金融政策主要通过疏通融资渠道与降低融资成本等方式支持产业结构转型。以银行和信托为代表的间接融资主体，由于统计口径的差异，在资金去向的结构拆分中，没法单独拆出战略性新兴产业的部分。但我们从监管部门的表述或文件中能够捕捉到相关信息。例如，2019 年 7 月，银保监会首席检察官杨丽平在国务院新闻发布会上明确要求"银行制定制造业年度服务目标，制造业贷款余额明显高于上年，要强化对卡脖子领域关键核心技术的攻关，以及战略新兴产业、制造业转型升级等重点领域的支持"；2020 年 1 月初，银保监会正式发布《关于推动银行业和保险业高质量发展的指导意见》，明确要求"扩大对战略性新兴产业、先进制造业的中长期贷款投放。鼓励保险资金通过市场化方式投资产业基金，加大对战略性新兴产业和先进制造业的支持力度"。

科创板的设立，进一步拓宽了新兴产业的直接融资渠道。自 2019 年 7 月科创板设立以来，截至 2020 年 5 月中旬，总计 116 家企业上市，其中新一代信息技术、高端装备制造与生物等行业占比较高（见图 6–5）。与此同时，政府成立了诸多产业引导基金，通过股权投资、研发补助以及科创企业的投贷联动等方式支持新兴产业发展[1]。

---

[1] 截至 2019 年年底，据不完全统计，各级政府累计成立的引导基金的规模已经超过 5.7 万亿元。

新能源汽车产业 5

相关服务业 3

新能源产业 6

数字创意产业 1

节能环保产业 13

新材料产业 32

新一代信息技术产业 104

高端装备制造产业 50

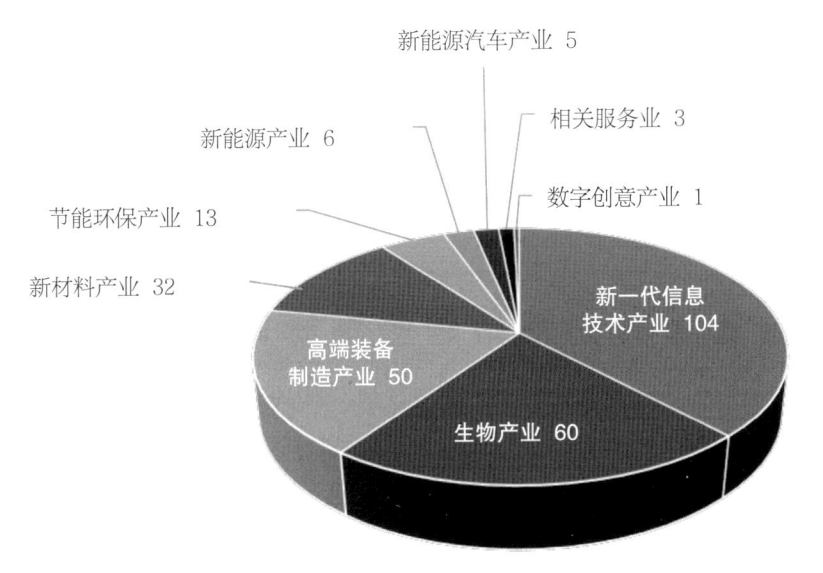

生物产业 60

注：图中数字为申报上市的公司数量，部分正在备案，处于上市流程中。

图 6-5　科创板上市公司的构成

资料来源：上市公司公告。

二、鼓励创新驱动，社会政策托底

2015 年《政府工作报告》首次提出，要把"大众创业、万众创新"打造成推动中国经济继续前行的"双引擎"之一。此举极大地提振了全社会创业、创新的积极性。2019 年 6 月发布的《中国创业孵化发展报告 2019》显示，截至 2018 年年底，全国创业孵化机构总数达到 11 808 个（见图 6-6），在孵企业和团队 62 万家。其中，科技企业孵化器 4 849 家，众创空间共计 6 959 家；在孵企业中，科技型中小企业 20.6 万家；在孵企业拥有有效知识产权超过 65.6 万件，其中发明专利 10.6 万件。"双创"环境的营造，对于孵化科技型企业、活跃研发创新氛围及促进结构转型发挥了积极作用。

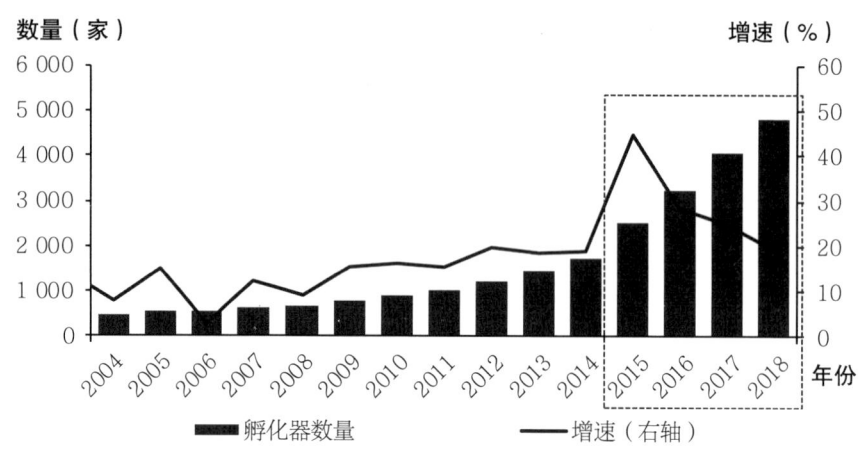

图 6-6 全国科技企业孵化器数量变化（2004—2018 年）

资料来源：科技部。

随着"创新驱动"成为国家发展战略，中央及地方对于人才的重视度也明显提升。从中央层面来看，国家对外加大了外籍人才引进，对内着力促进高质量人才培养，并且大力推动人才资源在国内不同区域间的合理流动和有效配置。从地方层面来看，自 2017 年以来，一、二线城市密集出台人才政策，引进外来人才，掀起了一股"人才抢夺战"的风潮。细究起来，人才之"争"与政策差异的背后是地方产业结构转型的趋势和分化。东部地区一、二线城市处于向高端制造和现代服务业转型的后工业化阶段，亟须高层次创新型人才集聚；中、西部地区的核心二线城市的转型，则是在制造业领域的延伸和升级，对中高端人才的需求也日益巨大。

结合本书第五章中对其他经济体转型经验和教训的总结，我们不难理解社会政策在我国结构转型过程中的重要性。在 2013 年 4 月的中央政治局会议中，习近平总书记首次提到"宏观政策要稳、微观政策要活、社会政策要托底"的政策框架，此后的历次重要会议也都在不断强调这一政策思路。"宏观政策要稳"就是要保证在相对平稳的宏观环境下，有序推进产业结构转型升级；"微观政策要活"是要充分激活企业微观主体的创新动力，提升增长潜力；"社会政策要托底"则是通过完善社会保障体系及其他政策手段，守住民生底线，缩小贫富差距以及化解社会矛盾等。

"脱贫攻坚战"是我国社会政策中非常重要的一环。2015年11月，中共中央、国务院发布《关于打赢脱贫攻坚战的决定》，"脱贫攻坚战"正式开启。该决定明确提出"到2020年……确保我国现行标准下农村贫困人口实现脱贫，贫困县全部摘帽，解决区域性整体贫困"。"脱贫攻坚战"的主要举措包括基建补短板、产业扶贫、异地搬迁、住房改造及医疗教育水平提升等多种方式[①②]。近些年来，"脱贫攻坚战"成绩斐然，为维护社会稳定和经济结构转型提供了基本保障：在2015年年底打响"脱贫攻坚战"时，贫困人口尚存5 575万人，此后每年脱贫人口均在1 000万人以上；截至2019年年末，全国农村贫困人口已减少至551万人（见图6-7），贫困发生率下降至0.6%[③]。除此之外，近年来，我国在社会保障和就业、医疗卫生与计划生育等领域的财政支出占比也持续提升（见图6-8）。

---

① 其中，基建补短板着重在道路、水电和人居环境等方面发力；产业扶贫的支持领域则从传统农业生产向光伏发电、旅游、特色小镇和电商等多层次产业结构拓展。自2016年以来，财政加大扶贫支出和财政专项扶贫资金支持，央行也开办扶贫再贷款等业务提供资金支持。

② 2019年12月，中央经济工作会议再次明确"要确保脱贫攻坚任务如期全面完成，集中兵力打好深度贫困歼灭战……要建立机制，及时做好返贫人口和新发生贫困人口的监测和帮扶"。

③ 随着"脱贫攻坚战"的深入开展，剩余贫困人口的脱贫难度非常大。2015年，平均每个贫困人口对应的中央财政专项扶贫资金为666元；2019年预算安排的人均扶贫资金则达到7 596元，增长了10倍多。2020年，脱贫工作的重心主要集中在以"三区三州"为代表的深度贫困地区，80%以上在青藏高原地区，这些地区自然条件差、经济基础弱且贫困程度深。

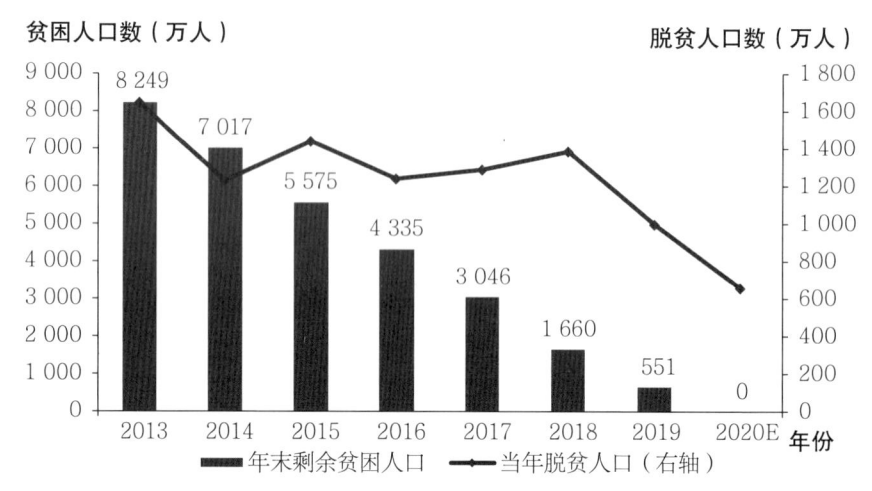

图 6–7 全国历年贫困人口数量及每年脱贫人口（2013—2020 年）

资料来源：国家统计局。

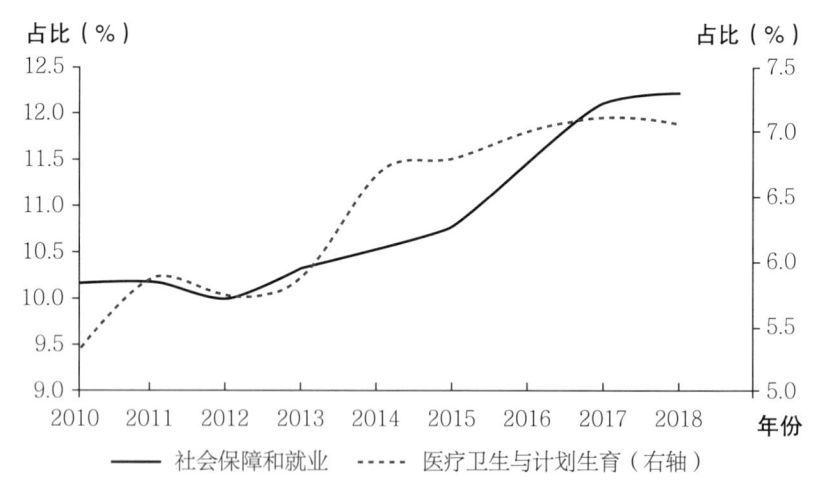

图 6–8 社会保障和就业及医疗卫生和计划生育财政支出占比（2010—2018 年）

资料来源：国家统计局。

本章小结

与先导型经济体的发展规律类同,中国在融入全球产业分工体系之后也出现了三十年左右"追赶红利"快速释放期。改革开放释放的制度潜力,在中国特有的县域经济格局下,助推了工业化和城市化的快速实现。在 2011 年前后,中国开始步入转型阶段,新旧动能的转换逐步展开。

2011—2015 年,属于经济"自然回落"阶段,传统高耗能行业投资增速持续下行,拖累全行业增速减缓;经济增速实现快速"换挡",在 5 年时间内从 10% 以上回落至 7% 左右。2016 年之后,转型进入政策"主动引导"阶段,此后的政策思路始终围绕"调结构"展开。

我们对于"调结构"的朴素理解就是,加快出清低效率部门,加快培育高效率部门。为了保证结构转型加快实现,产业政策经过多年的反复论证与完善,从顶层设计到具体落地都已经非常系统和齐备。除此之外,财政金融政策为产业转型保驾护航,社会政策领域加快完善社会保障体系并着力化解社会矛盾。

第七章

"去杠杆"等系列政策皆服务于"转型"逻辑

第一节
实体杠杆偏高，制约资金配置效率

一、负债驱动型增长模式下，杠杆问题逐步凸显

"去杠杆"这个政策术语是近些年来的高频词汇，学界和业界的争议较多，同时它也是经济运行中最重要的影响变量之一。早在2015年年底中央经济工作会议确定的"供给侧结构性改革"五大任务[①]中，"去杠杆"就是最重要的组成部分之一，国家在随后几年持续推进这项工作。"推进供给侧结构性改革""防控金融风险"[②]分别是2016年和2017年经济工作的中心。2018年，中央财经领导小组改为中央财经委员会。该委员会在其第一次会议上首次正式提出，"要以结构性去杠杆为基本思路，分部门、分债务类型提出不同要求……努力实现宏观杠杆率稳定和逐步下降。"

"去杠杆"的重要性并不为很多人理解。实际上，在转型的大背景下去理解就简单多了。中国早期的经济发展具有很强的"负债驱动型"特征。一方面，在快速工业化的过程中，传统资本密集型行业在扩张时会造成债务规模的大幅攀升；另一方面，每轮政策"逆周期"调控，尤其是基建和房地产等领域的政策松动，都会助推杠杆行为的抬头。但是，杠杆率升高到一定程度之后，如果决策部门继续通过"负债驱动型"增

---

① 2015年12月18—21日，中央经济工作会议在北京召开。会议提出，2016年经济社会发展特别是结构性改革任务十分繁重：战略上要坚持稳中求进，把握好节奏和力度；战术上要抓住关键点，主要是抓好去产能、去库存、去杠杆、降成本、补短板五大任务。

② 2017年，中央财经领导小组第十五次会议强调"防控金融风险，要加快建立监管协调机制，加强宏观审慎监管，强化统筹协调能力，防范和化解系统性风险；要及时弥补监管短板，做好制度监管和漏洞排查工作，参照国际标准，提出明确要求"。

长模式支持经济,那么资金的利用效率就会不断下降,金融体系隐藏的风险则会上升[①]。很直观的体现就是,传统的"稳增长"政策手段在2011年之后面临着只见杠杆升、不见经济稳的问题(见图7-1)。

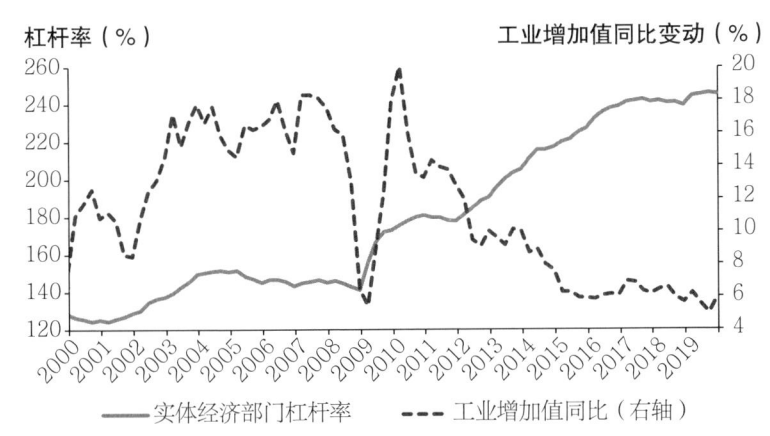

图 7-1　中国实体经济杠杆率:2011年后只见杠杆升、不见经济稳

资料来源:国家资产负债表研究中心、国家统计局。

高杠杆率对经济行为的影响,无论学界还是业界都存在诸多误读。我们经常见到一些经济学家用如图7-2所示的论据,说明中国的杠杆率依然有很大的可利用空间。在全球主要经济体中,中国的杠杆率确实不是最高的,但是这种比较方法本身有很大问题。我们从图中可以看到,杠杆率水平与发展水平呈正相关关系。对此,我们可以理解为,随着发展水平的提升,经济对杠杆率的容忍度会有所提升,这是一个动态的视角。从静态的角度来看,跟同等发展水平的经济体比,中国目前的杠杆率高

---

① 近几年来,中国实体经济部门的杠杆率明显上升,由2011年年底的182.5%上升至2019年年底的将近250%,远高于新兴市场经济体平均水平。即使考虑经济发展水平的差异,中国实体经济部门的杠杆率仍然明显高于人均GDP水平相近的经济体。在高杠杆率背景下,资金利用效率明显下降,大部分新增融资需要用于偿付债务,而无法真正进入实体经济领域或支持生产投资行为。

出一倍左右；但跟同等杠杆率水平的经济体相比，中国所处发展阶段要比它们晚数十年。

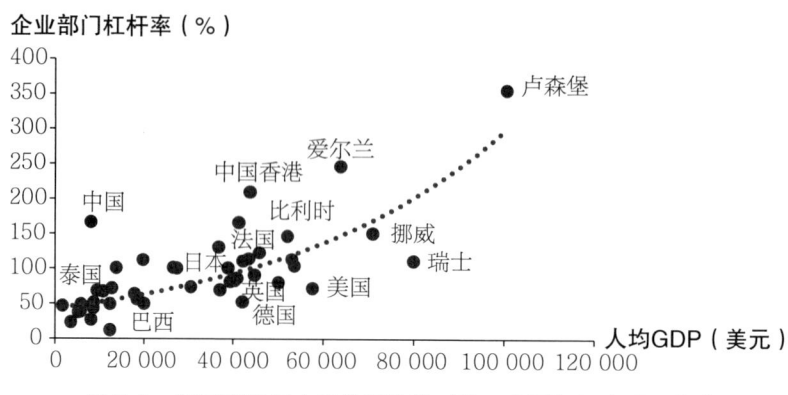

图 7–2　和同等发展水平的经济体对比，中国杠杆率明显偏高

资料来源：世界银行、国际清算银行。

问题出在哪里呢？经济行为与信贷行为是相互支持的关系，经济发展水平提高的过程，不只是体现在生产能力上的提升，金融市场的效率也要提高。发展水平越高的经济体，融资成本会越低。强调中国目前杠杆率还有很大利用空间的同人忽视了一个致命的问题，杠杆对当下经济行为的压制，不是由杠杆率本身决定，而是由杠杆率和融资成本等多种因素共同决定的。降低融资成本，也不是简单的降息等货币宽松操作就可以实现的，而是需要多层次资本市场的不断进化，为全社会提供真正有效的金融支持。没有完善的金融体系做后盾，而是一味地通过放松银根支撑经济，只会导致资金脱实入虚，风险不断增大。

我们可以构建一个"融资付息率"的指标来衡量杠杆率不断提升的过程中，存量债务对企业现金流自由度的压制情况。我们可以大致算出非金融部门每年的存量债务规模，以及不同债务分类大致对应的融资成本。据此，我们可以推算出每年非金融部门的付息压力，"融资付息率"

衡量的是付息规模占新增债务规模的比重，2019年，这一比例在70%左右（见图7–3）。在不断加杠杆的过程中，"融资付息率"会随着债务压力的加大而不断提高，进而压制微观个体的现金流自由度及经济行为空间。2019年，我们看到企业发行的债券融资中有将近80%用于偿还有息债务，城投平台的这一比例更高一些（见图7–4）。

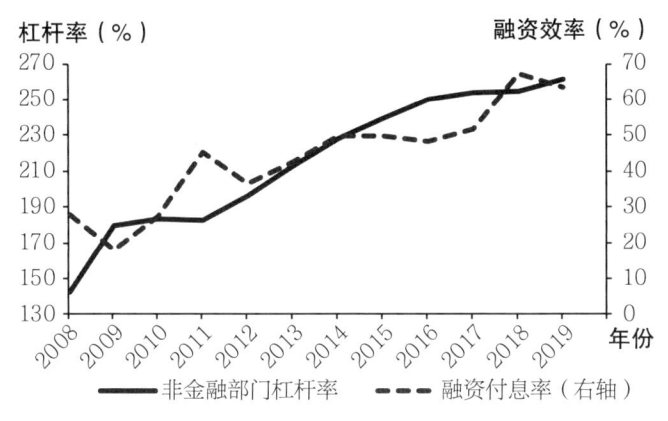

图7–3 近年来，非金融部门杠杆率持续攀升

资料来源：国际清算银行、中国人民银行。

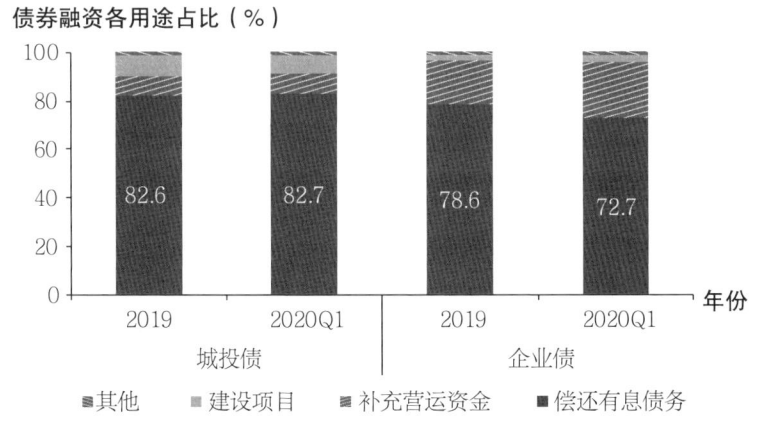

图7–4 企业债、城投债融资用于"借新还旧"的比重较大

资料来源：中国债券信息网。

杠杆问题如何化解是近几年来业内讨论特别多的一个话题。在笔者看来，这一问题也存在很多理解误区。我们可以用一个非常形象的例子来描述中国眼下面临的问题。当下的中国，特别像一个年轻人在买房子时把杠杆加得很足，但经济不景气使他的收入出现趋势性下降。这个年轻人该如何渡过难关呢？经过理性的推敲，我认为他需要分三步走（见图7–5）。第一步是"借钱续命"，即从外部多借一笔钱（可类比为"稳增长"），先让债权债务关系滚动下去，不至于资产端缩水过快以致负债端疲于应对而破产。第二步是"腾笼换鸟"，即适度压减偿债规模（可类比为破产清算、债务减计或债转股等操作）并适度降低融资成本（可类比为"债务置换"等操作），这样可以降低存量债务对现金流自由度的压制，提供腾挪空间。第三步是"蜕变新生"，年轻人由于出色的表现，可以得到更高附加值的工作岗位（可类比为产业结构转型升级成功），存量债务问题迎刃而解。

图 7–5　"去杠杆"是转型进程的一部分

用最朴素的逻辑来梳理杠杆问题，对于理解当下政策思路会有很多帮助。在当前的发展阶段，"稳增长"的目的是为"调结构"创造相对平稳的宏观环境，并不是"走老路"，"走老路"只会不断加剧问题的严重性。

"去杠杆"本质上与"调结构"一样,都是转型的一部分。学界和业界的很多同人喜欢盯着非金融部门杠杆率的变化,评价"去杠杆"系列政策的效果。然而,这种分析视角问题非常大。在"去杠杆"的初期,由于传统低效率部门负债端缩水的同时,资产端也会相应缩水,所以杠杆率反而会出现阶段性被动提高——在1998年前后我国与韩国"去杠杆"的经历中,我们都看到过这样的情况。事实上,"去杠杆"系列政策旨在辅助旧经济出清,并从投融资角度控制低效率部门的经济行为,告别传统"负债驱动型"增长模式,从而实现经济结构转型升级这一目的。

在2016年之后,"去杠杆"系列政策始终被放在最为重要的位置。从2016年下半年开始,政策层面先是聚焦金融体系,最初是由央行"收短放长",推动金融机构"去杠杆"。进入2017年之后,金融监管部门也明显发力,例如,银监会组织开展"三三四十"等专项检查,重点整治同业、理财和表外业务开展过程中的违法违规与套利等行为。按照郭树清在十九大上答记者问的说法[1],选择同业、理财和表外三个重点领域进行整治,"一个考虑是因为这三个领域覆盖了比较突出的风险点……另一个考虑是,这些领域主要涉及资金空转,整治违法违规行为对实体经济的影响比较小"。

随着政策逐步推进,金融体系资金空转及同业杠杆率过高等问题得到了一定程度的遏制,然而"市场乱象生成的深层次原因没有发生根本转变"[2]。从2017年年底开始,"防风险"政策逐渐由金融体系扩展至实体经济。针对银信类业务增长较快和通道业务占比较高的情况,银监会(现银保监会)发布《关于规范银信类业务的通知》。2018年年初,银监会指出,将

---

[1] 银监会主席郭树清在党的十九大中央金融系统代表团开放日上回答记者提问,参见 http://www.cbrc.gov.cn/chinese/home/docView/1F4271DDFC614F6B9BBE17AA02D04087.html。
[2] 银监会有关部门负责人就进一步深化整治银行业市场乱象答记者问,参见 http://www.cbrc.gov.cn/chinese/home/docView/8901024A5C4343B6B898E779988CE462.html。

重点从"违反宏观调控政策""影子银行和交叉金融产品风险"等与实体经济相关方面着手,从根源上防范化解风险。

二、结构性去杠杆充分考虑了我国杠杆问题的结构特征

我国总体偏高的宏观杠杆率,具有明显的结构特征。从部门来看,企业和居民的杠杆率持续攀升,其中非金融企业杠杆率由2009年前后的100%左右提升至2019年的150%左右,居民杠杆率由2009年的20%左右提升至2019年的55%以上,而政府杠杆率相对平稳(见图7-6)。进一步细究,我们会发现,企业杠杆率的抬升主要是国企贡献的,民企的资产负债率2004年之后就在一路下行了。国企杠杆率的持续抬升又与近些年来以城投平台为代表的地方政府隐性债务膨胀有很大关联。

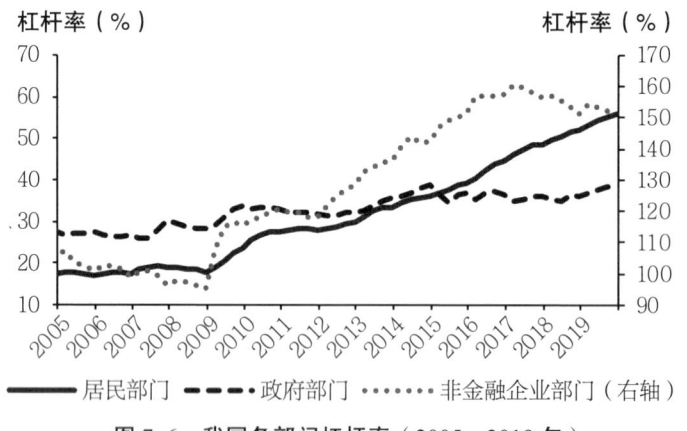

图7-6 我国各部门杠杆率(2005—2019年)

资料来源:国家资产负债表研究中心。

杠杆的结构分化从侧面反映了我国金融体系存在一定的资源分配不均。以国有及国有控股企业和私营企业投融资行为为例,2014年之后,私营企业固定资产投资占总投资的比重,已经与国有及国有控股企业基

本相当；然而，私营企业总负债占全部企业总负债的比重，却持续显著低于国有及国有控股企业，2019年比国有企业低19个百分点（见图7–7）。这种持续的资源错配是导致经济效率低下和债务风险累积的重要原因之一。同时，在推进"去杠杆"政策时，"二元结构"的存在又容易导致私营企业获取资源的难度进一步增大，从而助推资源进一步错配。

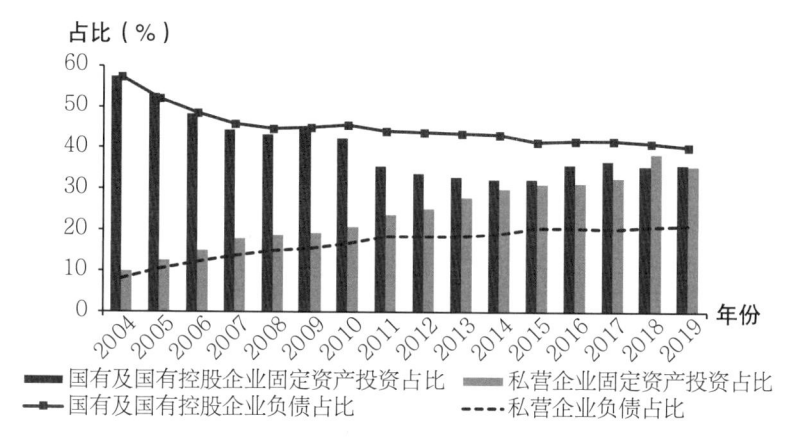

图7–7 不同类型企业固定资产投资和负债规模占比

资料来源：国家统计局。

以资产负债率来衡量企业的杠杆行为，我们发现自2004年以来私营企业的资产负债率一路下行，而国有企业先稳后升，尤其是2008年"四万亿"经济刺激计划推出之后，出现了明显跳升。国企杠杆率的提高，与近些年来地方政府的投融资行为紧密相关。

2011年之后，地方债才开始出现并逐步变成地方政府的重要融资来源。在此之前，地方政府不能通过举债的方式融资，即使在经济发展的需求很迫切时，除了土地财政之外，也主要借助国有企业和城投平台融资。城投平台主要以当地国企或事业单位为主。这就导致虽然地方政府发展了经济，但其隐性债务规模在不断累积，而且国有企业的杠杆率持续提高。

  城投平台借款的方式多种多样，除了通过公开发行债券，还可以通过私募债、银行贷款或信托贷款等多种方式来举债。2019 年，我国地方政府显性的债务余额达 21.3 万亿元，隐性债务余额[①]估算下来有 30 万亿~40 万亿元的规模，其中，不考虑城投平台贷款等非标形式的债务，江苏、天津、北京、重庆、湖南和浙江等地的隐性债务规模已经明显超出地方债规模，如果考虑城投平台的银行贷款和信托贷款等非标形式的债务，隐性债务问题更为突出。隐性债务问题的累积反映在企业属性上，主要体现为国企杠杆率的显著持续提高。2018 年年初，中央财经委员会第一次会议就明确"要以结构性去杠杆为基本思路，分部门、分债务类型提出不同要求，地方政府和企业特别是国有企业要尽快把杠杆降下来，努力实现宏观杠杆率稳定和逐步下降"。

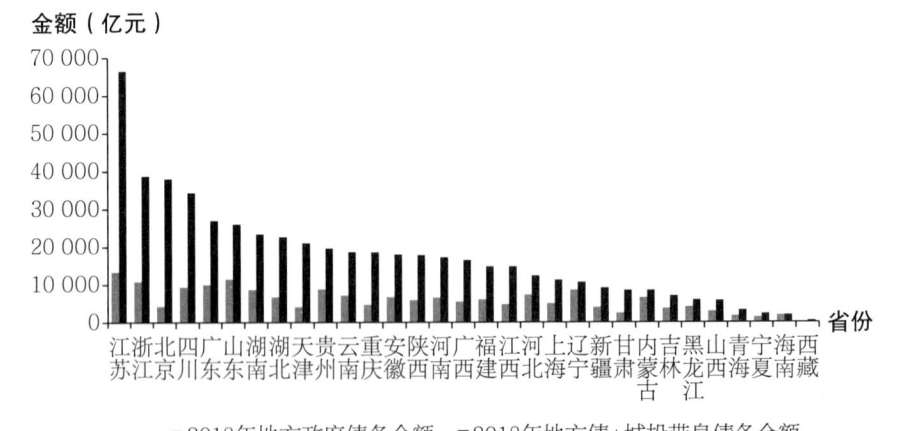

图 7–8 部分省份地方债和城投债存量规模与债务余额

资料来源：财政部、中国债券信息网。

[①] 隐性债务余额由各省城投平台的带息债务余额加总得到。

与总杠杆率问题类似，我国的居民杠杆率放在全球范围内来看并不算高。但是，有两个问题需引起重视：一是近些年居民杠杆率增长过快，偿付压力上升；二是横向对比来看并不算低，而且杠杆结构问题比较严重。从国际清算银行的统计口径来看，2018年年底我国居民杠杆率在55%左右，虽然明显低于发达经济体70%左右的水平，但高于新兴经济体的40%左右的水平（见图7–9）。

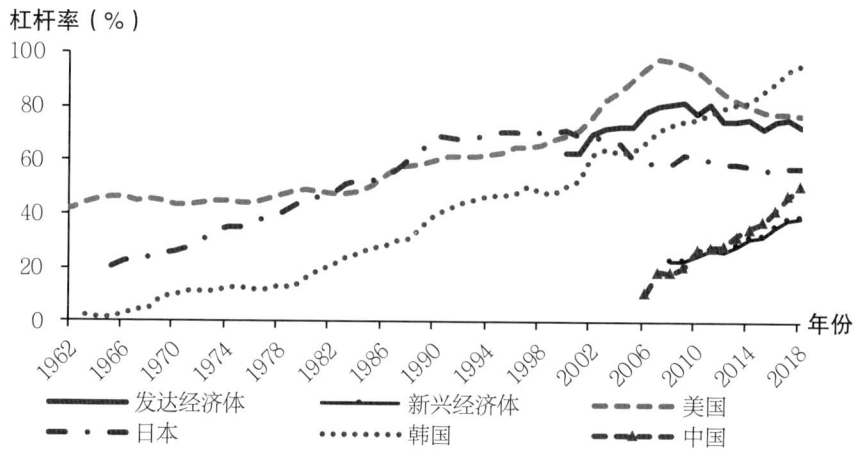

图 7–9　主要国家或地区居民杠杆率

资料来源：国际清算银行。

我国居民杠杆结构的一个比较大的问题，就是房地产抵押贷款占比太高，导致居民杠杆问题对房价的依赖度过高，隐藏着较大的金融风险。信贷是居民的主要负债来源。根据资金用途性质的不同，信贷可分为消费贷款和经营贷款；而根据期限的不同，信贷又可分为中长期贷款和短期贷款。其中，中长期消费贷大部分为住房贷款，是居民的主要负债；短期消费贷主要为信用卡信贷，占比不高，但增长较快。近些年来，居民中长期消费贷的占比持续显著提高，已经提高至30%以上（见图

7–10），是居民杠杆率增长的主要贡献源。

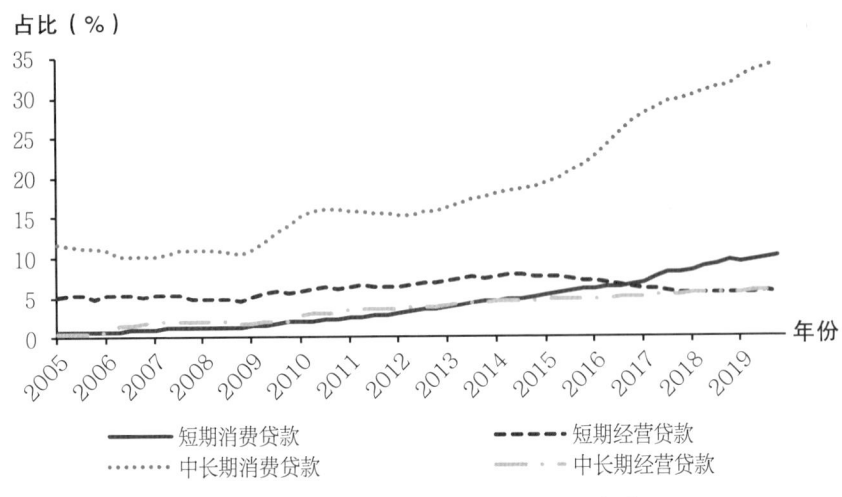

图 7–10　我国居民各项贷款占 GDP 比重

资料来源：中国人民银行、国家统计局。

同时，居民负债的绝大部分来自银行，从而导致银行的资产质量与房价过度绑定，加大了金融体系的脆弱性。西南财经大学中国家庭金融调查与研究中心的研究结果显示，我国家庭负债中的 71.7% 来自银行贷款，28.3% 来自非银行机构，其中工薪家庭负债中来自银行贷款的比重更是高达 9 成。

从地区来看，东部地区的居民杠杆率明显高于中西部地区，这可能跟东部地区房价整体偏高及外来人口数量多有关，经济发达的省市尤为突出。截至 2019 年年末，全国 21 个省份公布境内家庭贷款余额；其中，居民杠杆率高于全国平均水平的 7 个省份中，有 4 个处于东部地区，其中浙江、广东和上海位居前三（见图 7–11）。中西部地区的居民杠杆率近年来上升速度也比较快，这可能与棚改货币化的政策支持有关。从 2016 年以来，棚改货币化推动中部地区商品房库存去化，对商品房销售也起到了一定的提振作用并在居民贷款上有所反映。2016—2019 年，湖北、广西和贵州等部分中西部省份，居民贷款余额年均复合增速均在 20% 以上。

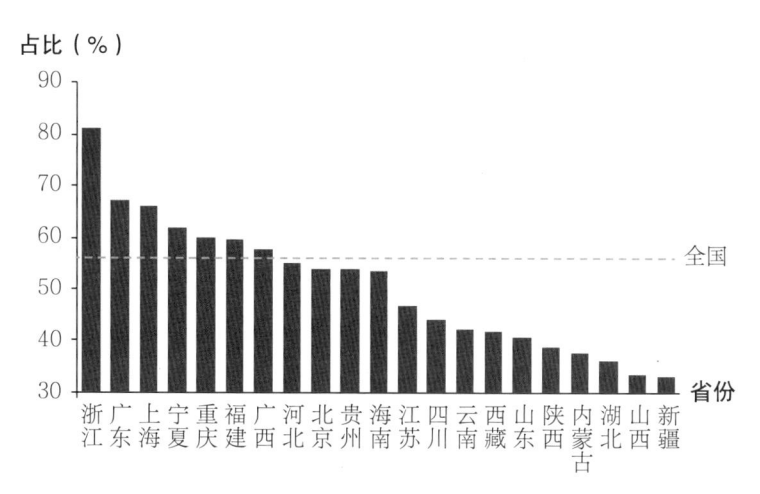

图 7-11　2019 年部分省份家庭贷款余额占 GDP 比重

资料来源：中国人民银行、国家统计局。

2019 年的《中国区域金融运行报告》指出："居民杠杆率每上升 1 个百分点，社会零售品消费总额增速会下降 0.3 个百分点左右。"现实中，低收入群体（最低 20% 收入组）和中低收入群体（最低 20%~40% 收入组）家庭的债务偿付压力相比其他人群还要更大一些，总债务收入比分别为 1 140.5% 和 279%[①]（见图 7-12）。换言之，放任居民杠杆率继续提高，对整个社会的和谐稳定是非常不利的。如此看来，我们就很好理解高层所坚持的"房住不炒"政策的定力所在了。针对不同地区的不同特征，中央要求各地采取"因城施策""有保有压"的房地产政策思路，以便有效控制居民杠杆率问题。

---

① 参考西南财经大学中国家庭金融调查与研究中心 2016 年 12 月发布的《中国工薪阶层信贷发展报告》。

偿付率（%）

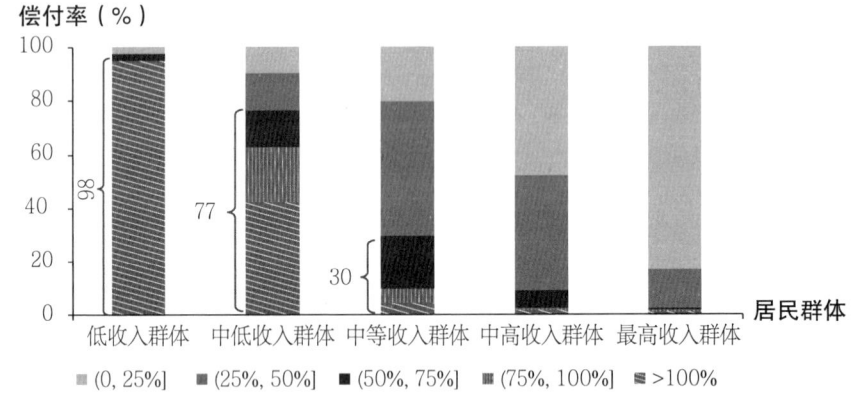

图 7-12　我国不同收入类型家庭的债务偿付率分布

资料来源：西南财经大学中国家庭金融调查与研究中心。

第二节
控制增量，化解存量，保持定力

一、控制增量以地方平台和地产领域等为主

如上文所述，"去杠杆""调结构""新旧动能转换"讲的都是同一个问题——发展过程中的转型问题。"去杠杆"的可行路径在于低效率部门的出清和高效率部门的培育。引导旧经济出清，除了需要进行产业政策的"供给侧结构改革"之外，还需从"控制增量"和"化解存量"两个维度调节投融资行为。

"控制增量"相关政策主要针对地方政府的融资行为与地产相关链条。众所周知，基建和地产是传统模式下的两大增长引擎。在传统周期下，基建和地产是逆周期调控最有效的抓手。然而，每轮"稳增长"政策实施之后，我国非金融部门的杠杆率水平都会进一步升高，资金利用

效率下降。"控制增量"主要体现在对旧有模式的约束上。地方政府融资行为的规范与约束主要体现为通过一系列制度设计和政策安排来明确地方财政权责并规范地方杠杆行为等，比如全面实施预算绩效管理，规范地方政府举债融资行为，以及央地财政事权与支出责任的划分改革，等等。

地方政府债务，尤其地方融资平台的投融资行为是"控制增量"的重要对象。地方政府的显性债务并不是很高，截至2019年年底为21万亿元左右，杠杆率基本稳定在20%左右。如果将隐性债务考虑在内，地方政府债务压力则明显增大。截至2019年6月，根据Wind（万得资讯）的统计，地方融资平台带息债务规模约为36.8万亿元（见图7–13），远高于显性债务规模。在传统周期下，"逆周期"政策发力时，地方政府会通过城投平台融资支持基建，从而导致以城投平台债务为代表的地方政府隐性债务规模持续累积。作为"三大攻坚战"之首，防范化解重大风险一直在持续推进，从地方债置换到结构性"去杠杆"，地方融资平台债务是重

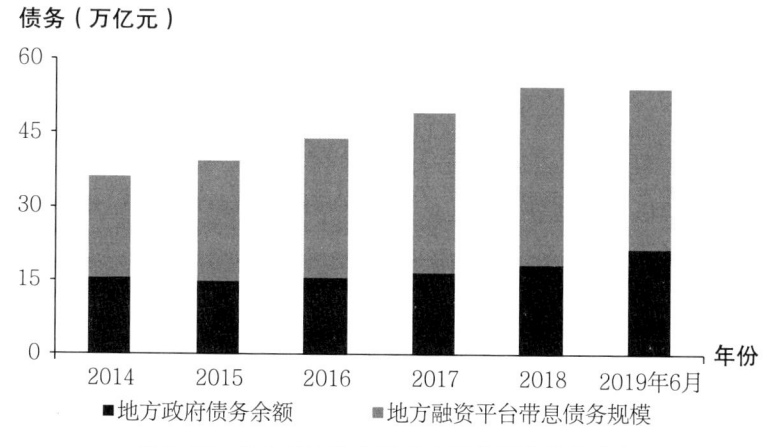

图 7–13 地方政府债务及地方融资平台带息债务

资料来源：财政部、中国债券信息网。

点防范化解对象。即使在"稳增长"压力较大的阶段,政策也没有放松对政府隐性债务的控制要求。

表 7-1 2018 年以来国家控制地方政府隐性债务的相关政策

时间	文件或会议	内容
2018 年 9 月	《关于加强国有企业资产负债约束的指导意见》	坚决遏制地方政府以企业债务的形式增加隐性债务。严禁地方政府及其部门违法违规或变相通过国有企业举借债务,严禁国有企业违法违规向地方政府提供融资或配合地方政府变相举债;违法违规提供融资或配合地方政府变相举债的国有企业,应当依法承担相应责任
2018 年 10 月	《国务院办公厅关于保持基础设施领域补短板力度的指导意见》	防范化解地方政府隐性债务风险和金融风险。地方政府建设投资应当量力而行,加大财政约束力度,在建设项目可行性研究阶段充分论证资金筹措方案。严禁违法违规进行融资担保,严禁以政府投资基金、政府和社会资本合作(PPP)、政府购买服务等名义变相举债
2019 年 6 月	《关于做好地方政府专项债券发行及项目配套融资工作的通知》	严控地方政府隐性债务,坚决遏制隐性债务增量,坚决不走无序举债搞建设之路。对举债隐性债务上新项目、铺新摊子的要坚决问责、终身问责、倒查责任。市场化转型尚未完成、存量隐性债务尚未化解完毕的融资平台公司不得作为项目单位。严禁项目单位以任何方式新增隐性债务
2019 年 9 月	《关于编报社会服务兜底工程(养老服务领域)2020 年中央预算内投资项目计划建设的通知》	要严格落实中央预算内投资项目地方建设资金,严格防范由此增加地方政府债务风险,地方建设资金不落实的不得申报。各地上报的投资计划建议方案文件中需注明:"经认真审核,所报投资计划符合我省(市、区)财政承受能力和政府投资能力,不会造成地方政府隐性债务"
2019 年 11 月	"深化金融改革、服务实体经济发展"座谈会	银保监会主席指出,努力稳定经济总体和各主要部门的杠杆率,重点降低国有企业负债率水平,在坚决遏制增量的同时,稳步化解地方政府隐性债务存量风险

（续表）

时间	文件或会议	内容
2019年12月	《中国银保监会关于推动银行业和保险业高质量发展的指导意见》	加强重点领域风险防控……继续做好地方政府隐性债务风险化解，依法明确存量债务偿债责任，规范、支持地方政府债券发行和配套融资，严禁违法违规提供新增融资
2020年3月	《国家发展改革委关于深入贯彻落实习近平总书记重要讲话精神决战决胜易地扶贫搬迁工作的通知》	坚决完成安置区配套设施建设扫尾工程和补短板项目建设任务……要严格执行工程建设标准，坚决防止抬高标准、吊高胃口，杜绝形象工程和面子工程，避免增加地方政府债务风险
2020年4月	地方政府新增专项债券项目信息披露模板正式启用	2020年4月1日起，各地发行地方政府新增专项债券时，须增加披露地方政府新增专项债券项目信息披露模板，以表格形式展现项目核心信息

资料来源：财政部、新华网、人民银行、中国政府网及中国债券信息网。

为了化解地方政府债务问题，与央地关系疏导相关的制度改革也在同步推进。一方面，决策监管层通过《政府投资条例》等加强地方政府融资监管，同时加快落实央地财政事权和支出责任划分改革办法，明确地方财政支出责任，规范政府的杠杆行为[①]；另一方面，同步推进的央地收入划分改革在一定程度上可以为地方财政补充长期税源。

2019年10月9日，国务院印发《实施更大规模减税降费后调整中央与地方收入划分改革推进方案》。该方案总体上是中央让渡一部分财力为地方财政"减支增收"，明确了调整中央与地方收入划分改革的三大举

[①] 2019年5月5日发布的《政府投资条例》要求，"政府及其有关部门不得违法违规举借债务筹措政府投资资金"，同时，"安排政府投资资金，应当符合推进中央与地方财政事权和支出责任划分改革的有关要求"。

措，其中两项举措均为地方财政"减支增收"，改善收支状况：改革增值税留抵退税分担机制，旨在缓解留抵退税对部分省份带来的财政资金流出压力，欠发达省份相对受益；后移消费税征收环节并将征税权划归地方，有助于进一步完善地方税制，培育地方税源。这次改革对于理顺央地财政关系具有重要意义，预计未来的改革还会进一步明确消费税改革措施并构建地方税体系。

2016年，中央经济工作会议提出了"房住不炒"的政策总纲领，随后的政策一脉相承。房地产政策不再采用传统意义下的总量管控政策，取而代之的是"因城施策"。针对资金过度向房地产领域集中的问题，金融机构的投融资政策也在做相应的调整。以2019年为例，5月之后，针对资金违规流入房地产领域的融资监管明显趋严，银保监会5月17日发布"23号文"，要求商业银行、信托、基金等金融机构不得违规进行房地产融资；7月之后，房地产信托政策也持续收紧，发改委还要求房企发行外债只能用于置换未来一年内到期的中长期债务。在2020年经济下行压力较大的背景下，我国的房地产调控政策并没有走老路，充分体现了政策定力。

二、化解存量债务需要通过市场化机制实现

"化解存量"这一政策思路的主要落地方式包括债务置换、债转股及市场化退出。2019年7月16日，发改委、财政部、央行等13个部门联合印发《加快完善市场主体退出制度改革方案》。我们从这份文件中能够很明显看出"化解存量"的政策思路。这份文件提到了企业、金融机构和个人三种不同的主体及其相应的市场化退出机制。

这份改革方案规定：达到破产条件的企业，应通过破产程序清理或庭外协议重组，不能以任何方式阻碍国企的退出；金融机构依法自主退出，

多层次退出；个人消费负债依法合理免责，最终建立全面的个人破产制度（见表 7–2）。从我们对文件内容的分析来看，"化解存量"的政策思路主要以"市场化机制"为主，减少行政干预，保护市场主体，强调"市场竞争的充分性和公平性"。

表 7–2 《加快完善市场主体退出制度改革方案》要点

举措	具体内容
稳妥实施强制解散退出	严格限定市场主体因政策规定而强制解散退出的条件，稳妥处置退出后相关事宜，依法保护市场主体的产权
完善企业破产制度	市场主体达到法定破产条件，应当依法通过破产程序进行清理，或推动利益相关方庭外协议重组，以尽快盘活存量资产，释放资源要素
分步推进建立自然人破产制度	明确自然人因担保等原因而承担与生产经营活动相关的负债可依法合理免责。逐步推进建立自然人符合条件的消费负债可依法合理免责，最终建立全面的个人破产制度
建立健全金融机构市场化退出机制	完善相关法律法规，明确对问题金融机构退出过程中的接管、重组、撤销及破产处置程序和机制，探索建立金融机构主体依法自主退出机制和多层次退出路径
完善国有企业退出机制	对符合破产等退出条件的国有企业，各相关方不得以任何方式阻碍其退出，防止形成"僵尸企业"。不得通过违规提供政府补贴或贷款等方式维系"僵尸企业"生存，有效解决国有"僵尸企业"不愿退出的问题
完善市场主体优劣甄别机制	加强对实施垄断、开展不正当竞争行为的监管，严格依法查处各类垄断行为和滥用行政权力排除或限制竞争的行为，提高市场竞争的充分性与公平性

资料来源：国家发改委。

企业存量债务的化解，主要通过完善市场主体退出机制及推动落实市场化债转股等制度创新来进行。为此，企业应通过"僵尸企业"的出清及个人破产制度的建立等措施来核销相应债务，实现存量债务化解。为有效解决国有"僵尸企业"不愿退出的问题，《加快完善市场主体退出制度改革方案》明确提出，"对符合破产等退出条件的国有企业，各相关方不得以任何方式阻碍其退出……不得通过违规提供政府补贴或贷款等方式维系'僵尸企业'生存。"同时，市场化债转股也在加速推进，截至 2019 年 6 月底，债转股资金到位率达 41.7%，比 2018 年年底大幅提高近 11 个百分点（见图 7–14）。

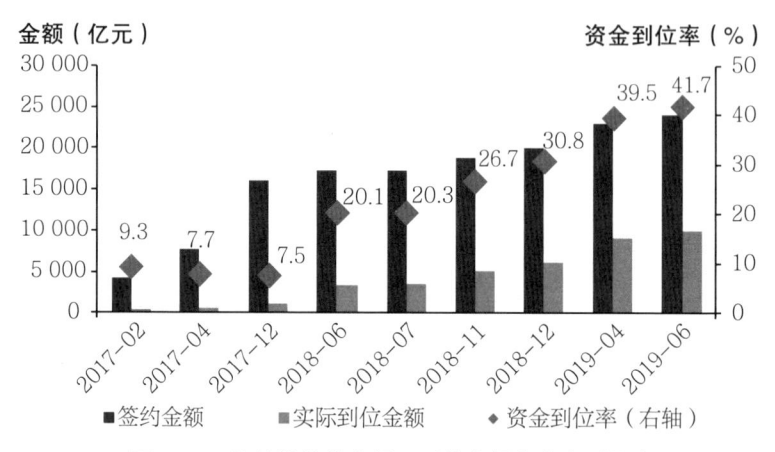

图 7–14 债转股签约金额、到位金额和资金到位率

资料来源：国家发改委。

按照财政部的统一要求，城投平台存量债务的化解要以出让政府股权以及经营性国有资产权益偿还、破产重整或清算方式化解等 6 种方式[①]来进行。备受关注的资产管理公司（AMC）购买融资平台债务，可归为破产重整或清算方式。截至 2019 年年底，中国信达已参与化解地方隐性债务相关项目余额约 70 亿元。资产管理公司参与地方债务化解并不意

---

① 财政部《地方全口径债务清查统计填报说明》中第十五条"债务化解计划"要求结合本地区债务化解计划，对每笔债务都做出化解安排。其中共提到 6 条债务化解的安排，包括安排财政资金偿还、出让政府股权以及经营性国有资产权益偿还、利用项目结转资金或经营收入偿还、合规转化为企业经营性债务、通过借新还旧或转期等方式偿还、采取破产重整或清算方式化解。

味着债务兜底，更多是以市场化方式盘活相对优质的资产。在地方融资平台债务中，就贷款规模而言，非标债和城投债的数量大体相当（见图7–15）。相比贷款和城投债，非标债的融资成本更高，"借新还旧"的难度更大，可能会成为资产管理公司的主要参与对象。

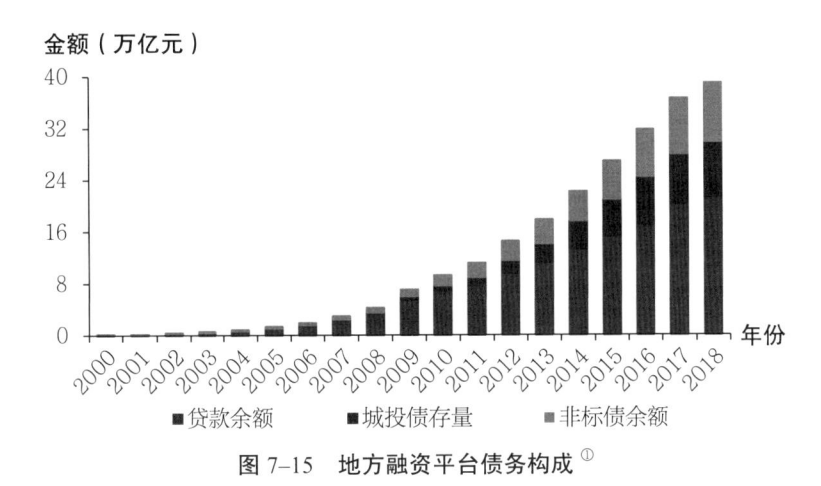

图 7–15　地方融资平台债务构成[①]

资料来源：中国债券信息网。

城投平台存量债务规模太过庞大，四大资产管理公司的化解能力依然相对有限，这也注定防范化解地方债务风险将是一场"持久战"。这也意味着，存量债务的化解需要通过一系列政策组合拳才能达到理想的效果。截至 2018 年年底，中国华融等四大资产管理公司总资产规模合计达 5 万亿元（见图 7–16），同一时点地方融资平台的带息债务规模是 36.8 万亿元。作为四大资产管理公司中最大的两家，中国华融和中国信达近三年不良债权资产年均净增加近 1 400 亿元，这意味着通过资产管理公司化

---

① 根据资产负债表推算可能存在口径上的差异，因此，我们将短期借款和长期借款作为贷款统计，应付短期债券、应付债券和其他流动性负债作为城投债统计，其他非流动性负债、其他应付款和长期应付款作为非标债统计。

解存量债务的力度依然不够。地方资产管理公司多数由各省国资委出资，注册资本大多低于 50 亿元，如果按照 12.5% 的资本充足率要求，实际能化解的不良资产总规模也不宜高估（见图 7–17）。

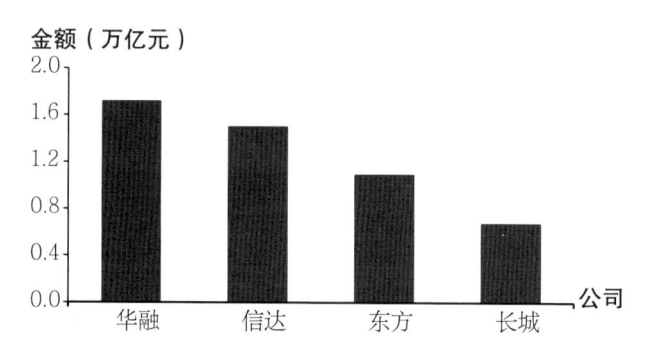

图 7–16　四大资产管理公司资产规模（2018 年）

资料来源：资产管理公司年报。

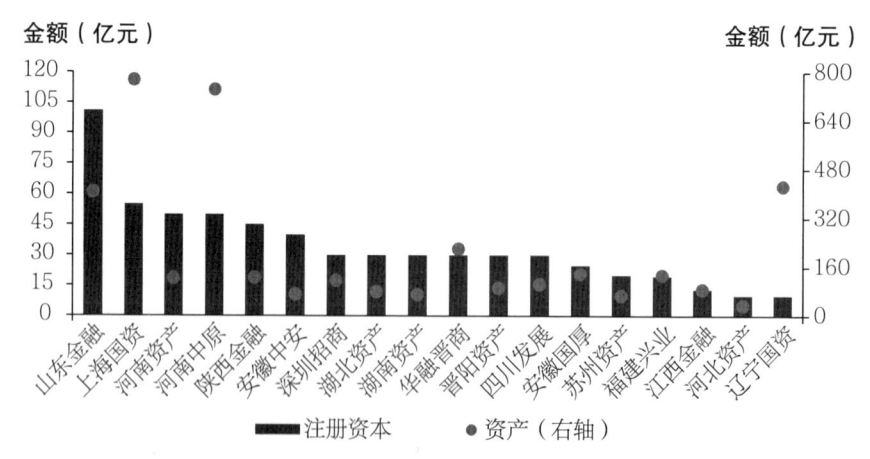

图 7–17　地方资产管理公司注册资本及资产情况（2018 年）

资料来源：《2018 年中国地方资产管理行业白皮书》、资产管理公司年报。

本章小结

"去杠杆"政策是2016年之后宏观经济分析的焦点话题之一,也是近几年影响经济运行的重要逻辑。然而,大家在分析这个议题的时候特别容易陷入不必要的争论中。

例如,杠杆就一定是坏的东西吗?经济运行挺"好"的,为什么要"去杠杆"?"去杠杆"是不是意味着会出现大规模的企业破产、银行坏账甚至经济陷入衰退?"去杠杆"的过程中引发的金融问题最终是否需要更大成本去修补?

如果我们将这些问题放在转型的大背景下理解,上述种种困惑自然就迎刃而解了。中国早期的经济发展具有很强的"负债驱动型"特征。在快速工业化的同时,各地的债务规模也在持续累积,如果金融机构在地方债总额达到一定程度之后再加杠杆,它们就会发现资金利用效率显著下降,甚至失去效力,金融体系隐藏的风险开始暴露。

在这种情况下,最简单可行的解决方法就是适度压减偿债规模(可类比破产清算、债务减计、债转股等操作)或适度降低融资成本(可类比"债务置换"等操作)。只有这样,金融机构才能有效降低存量债务对现金流自由度的压制,恢复腾挪空间。"去杠杆"事实上是服务于转型的。

第八章

自然形成的产业"雁形矩阵",提供坚实的微观基础

第一节
产业链协同已经形成，奠定经济突围基础

一、东部腾笼换鸟，中西部加速追赶，区域协同不断提升

综前所述，虽然经济结构转型有一些普遍规律，但没有一成不变的路径。在研究中国经济转型问题时，我们还需要关注中国特有的禀赋优势，不宜"刻舟求剑"。广阔的纵深腹地与梯队形的区域禀赋优势，使得中国的转型路径与先导型经济体相比多了一个维度。这就是本章要讨论的我国东部、中部和西部自然形成的产业"雁形矩阵"。

改革开放后，提升经济效率并快速实现经济增长成为我国经济工作的重心。为充分发挥东部沿海在外向型经济中的区位优势，中国实施了"优先发展沿海地区"的非均衡发展战略[1]。20世纪80年代初，中国先设立了深圳、珠海、汕头、厦门4个经济特区（1988年成立海南经济特区），之后进一步开放了大连、天津、上海、宁波等14个沿海港口城市，又陆续将长江三角洲、珠江三角洲、闽南三角地区、辽东半岛和胶东半岛开辟为沿海开放区；20世纪90年代初，中国进一步加快上海浦东新区的开发与开放，并对这些地区给予政策倾斜（见表8–1）。

---

[1] 1978年中共十一届三中全会做出了把工作重点转移到社会主义现代化建设上来的重大战略决策，正式提出了"改革开放"的总方针，国家对区域发展战略也进行了重大调整，由区域均衡发展转为区域非均衡发展，采取了一系列向沿海地区倾斜的战略举措。"六五"计划（1981—1985年）中明确"优先发展沿海地区，通过沿海地区的发展带动内地发展"的发展方向，以充分发挥沿海地区在区位条件、技术水平、科研能力和管理水平等方面的优势；"七五"计划（1986—1990年）明确把全国分为东部、中部、西部三大经济地带，明确了先东部、后中部、再西部的发展顺序。

表 8-1 改革开放早期的"优先发展沿海地区"非均衡发展战略

主要举措	时　间	具体政策
兴办经济特区	1979 年 7 月	中共中央和国务院同意在广东省的深圳、珠海、汕头三市和福建省的厦门市试办出口特区
	1980 年 5 月	中共中央和国务院决定将深圳、珠海、汕头和厦门四个出口特区改称为经济特区
	1988 年 4 月	第七届全国人民代表大会第一次会议做出了关于建立海南省经济特区的决议和设立海南省的决定，海南省成为中国第五个经济特区，也是面积最大的经济特区
开放沿海城市，设立开发区	1984 年	中共中央召开沿海部分城市座谈会，决定进一步开放沿海的大连、秦皇岛、天津、烟台、青岛、连云港、南通、上海、宁波、温州、福州、广州、湛江、北海 14 个城市，后增加营口市（1985 年）和威海市（1988 年），这 16 个城市被统称为首批沿海开放城市
	1990 年	上海浦东开放区设立，成为中国进一步对外开放的标志、上海现代化建设的缩影和中国改革开放的窗口
	1992 年	国务院批准温州、昆山、威海、营口、（漳州）东山、（福清）融侨设立国家级经济技术开发区
	1993 年 5 月	国务院批准沈阳、杭州、武汉、哈尔滨、重庆、长春、芜湖等市设立经济技术开发区
促进沿海地区开放	1985 年 2 月	中共中央和国务院批转《长江、珠江三角洲和闽南厦漳泉三角地区座谈会纪要》，决定对外开放长江三角洲、珠江三角洲和闽南三角地区。1988 年，国务院又决定将辽东半岛、胶东半岛列入沿海开放区名单
	1990 年	济南市也被批准加入沿海经济开放城市
	1992 年 9 月	国务院批准广东省的韶关、河源、梅州 3 市列入沿海经济开放区
	1993 年 2 月	批准福建省的三明、南平、龙岩、福安、福鼎 5 地，辽宁的营口和山东的东营（不包括辖县）列入沿海经济开放区

资料来源：中国政府网、新华网。

东部沿海地区凭借区位优势和人口红利等因素，大规模承接全球产业迁移，以出口贸易为导向大力发展贸易加工业，产业和经济集聚度快速提升

（尤其是长三角地区和珠三角地区）。自 2004 年起，中国农村剩余劳动力数量开始下降（2004 年珠三角首次出现"用工荒"），劳动力成本压力逐步显性化，促使沿海中心城市加速产业结构的转型升级和产业布局的重新调整。

2005 年 6 月，中共中央政治局会议提出："要把提高自主创新能力作为调整经济结构、转变经济增长方式和提高国家竞争力的中心环节。"东部沿海地区率先开启产业结构升级和产业布局调整，其中传统产业转出是重要内容。最早的产业转出是由工业化水平较高的一线和二线中心城市向周边发展较落后的城市转移。广东省在 2005 年提出了"腾笼换鸟"战略，开始引导珠三角传统产业向省内欠发达的东西两翼和粤北地区转移（见表 8-2）。之后，随着区域发展政策的思路转变，产业在各省份之间和区域之间的转移开始逐步推进。

表 8-2　2005 年前后，广东省推进制造业在省内转移的主要政策措施

时　间	主要政策
2005 年	广东省《关于我省山区及东西两翼与珠江三角洲联手推进产业转移的意见（试行）》，开始了以珠三角产业向东西两翼和粤北山区（粤东地区包括汕头、汕尾、潮州和揭阳 4 市，粤西地区包括湛江、茂名和阳江 3 市，粤北山区包括韶关、河源、梅州、清远和云浮 5 市）的省内产业转移浪潮
2008 年	广东省委、省政府出台《中共广东省委、广东省人民政府关于推进产业转移和劳动力转移的决定》，明确提出通过"腾笼换鸟"战略将珠三角的劳动密集型产业向东西两翼和粤北山区转移，将粤东西北地区的劳动力向当地第二、三产业和珠江三角洲转移
2013 年	广东省委、省政府进一步将推动粤东西北振兴发展上升为全省战略，并明确将交通基础设施建设、产业园区扩能增效、中心城区扩容提质确定为振兴粤东西北的三大抓手

资料来源：中国政府网、新华网。

中国的区域协调发展战略对产业"雁形矩阵"的形成起到了至关重要的作用。2006 年年初通过的《国民经济和社会发展第十一个五年规划纲

要》中提出的"中部崛起"国家战略、2006年年底通过的《西部大开发"十一五"规划》与率先发展起来的东部省市的"腾笼换鸟"战略等，共同构成了中国的区域发展总体布局。2006年前后是我国产业"雁形矩阵"加速形成的重要转折点。

在产业布局调整的过程中，劳动密集型等低附加值产业是调整的主要对象，而技术密集型、资本密集型等高附加值产业在中心城市的集聚程度依然较高。以广东省为例，自2006年起，低附加值的劳动密集型产业以轻纺工业和资源加工业为主，向广东东西两翼和粤北山区扩散，而高附加值产业的集聚度依然较高，以汽车、电子等为代表的部分制造业仍然主要集中在珠江三角洲地区（见图8-1）。2006年后，上海产业布局的

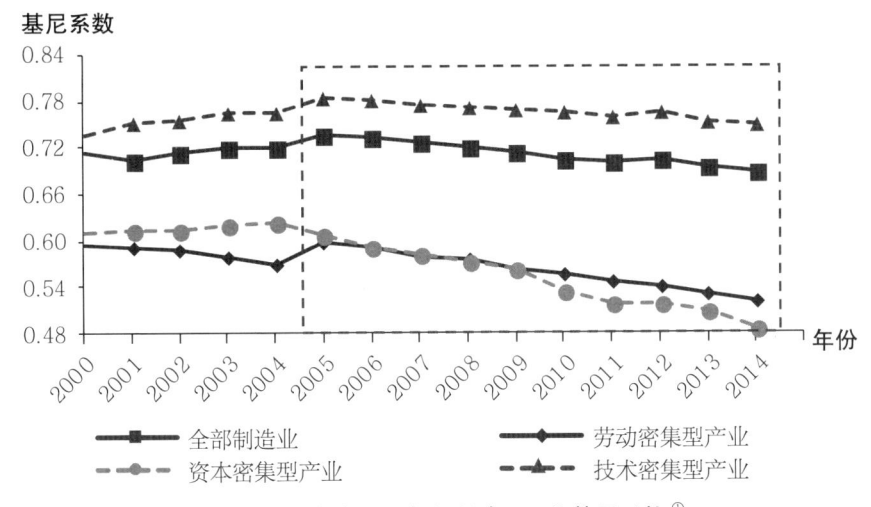

图 8-1 广东省不同年份制造业区位基尼系数[①]

资料来源：周锐波，李晓雯（2017）。

---

① 区位基尼系数，反映经济活动在空间分布的不均匀程度，通过考察各行业在各个研究时段内空间分布不均匀程度的变化来衡量产业格局的演化。区位基尼系数在0~1之间变化，取值为0表示该产业完全均等地分布在各地区，取值为1表示该产业完全集聚在一个地方；区位基尼系数取值越大，表示该产业的空间聚集程度越高。

调整也呈现类似特征。食品、纺织服装等传统制造业收缩，而汽车制造业、专用设备制造业等产值占比逐渐提高（见图8–2）。事实上，产业转移不仅发生在省内，还更多发生在各省份之间。

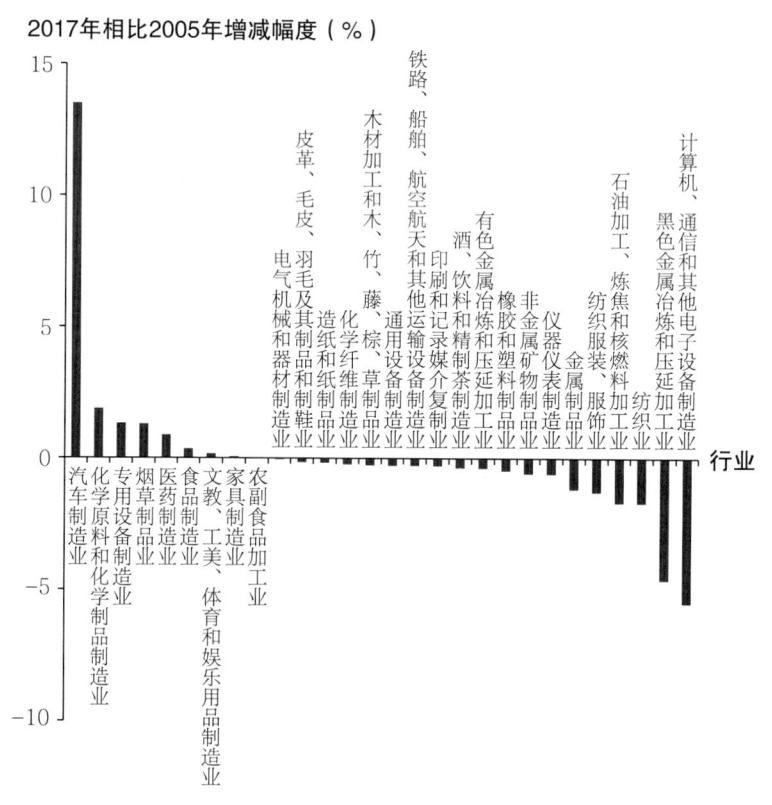

图 8–2　上海制造业占工业总产值比重 2017 年相比 2005 年变化情况

资料来源：《上海统计年鉴》。

产业的省际迁移带动了中西部地区快速工业化和城市化。从区域来看，中部地区的湖北、湖南、安徽、河南等省，以及西部地区的重庆、四川、贵州和陕西等省市是产业承接地；其中，包括省会在内的中西部重点城市集聚式承接的特征明显。大规模产业承接，对中西部省份经济

第八章 自然形成的产业"雁形矩阵"，提供坚实的微观基础　167

发展起到明显的拉动作用。

2005—2019年，湖北、安徽、湖南的GDP占全国的比重分别上升了1.1、0.9和0.5个百分点，四川、贵州和重庆的GDP占比分别上升了0.8、0.6和0.5个百分点；相比之下，东部沿海地区多数省份的GDP占比明显下降（见图8-3）。从城市来看，GDP占比提升幅度较大的城市为武汉、长沙、郑州、合肥等，均是所在省的省会或国家级城市群的中心城市，几乎贡献了其所在省的GDP增量的全部，这也反映中西部承接产业的集聚特征。

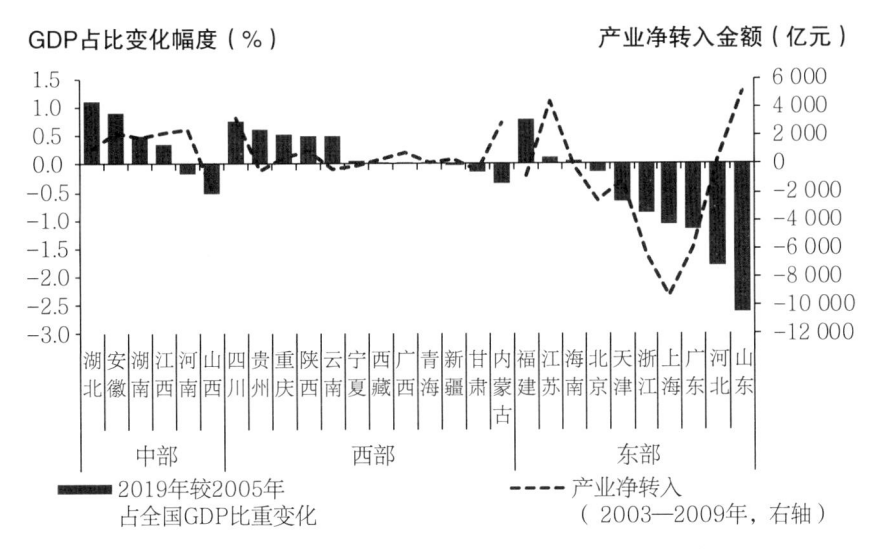

图 8-3　代表性省份GDP占比变化及产业净转入金额

资料来源：贺灿飞等（2014），国家统计局。

先发展起来的省市在区域内产业结构转型升级的过程中，会伴随着产业向周边的迁移和延伸，进而带动区域经济一体化向纵深发展。最具代表性的莫过于珠三角经济区和长江经济带。珠三角经济区是最早受益于改革开放的区域，以广州、深圳、东莞等地为核心城市，向华南、西南地区辐射。2003年前后，广东省政府曾提出"泛珠三角"的概念，囊括了包括广东在内的9个省，外加香港和澳门，俗称"9+2泛珠三角区域"。长江经济带主要以上海为龙头，横跨东中西部11个省市，各省市的产业分工和融合度都比较高。

产业在跨区域迁移的过程中既达到了"先富带动后富"的目标，又带动了我国由南向北、由东向西，各省市之间层层传递的工业化转型——这也是我国产业"雁形矩阵"得以形成的重要机理，以及我国与先导型经济体显著不同的经济特征。更为广阔的纵深腹地使得我国在产业升级的过程中，可以自然形成东中西部不同的产业链分工定位，并避免由于结构转型升级导致的"产业空心化"之类问题。东中西部的产业链分工体系已经日渐清晰，东部近似"消费型"定位、中部近似"生产型"定位、西部近似"资源型"定位。这样的分工体系将使得中国经济抵抗外部风险的能力明显高于先导型经济体。

二、区域间的产业"雁形矩阵"成形，全面升级开始成为主题

东部先发展起来的省市的产业外迁与结构升级，带动当地向更高层级的产业定位迈进；中西部通过产业承接快速实现工业化和城市化进程。在产业迁移的过程中，新投产的生产线相比前期通常会有一定的技术升级改造，从而使得中西部早期工业化阶段的迭代速度进一步加快，追赶效应更加明显。就政策层面而言，无论是在基础设施建设、财政金融政策，还是产业扶持等方面，近些年来也在有意向中西部地区倾斜，支持西部承接东部产业的同时，实现产业结构的全面升级。

2011年，东部地区工业经济出现大幅下滑，而服务业仍保持两位数的增速；2013年，东部地区服务业占GDP比重超过工业占比后继续提升。北京和上海是其中的典型代表，2019年服务业占GDP的比重已经分别高

达 84% 和 73%，超过发达经济体 70% 左右的平均水平（见图 8-4）。东部地区第二产业占 GDP 的比重持续回落，第三产业占比持续提升，这反映的恰恰是这些区域已经从早期工业化阶段逐步过渡到以先进制造业和现代服务业为主的后工业化阶段①。东部地区核心二线城市近年来大力发展先进制造业，部分一、二线城市大力发展的总部经济、信息服务和航运金融等高端服务业，都是经济活动迈向产业链更高端的体现。

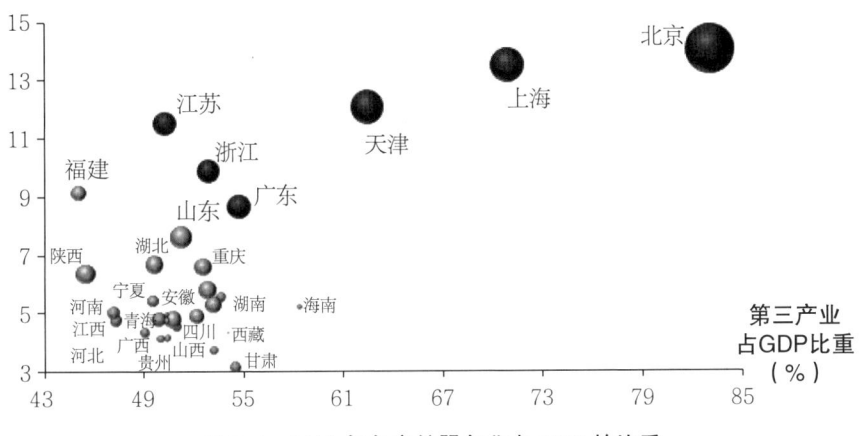

图 8-4　2019 年各省份服务业占 GDP 的比重

资料来源：国家统计局。

在东部地区，产业链分工定位跃升最快的城市莫过于上海。从上海的服务业构成来看，以金融和信息服务等为代表的现代服务业占比显著上升，金融业占第三产业的比重由 2005 年的 14.1% 上升至 2019 年

---

① 以研发支出占比最高的江苏省为例，工业企业利润占比最高的 5 个制造行业分别为化学原料及化学制品、电气机械及器材、计算机通信和其他电子设备、通用设备、汽车，它们都属于技术含量相对较高的行业；而利润占比最低的 5 个行业则为石油和天然气开采业、煤炭开采和洗选业、黑色金属矿采选业、有色金属矿采选业、开采辅助活动，它们都属于资源开发行业。

的 23.8%，早已超过批发和零售业，成为上海服务业中的龙头行业（见图 8-5）。据央行统计，上海金融机构营业网点数量和资产总额在 2005—2018 年间分别增长了 62% 和 414%，远高于全国平均水平，这也是一个佐证。在传统服务业中，交通运输、仓储和邮政业的占比则明显下降。

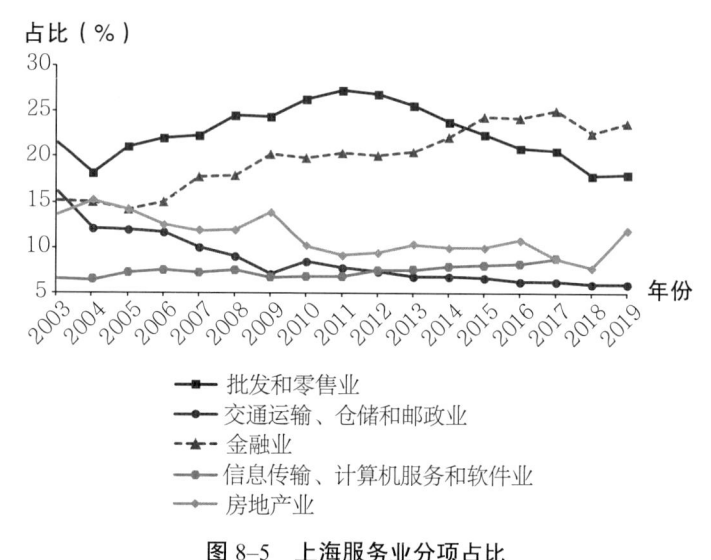

图 8-5 上海服务业分项占比

资料来源：上海市统计局。

中部地区过去十多年的良好发展势头，很大程度上归功于在区域发展战略支持下，自身对东部地区产业迁移的有序承接和结构升级。2006 年发布的《中共中央国务院关于促进中部地区崛起的若干意见》与 2009 年发布的《促进中部地区崛起规划》，基本明确了中部地区通过有序承接产业迁移和积极推进新型城市化，以进一步吸纳人口、集聚产业和增强综合实力的发展基调。2016 年年底，国务院常务会议审议通过了《促进中部地区崛起规划（2016—2025年）》，在原来"三基地、一枢纽"①定位的基础上提出了"一中心、四区"②的战略定位。积极的产业政策引导成为中部地区进一步发展的重要推力。

中部地区的城市群建设规划同样侧重产业承接功能，以城市群为代表的产业承接核心区域或将成为中部地区的发展领头羊。例如，中原城市群明确定位为"中部地区承接发达国家及我国东部地区产业迁移、西部地区资源输出的枢纽和核心区域"，并将成为参与国内外竞争、促进中部崛起、辐射带动中西部地区发展的核心增长极。再如，长江中游城市群的定位是"中国经济新增长极、中西部新型城镇化先行区、内陆开放合作示范区、'两型'社会建设引领区"，也是实施促进中部地区崛起战略、全方位深化改革开放和推进新型城镇化的重点区域，在我国区域发展格局中占有重要地位（见表8-3）。

表8-3 "十三五规划"中的中部重要城市群

区　域	中原城市群	长江中游城市群
级别	国家级城市群	省级、跨区域城市群
中心	郑州	武汉、长沙、南昌
副中心	洛阳、开封	—
覆盖城市	许昌、新乡、焦作、平顶山等9个地级市	黄石、岳阳、九江等31个地级市
所属省份	河南	湖北、湖南、江西
人口数量	4 275万人	1.72亿人

---

① "三基地、一枢纽"指的是全国重要粮食生产基地、能源原材料基地、现代装备制造及高技术产业基地和综合交通运输枢纽。
② "一中心"指的是全国重要先进制造业中心，"四区"指的是全国新型城镇化重点区、现代农业发展核心区、生态文明建设示范区、全方位开放重要支撑区。

（续表）

区　域	中原城市群	长江中游城市群
面积	5.9万平方公里	31.7万平方公里
核心定位	中部地区承接产业迁移的枢纽和核心区域	中西部新型城镇化的试点区域
发展目标	全国重要的先进制造业基地、能源基地和区域性现代服务业中心、科技创新中心	中国经济发展新增长极、中西部新型城镇化先行区、内陆开放合作示范区和"两型"社会建设引领区

资料来源：国家发改委网站。

西部地区物质资源丰富，生产要素成本低，市场潜力大。承接来自东部、中部甚至国外的产业迁移，有利于加速西部地区的工业化和城镇化进程，促进区域协调发展并优化国内的产业分工格局。除此之外，西部地区长期发展的机遇仍然来自自身的资源优势产业建设，包括能源资源勘探和深加工、清洁能源开发等。

对西部地区的发展定位而言，"一带一路"倡议下的区域开放平台不仅有利于西部地区扩大基础设施建设投资，而且能够扩大与沿线国家和地区的经贸合作，形成区域产业协同融合和资源互补共享。从当前"一带一路"倡议的主要规划来看，西部主要省份都将显著获益。新疆被定位为"丝绸之路经济带核心区"，将成为重要的交通枢纽、商贸物流和文化科教中心，政策扶持力度或较为强劲。广西、云南、内蒙古等均是所在地区重要的战略支撑地和开放窗口，对周边区域有一定辐射作用，有利于区域经济合作与产业聚集发展（见表8-4）。

表 8-4 "一带一路"规划中的西部省份

省 份	比较优势	核心定位	重点任务
新疆	独特的区位优势和向西开放重要窗口作用	丝绸之路经济带核心区,重要的交通枢纽、商贸物流和文化科教中心	深化与中亚、南亚和西亚等地区的交流与合作
陕西	综合经济文化优势	通道、商贸物流枢纽、产业和人文交流基地	打造西安内陆型改革开放新高地
甘肃	综合经济文化优势	通道、商贸物流枢纽、产业和人文交流基地	加快兰州开发开放
宁夏	民族人文优势	通道、商贸物流枢纽、产业和人文交流基地	推进宁夏内陆开放型经济试验区建设
青海	民族人文优势	通道、商贸物流枢纽、产业和人文交流基地	加快西宁开发开放
内蒙古	联通俄、蒙的区位优势	向北开放重要窗口	完善对俄铁路通道和区域铁路网、远东陆海联运合作,推进构建北京至莫斯科高速运输走廊
广西	与东盟国家陆海相邻的独特优势	西南、中南战略支点	加快北部湾经济区和珠江-西江经济带开放发展
重庆	人力资源、产业基础	西部开发开放重要支撑	推动区域互动合作和产业集聚发展
云南	区位优势	国际运输通道,面向南亚、东南亚的辐射中心	推进与周边国家的国际运输通道建设,打造大湄公河次区域经济合作新高地
西藏	区位优势	—	推进与尼泊尔等国家边境贸易和旅游文化合作
四川	人力资源、产业基础	—	打造成都内陆开放型经济高地

资料来源:国家发改委网站。

第二节
人口流动映现时代变迁：
从"孔雀东南飞"到集聚都市圈

一、人口流动规律的变化，有着深刻的时代烙印

关于人口在经济转型过程中的重要性，本书第二部分专门讨论过。从人口的角度审视中国经济近40年的发展历程，我们可以看到深刻的时代特征，也有助于我们更为直观、立体地理解产业"雁形矩阵"的形成过程。

在20世纪80年代以前，我国在严格的计划经济体制和人口管理政策下，流动人口规模总体较小，1982年全国仅660万流动人口，占全国总人口的0.6%。20世纪80年代以来，随着经济增长成为政策重心以及农民进城务工和落户政策的放松，我国流动人口快速增长，截至2019年，全国流动人口共计2.36亿人，占全国总人口的16.9%。从人口构成来看，以农民工为代表的农村剩余劳动力是流动人口的主要构成部分。2000年前后，外出农民工占我国流动人口的比重约为8成左右，近年占比有所下降，但仍维持在7成左右。

2005年以前，流动人口向东部地区加速集聚，东部地区吸纳全国流动人口的比重从1982年的40.7%持续上升至2005年的64.6%，达到历史峰值（见图8-6）。全国流动人口的4成左右为跨省流动；东部地区对这部分跨省劳动人口的吸引力极为显著，吸引跨省人口的占比在2005年达到84.6%的峰值（见图8-7）。广东、浙江、上海、江苏、北京、福建东部六省市是人口主要流入地区，2005年吸纳了全国75%的跨省流动人口，即便近年来有所回落，仍维持在六成以上。

占比（%）

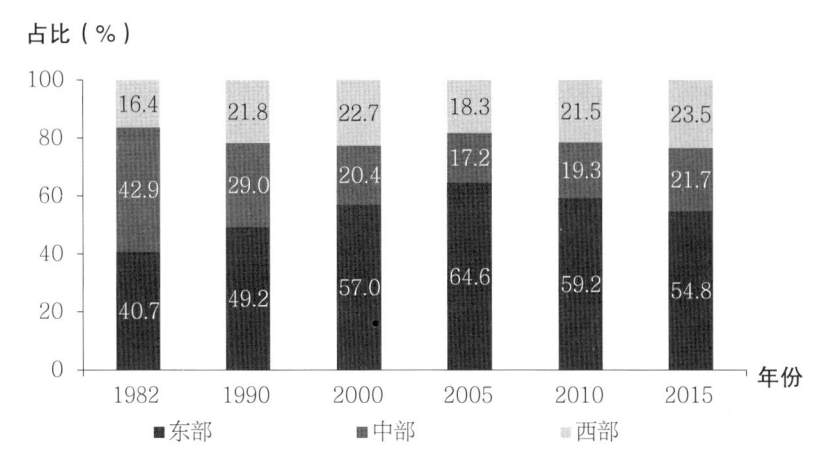

图 8-6　我国不同区域吸纳的全国流动人口比例

资料来源：《中国流动人口发展报告 2018》。

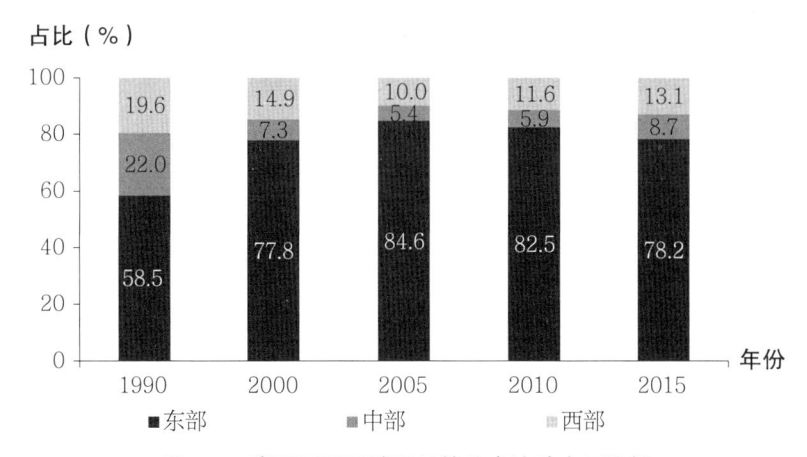

占比（%）

图 8-7　我国不同区域吸纳的跨省流动人口比例

资料来源：《中国流动人口发展报告 2018》。

从具体城市来看，沿海三大城市群的中心城市是流动人口的主要集聚地。2005 年，东部地区吸纳流动人口最多的前十大城市吸纳了全国总流动人口的 32%，其中深圳、东莞、上海、广州、北京等城市位居前列，均为长江三角洲、珠江三角洲、环渤海地区的核心一、二线城市（见图 8-8）。从常住人口减户籍人口所反映的人口净流入规模来看，这类城市也是全国人口净流入最多的城市。

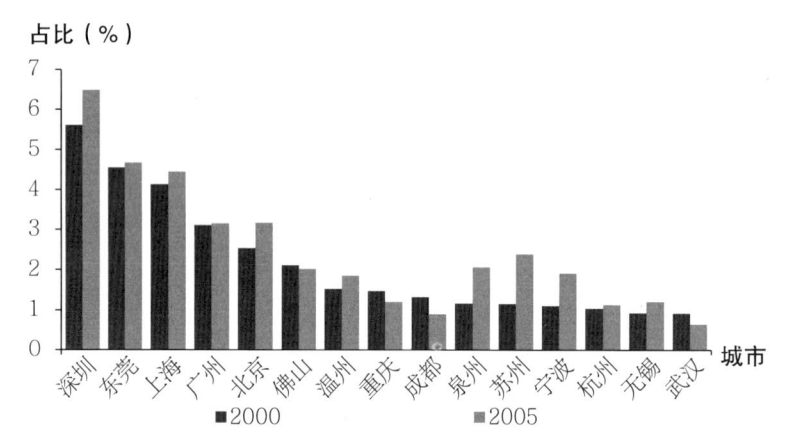

图 8-8 吸纳流动人口最多的前 15 个城市占全国流动人口比重

资料来源：《中国流动人口发展报告 2015》。

2005 年以后，广东、福建等省吸纳的跨省流动人口占比开始回落，浙江、上海等省市在 2010 年后开始下滑。从人口净流入的角度来看，2010 年之后，京沪人口净流入明显放缓，近年来开始出现负增长，江苏、福建、浙江（不含杭州）、广东（不含广州和深圳）人口净流入规模也在减少。从 2015 年前后开始，随着京沪人口疏解力度加大，人口流入明显放缓，一线城市中的广州、深圳，东部部分强二线城市（比如杭州、宁波等）及大都市圈周边部分强三线城市（比如湖州、舟山、嘉兴、江门、茂名、韶关等），对人口的吸引力明显提升。

2005 年之后，中西部地区吸纳流动人口的比重开始提升。2015 年，中西部地区吸纳了 46% 的流动人口，较 2005 年增加 11 个百分点。除山西之外的中部五省，以及四川、重庆、陕西、广西、甘肃和贵州西部六个省份，吸纳跨省流动人口占比出现趋势性提升（见图8–9）。从人口净流出规模来看，2005年之后部分中西部省份人口总体仍然处于净流出状态，但净流出速度明显放缓。

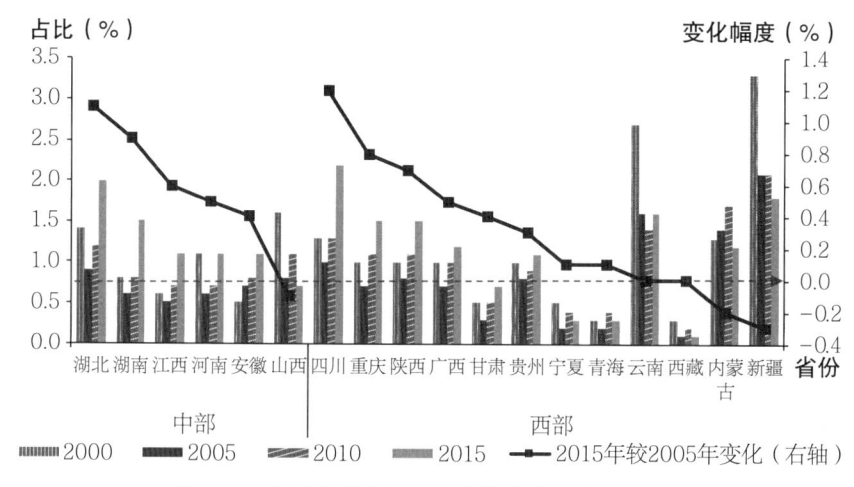

图 8–9 中西部省份吸纳跨省流动人口占全国比重

资料来源：国家统计局，全国1%人口抽样调查。

中西部人口加速流入的城市，以武汉、郑州、长沙、成都和西安等为主，多为所属省份的省会城市或国家级城市群的中心城市（见图8–10）。作为直辖市的重庆，人口虽然继续净流出，但净流出规模明显收窄。对比人口回流较为明显的湖北和河南省内不同城市可以发现，湖北仅武汉和宜昌人口加速净流入，河南省仅郑州人口持续加速净流入，其他城市尚未出现人口加速集聚的现象。

一线城市、部分强二线和强三线城市在未来一段时期仍将是人口流入的主要区域。发达经济体的经验表明，只要区域经济集聚度高于人口集聚度，对人口的吸引力就会持续存在，直至两者大致匹配。中国东部沿海都市圈的绝大多数中心城市的经济集聚度与人口集聚度比值超过1.7，其中一线城市中深圳（3.3）、广州（2.7）、北京（2.4）、上海（2.3），二线城市中的无锡（3.0）、苏州（2.9）、珠海（2.8）、南京（2.6）、杭州（2.4）等的比值普遍超过2（见图8-11）。人口的集聚有助于当地经济的转型升级。

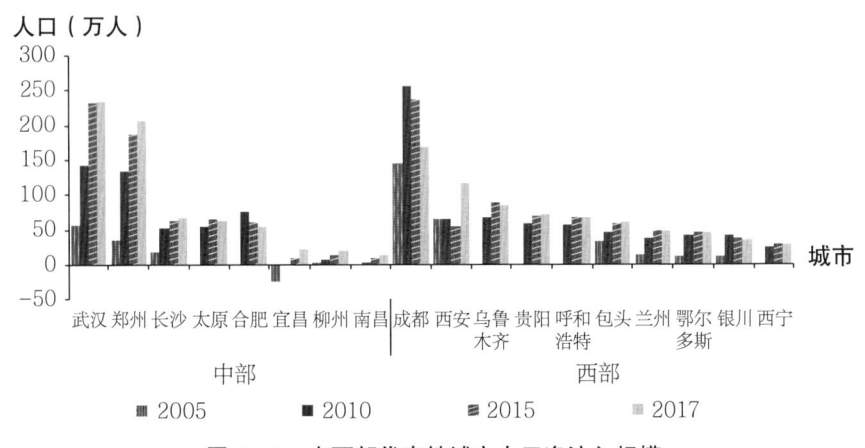

图8-10　中西部代表性城市人口净流入规模

资料来源：国家统计局。

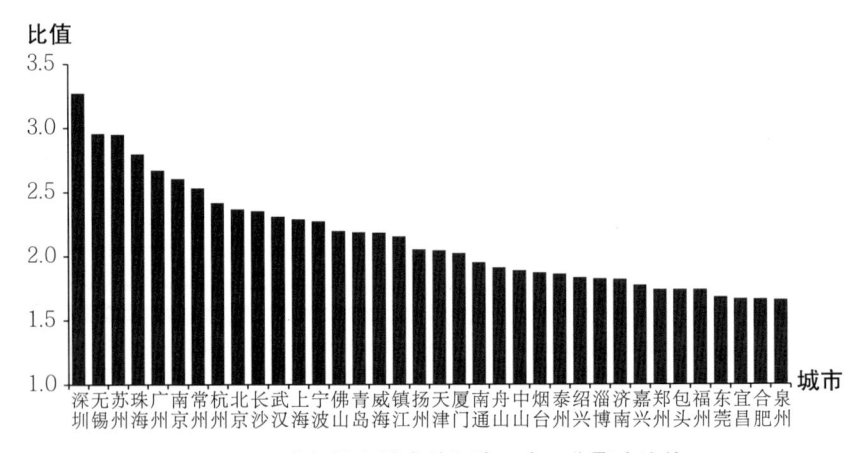

图8-11　东部核心城市的经济—人口集聚度比值

资料来源：国家统计局。

二、人口政策影响人口流向，重塑产业格局

人口政策是影响人口流动非常关键的因素。2016 年 10 月，国务院印发了《推动 1 亿非户籍人口在城市落户方案》，要求在除少数超大城市外，全面放宽农业转移人口落户条件。截至 2019 年年初，全国大多数城市已经放宽落户限制，中小城市基本实现落户零门槛。2019 年 2 月 19 日，发改委发布《关于培育发展现代化都市圈的指导意见》，重申放开放宽除个别超大城市外的城市落户限制，并在此基础上进一步提出在具备条件的都市圈率先实现户籍准入年限同城化累积互认，从国家政策层面为城市落户松绑，助力人才流动和人力资源的优化配置（见表 8-5）。

表 8-5 国家近年来关于户籍制度的主要政策内容

时间	政策文件或会议	主要内容
2016 年 10 月	国务院印发《推动 1 亿非户籍人口在城市落户方案》	除极少数超大城市外，全面放宽农业转移人口落户条件。超大城市和特大城市要以具有合法稳定就业和合法稳定住所（含租赁）、参加城镇社会保险年限、连续居住年限等为主要依据，区分城市的主城区、郊区、新区等区域，分类制定落户政策，重点解决符合条件的普通劳动者落户问题
2019 年 1 月 22 日	国家发改委新闻发布会	新闻发言人表示，始终将加快推动农业转移人口市民化作为推进新型城镇化的首要任务；31 个省（区、市）及新疆生产建设兵团已全部出台户籍制度改革方案或意见，大多数城市已经放开放宽落户限制，许多中小城市基本实现落户零门槛，农业转移人口市民化的制度性通道全面打通
2019 年 2 月 19 日	国家发改委发布《关于培育发展现代化都市圈的指导意见》	放开放宽除个别超大城市外的城市落户限制，在具备条件的都市圈率先实现户籍准入年限同城化累积互认，加快消除城乡区域间户籍壁垒，统筹推进本地人口和外来人口市民化

资料来源：中国政府网。

为了配合经济转型的人才需求，重点城市的人才引进与落户政策力度也都比较大。城市之间人才政策的差异还是比较明显的：一线城市门槛高于二、三线城市、东部门槛高于中西部（见表8-6）。一线城市的人力资源比较丰富，人才引进主要以前沿领域或重要行业高精尖高层次人才为主。例如，北京对中华技能大奖获得者、享受国务院政府特殊津贴者等五类高技能人才直接办理人才引进。中西部二线城市的人口集聚政策则要宽松得多，比如郑州、合肥专科即可落户，西安45岁以下专科学历、武汉40岁以下专科学历可直接落户。从吸引人才的方式来看，东部沿海二线城市吸引人才的方式以落户为主，中西部二线城市除了落户，往往还辅以生活和购房补贴等扶持措施吸引人才。

城市间的人才之"争"反映了不同城市转型过程中不同的人才需求。东部部分一、二线城市已经处于向先进制造业和现代服务业转型的后工业化阶段，对高层次创新型人才的需求较为旺盛。与东部城市不同，中西部省份的核心二线城市从制造业承接到制造业升级，更多是在制造业领域的延伸，将制造业做大、做强、做优，对中高端技术人才的需求相对较大。

人口能否有效集聚并助推产业升级，本身取决于合理的产业政策和配套措施能否持续发力并带动城市持续优化升级。东部地区发展较早，具备一定的产业优势和转型基础；中西部地区的产业转型方向比较明确，产业集群的形成及配套设施的完善（包括软硬件的投入等）还需要些时间的沉淀。中国的产业"雁形矩阵"已然成型，产业结构的转型升级一直在有条不紊地推进。要客观认识中国经济的结构转型，不悲不喜、砥砺前行。

第八章 自然形成的产业"雁形矩阵"，提供坚实的微观基础　181

表8-6　2016年以来部分城市密集出台人才政策

地区	城市	政　策	人才引进落户学历要求	扶持措施
东部	深圳	■ 2016年4月印发《关于促进人才优先发展的若干措施》 ■ 2016年12月出台《关于印发深圳市人才引进实施办法的通知》	■ 高层次人才，年龄在一定范围内 ■ 45岁以下国（境）外学士以上留学人员，境外访问学者和博士后等进修人员 ■ 45岁以下普通高等教育本科以上学历 ■ 35岁以下普通高等教育专科以上学历等	■ 杰出人才可选择600万元奖励补贴，也可选择面积为200平方米左右且免租金10年的住房 ■ 向新引进入户的全日制本科及以上学历的人员和归国留学人员发放一次性租房和生活补贴，其中本科每人1.5万元，硕士每人2.5万元，博士每人3万元
	广州	2017年12月印发《广州市高层次人才服务保障方案》	—	顶尖人才可获1 000万元住房补贴或入住200平方米的人才公寓，任德全职工作满10年，贡献突出并取得广州户籍的还可无偿获赠所租住房
		2019年4月印发《广州市户籍迁入管理规定》	学士、硕士和博士落户的年龄限制，从35、40、45周岁调整到40、45、50周岁	—
	北京	■ 2017年12月印发《关于优化人才服务促进科技创新推动高精尖产业发展的若干措施》 ■ 2018年3月《北京市引进人才管理办法（试行）》	引进人才可在聘用单位本户或选用单位所在区人才公共服务机构的集体户落户	公租房、共有产权房、租房补贴及购房支持

（续表）

地区（城市）		政　策	人才引进落户学历要求	扶持措施
东部	上海	■ 2016年9月发布《关于进一步深化人才发展体制机制改革加快推进具有全球影响力的科技创新中心建设的实施意见》 ■ 2018年3月出台《上海加快实施人才高峰工程行动方案》	对经由市场主体评价且符合一定条件的创业人才及其核心团队、企业科技和技能人才，创新创业中介服务人才及其核心团队，居住证转办户籍年限可由7年缩短为3～5年；对经由市场主体评价且符合一定条件的创业投资管理运营人才，居住证转办户籍年限可由7年缩短为2～5年	—
	杭州	■ 2016年11月出台《关于深化人才发展体制机制改革完善人才新政的若干意见》 ■ 2018年2月出台《关于加快推进杭州人才国际化的实施意见》	55岁以下博士学历，50岁以下硕士学历，45岁以下本科学历＋居住满1年＋连续缴纳1年社保；35岁以下紧缺专业大专学历＋居住满1年＋连续缴纳1年社保	应届高学历人才一次性补贴：硕士2万元/人，博士3万元/人
		2019年6月印发《关于服务"六大行动"打造人才生态最优城市的意见》	—	提高应届高学历人才一次性补贴至：本科1万元、硕士3万元、博士5万元
		2020年2月落实"人才生态37条"的有关补充意见	—	■ 提高高层次人才购房补贴，给予A类顶尖人才"一人一议"，最高800万元购房补贴 ■ 在发放一次性补贴基础上，再给予每年1万元租房补贴

第八章 自然形成的产业"雁形矩阵",提供坚实的微观基础　183

（续表）

地区（城市）		政　策	人才引进落户学历要求	扶持措施
东部	南京	■ 2017年4月出台《南京市人才安居办法（试行）》 ■ 2018年1月出台《关于进一步加强人才安居工作的实施意见》 ■ 2019年2月印发《南京市积分落户实施办法》	研究生及以上学历,40岁以下的本科学历	■ 高层次人才可选择申领不少于300万元的购房补贴,申购不低于200平方米的共有产权房,免费租赁200平方米人才公寓等 ■ 对高校毕业生提供住房租赁补贴:博士每人每月1 000元,硕士每人每月800元,学士每人每月600元
	苏州	2020年3月出台《苏州市高端人才奖励计划实施细则》《苏州市人民政府关于调整人才落户相关政策的通知》	博士研究生、正高级专业技术职称人员年龄不超过55周岁,硕士研究生、副高级专业技术职称人员年龄不超过50周岁,本科学历人员年龄不超过45周岁,直接落户	高端人才和急需人才,参照个人薪酬按比例给予重奖,最高每年可获40万元
	天津	2018年5月公布"海河英才行动计划"	40岁以下本科,45岁以下硕士可直接落户,博士不受年龄限制	■ 新引进的高层次人才在天津市购买首套自住用房不限购 ■ 外籍人才在津缴存、提取住房公积金可面享受市民待遇
	厦门	■ 2016年2月印发《厦门市引进高层次人才住房补贴实施意见》 ■ 2018年9月印发《重点群体来厦落户实施细则》	45岁以下本科学历,35岁以下专科学历,且连续在厦门缴纳社保满1年	给予优秀人才安家补贴;给予各类人才35万~100万元购房补贴,18万~30万元租房补贴

(续表)

地区（城市）	政策	人才引进落户学历要求	扶持措施
中西部 西安	■ 2017年3月印发《西安市人民政府关于进一步吸引人才放宽我市部分户籍准入条件的意见》 ■ 2018年5月印发《西安市进一步加快人才汇聚若干措施》 ■ 2019年2月发布《西安市人民政府办公厅关于进一步放宽我市部分户籍准入条件的通知》	■ 本科及以上学历，45岁内的本科以下学历，全国高等院校在校生本科（含）以上学历，不受年龄限制 ■ 本科（不含）以下学历的，年龄在45周岁（含）以下 ■ 全国在校大学生落户西安只需学生证和身份证	■ 设立高校毕业生"就业奖"，对高水平大学硕士生进行免笔试招聘，将大学生创业贷款最高额度提高到100万元 ■ 西安市属单位公开招聘博士研究生，安家补助费每人5年15万元；对来西安工作外国人才，给予最高60万元年薪补贴及来华工作补贴
中西部 武汉	■ 2017年6月发布《关于支持百万大学生留汉创业就业的若干政策措施》 ■ 2019年2月印发《关于建立完善人才工作体系推动武汉高质量发展的实施意见》	博士研究生、硕士研究生直接落户；45岁以下本科生及教育部认证的专科生，直接落户	对于引进的博士毕业生，每月补贴2 000元，持续补贴3年；到新城区工作的本科生，每年补贴1万元，持续补贴2年

（续表）

地区（城市）		政　策	人才引进落户学历要求	扶持措施
中西部	长沙	■ 2017年6月，出台"长沙人才政策22条" ■ 2018年6月发布《长沙市建设创新创业人才高地的若干措施》	35岁（含）及以下的本科及以上学历的毕业生直接落户；在长沙工作，具有专科及以上学历或技师及以上职业资格的人才，首套购房不受户籍和个税、社保缴存限制	■ 对高精尖人才，政府奖励补贴200万元人民币和200平方米全额房屋补贴；对国家级产业人才，政府奖励补贴150万元人民币和150平方米全额房屋补贴；对省市级产业领军人才，政府奖励100万元人民币和100平方米全额房屋补贴 ■ 全日制博士、硕士毕业生（不含机关事业单位在编人员，年龄不超过35周岁）首次购房后，可分别申请6万元、3万元的购房补贴。持高级技师职业资格证的人员在长沙首次购房后，可申请3万元的购房补贴
	成都	2017年7月发布"人才新政十二条"，实施人才安居工程	45岁（含）以下本科及以上毕业生直接落户	符合标准的人才可申请人才公寓，满五年后可按入住时市场价格购买

（续表）

地区（城市）		政　策	人才引进落户学历要求	扶持措施
中西部	重庆	■ 2017年4月，启动引进海内外英才"鸿雁计划" ■ 2019年6月印发《重庆英才计划实施办法（试行）》	"鸿雁计划"引人的高端人才，签订三年及以上劳动合同即可落户	—
	郑州	2017年11月，郑州颁布"智汇郑州"人才工程政策	专科以上毕业生，职业（技工）院校毕业生，凭毕业证即可落户	对新引进落户的全日制博士研究生、35岁以下的硕士研究生、本科毕业生和技工院校预备技师（技师），三年内按每人每月1500元、1000元、500元的标准发放生活补贴。对符合上述条件的博士、硕士和"双一流"建设高校的本科毕业生，在郑州首次购房分别给予10万元、5万元、2万元购房补贴
	合肥	■ 2018年4月《关于进一步支持人才来肥创新创业的若干政策》 ■ 2018年8月《合肥市人才购房资格认定实施细则》	中专及以上学历可以凭毕业证、学历证明直接落户	租房补贴：博士2万元/年、35岁以下的硕士1.5万元/年、毕业三年内本科毕业1万元/年，大专和高职毕业生0.6万元/年

资料来源：各地政府网、新华网、人民网。

本章小结

在前面的章节中，我们论证过"转型"过程中的一些普遍规律，现实的"转型"过程中并不存在一成不变的路径。中国的转型之路还需要考虑自身的禀赋特征。

广阔的纵深腹地与梯队形的区域禀赋优势，使得中国转型相比其他经济体多了一个维度。转型过程中的产业跨区域迁移，实际上既达到了"先富带动后富"的目标，又带动了我国由南向北、由东向西，各省份之间层层传递的工业化路径。

自然形成的产业"雁形矩阵"使得我国抵抗外部风险的能力，明显高于其他经济体。东部近似"消费型"定位，中部近似"生产型"定位，西部近似"资源型"定位，这样的格局更容易形成本土全产业链的闭环。

中国的产业"雁形矩阵"已然成型，产业结构的转型升级一直在有条不紊地推进着。要客观认识中国经济的结构转型，不悲不喜、砥砺前行。

第四部分

掘金未来:"结构主义"兴起,重构投研框架

第九章

转型阶段传统"周期"框架逐渐失效

第一节
投研框架的转变：从"周期为王"到"结构主义"

一、缘于政策调控的经济周期性波动

在转型过程中，宏观经济和金融市场的运行规律相比以前都发生了巨大变化，传统分析框架对经济的解析力和投资的指引意义都在明显下降。"稳增长"等"快"变量对经济的影响开始变"慢"、效果变差；杠杆率、人口结构等"慢"变量对经济的影响却变得更"快"、更直接。基于这一变化的市场投资行为也与以前有了很大不同，传统的以"总量"分析为主的投研框架开始失效，"结构"的分化广泛存在于行业间、公司间。本书最后三章内容，主要就落脚于转型背景下投研框架的重构。

2011年之前，中国经济呈现明显的周期性波动特征。1995—2010年，中国共经历了5轮经济周期，平均每轮周期持续时间为3年左右（见图9-1）。在传统周期下，投资驱动的增长方式和重化工业主导的经济结构，是经济呈现周期性波动的微观基础。20世纪90年代到2010年前后，是我国快速工业化的阶段，工业部门（尤其是重工业部门）实现快速扩张；截至2010年前后，我国传统重工业部门的增加值占比已高达30%。工业部门多为重资产行业，本身就具有投资周期长、生产经营波动性大的特征，同时政策敏感度较高。政策调控目标在"就业"与"通胀"之间周期往复时，极易带动总量经济呈现出明显的"周期性"波动。

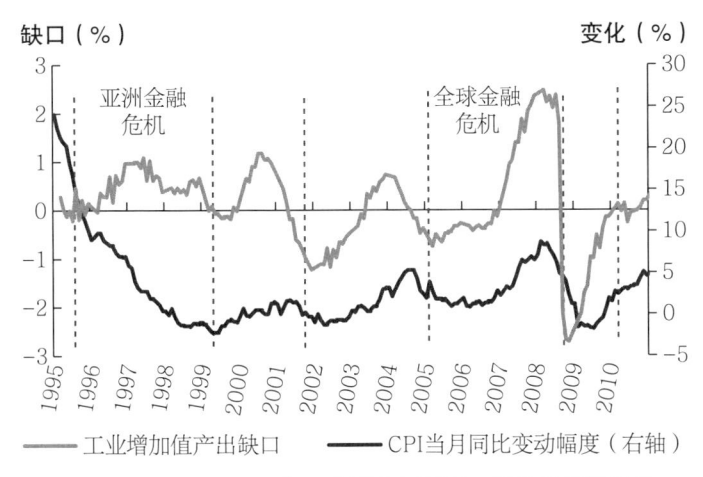

图 9-1　1995—2010 年，我国共经历了 5 轮传统经济周期

资料来源：国家统计局。

　　进口商品的分类占比也能很直观地反映中国的快速工业化过程中，重化工业主导的经济结构。1990 年前后至 2010 年前后，在中国的进口商品中，资源品占比持续快速提升，由 1995 年前后的 10% 左右提升至 2010 年的 30% 左右（见图 9-2）。原油和铁矿石等大宗原料占中国资源品进口额的一半以上，占中国总进口额的比重超过两成，主要用于满足国内石化、钢铁等重化工业的生产需求（见表 9-1）。随着中国重化工业的发展，钢铁、有色金属等产品自给能力上升，部分中间品进口需求随之下降；但与此同时，进口商品结构随国内产业结构一起呈现出了明显变化。1996 年，中国进口最多的是塑料和纺织机械零件，当时集成电路进口占中国总进口比重仅 1.9%，但伴随中国高技术制造业占比的上升以及对集成电路等核心部件需求的快速增长，到 2019 年集成电路进口额占中国总进口额的比重为 14.7%。

占比（%）

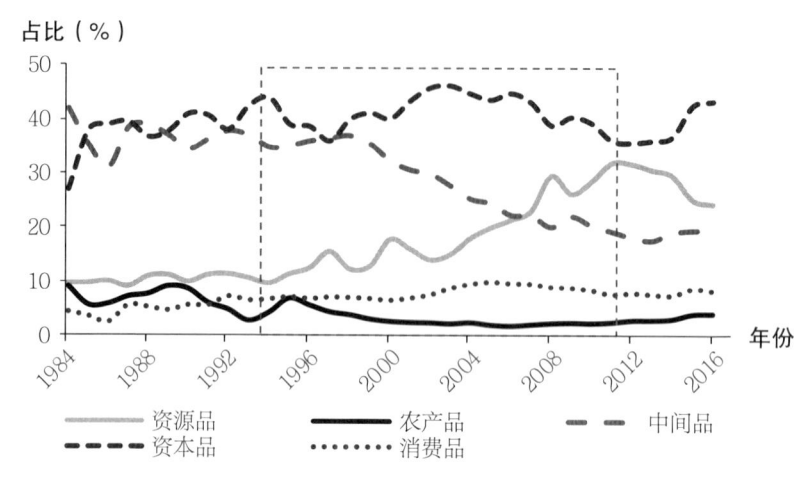

图 9-2　中国不同类型产品进口占比

资料来源：联合国货物贸易统计数据库（UNComtrade）。

表 9-1　中国资源品和中间品进口的主要品种

主要进口资源品及占我国进口总额比重				主要进口中间品及占我国进口总额比重			
1995 年		2019 年		1996 年		2019 年	
种类	占比（%）	种类	占比（%）	种类	占比（%）	种类	占比（%）
石油及制品	3.5	石油及制品	13.0	初级形状的塑料	4.9	集成电路	14.7
纺织纤维及废料	3.1	金属矿物及废料	8.5	纺织机械及零件	1.9	初级形状的塑料	2.6
金属矿物及废料	2.3	天然气	2.5	集成电路	1.9	自动数据处理设备及其部件	1.6
纸浆及废纸	0.6	煤和焦炭	1.1	自动数据处理设备的零件	1.4	汽车零配件	1.5
生橡胶	0.6	软木及木材	1.0	机械提升搬运装卸设备及零件	1.2	通断保护电路装置及零件	1.2

（续表）

主要进口资源品及占我国进口总额比重				主要进口中间品及占我国进口总额比重			
1995 年		2019 年		1996 年		2019 年	
种类	占比(%)	种类	占比(%)	种类	占比(%)	种类	占比(%)
软木及木材	0.4	纸浆及废纸	0.9	通断保护电路装置及零件	1.0	液晶显示板	1.0
天然气	0.3	生橡胶	0.5	纺织用合成纤维	1.0	二极管及类似半导体器件	0.9
生皮及生毛皮	0.3	纺织纤维及其废料	0.4	电视、收音机及无线电信设备的零附件	1.0	自动数据处理设备的零件	0.9
其他动、植物原料	0.2	天然肥料及矿物（煤、石油及宝石除外）	0.3	汽车零配件	0.8	纺织纱线、织物及制品	0.8
天然肥料及矿物（煤、石油及宝石除外）	0.1	其他动、植物原料	0.1	自动数据处理设备及部件	0.7	二甲苯	0.7

资料来源：海关总署。

在快速工业化的过程中，地产、汽车等终端需求的拉动也是重化工业快速扩张的重要原因。工业化的快速推进，加快了我国的城市化进程。人口大规模的迁移和向城市的集聚，带动了住房等耐用品消费需求的持续释放，地产和汽车等行业的高速扩张就主要发生在这个时段，并且对中上游的钢铁、水泥和有色金属等重化工业起到明显的拉动作用。以房地产行业为例，根据投入产出表进行估算，地产业及其能够拉动的上游关联产业占 GDP 的比重高达 10% 左右（见图 9–3），这里还没将地产下游相关需求统计在内，包括家具、家电与建筑装潢等。

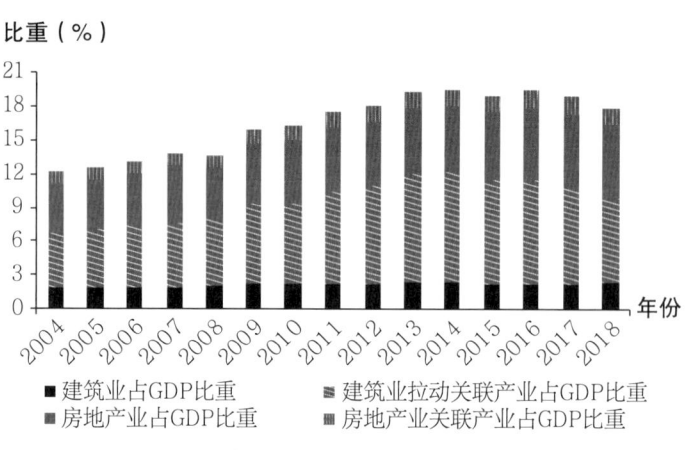

图 9–3　广义地产链增加值占 GDP 比重

资料来源：国家统计局。

在传统周期下，宏观政策在"就业"与"通胀"之间周期性往复，是经济呈现周期性波动的重要作用力。在传统周期下，CPI 通胀率攀升至 3% 以上时，宏观调控政策往往会相应收紧，经过连续一两个季度经济增速的下滑（尤其是企业利润转负之后），政策很快转向宽松（见图 9–4）。这背后的经济机理是很简单的，CPI 超过 3% 的信号作用很强，容易带动其他商品的跟涨、补涨。如果监管部门不及时压制这种势头，市场一旦出现"姜你军""蒜你狠"之类价格暴涨的现象，居民生活和社会稳定就会受到影响，资金脱媒的情况还会加剧，不利于金融体系的稳定。传统周期阶段的产业结构决定了收紧的宏观调控政策一般两个季度左右就能显现效果。经济的下行又会导致大量农民工集聚到城市，就业压力加大，"保就业"的需求开始提升。于是，劳动密集型的地产、基建业成为逆周期调控的重要手段（见图 9-5）。

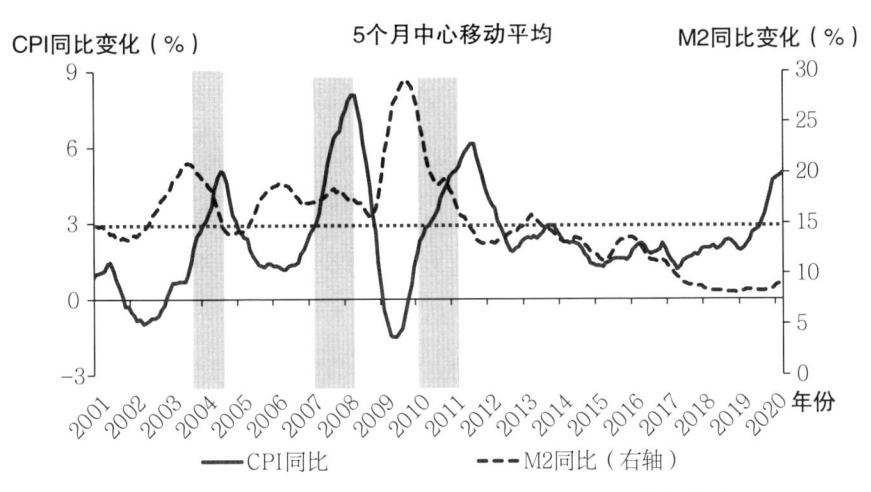

图 9-4 传统周期下，CPI 的变化与宏观调控政策的关系

资料来源：国家统计局、中国人民银行。

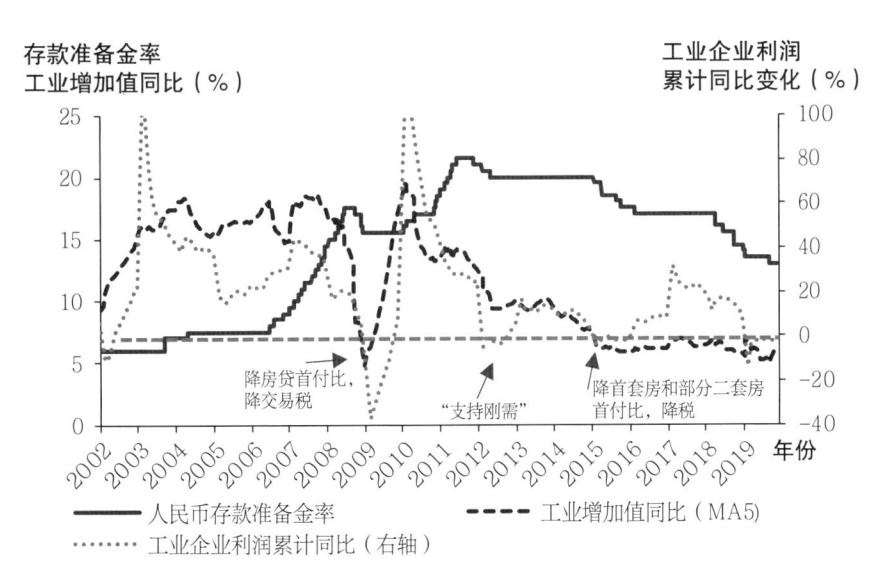

图 9-5 传统周期下，地产和基建是逆周期调控的重要手段

资料来源：国家统计局、中国人民银行、新华网。

案例

2010年物价形势分析

2010年前后，随着我国物价的一路飙升，调侃物价上涨的网络新词层出不穷。网友们乐此不疲，在网上极尽调侃之能事，这成了2010年不得不说的一大热门现象。从"蒜你狠"到"姜你军"，从"豆你玩"到"糖高宗"，从"药你苦"到"稀里针"，从"苹什么"到"玉米疯"……这一年里，农产品一路领涨物价，网络流行语的接力棒也从年初一直传到年尾。这背后是寻常百姓慨叹"所有物价都在上涨，只有工资悄无声息"的无奈，以及这份无奈背后的自我宽慰和解嘲。

"蒜你狠"可谓调侃物价上涨网络热词的鼻祖。从2009年开始，大蒜价格上涨。到2010年3月，大蒜价格疯涨数十倍。在太原的一些菜市场，蒜头身价更是上涨至每千克二十几元，直逼猪肉价格。于是，网友们借鉴陈小春《算你狠》的歌名，调侃出风行网络的"蒜你狠"一词。

紧随"蒜你狠"出现的是"豆你玩"。这个最早出现在相声表演艺术家马三立的作品《逗你玩》中的词汇，多年前便为国人所熟知。从2010年年初开始，绿豆一改往年每千克6元左右的行情，价格一路飙升至20元以上，在太原市场上甚至出现过24元每千克的天价绿豆。农民开始囤货待售，豆商开始囤积居奇。此时，恰恰快进入夏季，北方人有喝绿豆汤消暑的习惯，2010年的伏天，人们无论如何也不会想到，喝碗绿豆汤竟然成了"高消费"。

"豆你玩"之后，紧接着的就是"姜你军"。据新华社全国农副产品和农资价格行情系统监测，2010年6月下旬以来，全国生姜价格呈上涨趋势，涨速明显加快。7月14日至8月15日，全国生姜价格连涨33天至每千克13.14元，累计涨幅达18.2%。然后是"糖高宗"，10月9日，全国食糖现货价格指数历史性超越 6 000 元大关，达到 6 062 元，创下历史最高纪录。再然后，随着食用油、苹果、棉花、中药、玉米、煤炭等商品价格涨势的接连启动，相应的三字新词也随即出现，"油你涨""苹什么""棉里针"等词汇一个个应运而生。

面对物价上涨过快及由此引发的老百姓钱袋缩水的风险，政府频频出手，调控物价。国务院常务会议罕见地将目光投向菜价，指出当前农民"卖菜难"与居民"买菜贵"问题突出，并出台六条措施平抑菜价，被誉为"蔬菜国六条"。"蔬菜国六条"中的每一条具体措施，无不是从蔬菜的种植、流通、运输、消费等环节下手。

11 月 15 日，商务部蔬菜价格统计数据显示，当月上旬，18 种蔬菜平均批发价同比上涨 62.4%。数据一出，舆论哗然。政府随即出台了一系列力度更大的调控政策，例如实行菜地最低保有量制度，增加郊区蔬菜种植面积，增强本地蔬菜的供给能力，切实落实"菜篮子"市长负责制；对大型批发市场在社区开设蔬菜零售点给予政策扶持；对鲜活农产品继续实施绿色通道政策，并增加土豆等四种农产品为免收通行费的鲜活农产品。

除了全国通行的政策外，各地也根据实际情况制定了相应的稳定物价的措施。山西动用价格调节基金 5.13 亿元，对城乡低保对象、优抚对象、大中专院校家庭经济困难学生发放临时价格补贴。自 2010 年 11 月至 2011 年 3 月，向优抚对象、城乡低保对象、农村五保供养对象每人每月发放 30 元临时价格补贴；向农村低保对象每人每月发放 20 元临时价格补贴，向大中专院校在校学生按每人每月 10 元的标准直补学生食堂；对大中专院校家庭困难学生每人每月发放 30 元临时价格补贴。政府出手调控物价，是保证老百姓基本生活的重要途径。

（摘自陈海彬《经济学》第 36 页，西南财经大学出版社。）

在传统的经济周期下，政策调控的手段以总量调控为主，常用的手段包括基建投资的快速加码、地产政策的全面放松及以汽车和家电为代表的耐用品消费支持政策等。在传统周期阶段，我们经常看到的"稳增长"措施包括发改委项目审批加快，住建部发文松动地产政策，财政部减税降费或财政补贴，央行放松银根，各方协同发力。经济与政策循环往复、相互影响，经济运行表现出明显的周期性波动。而且，这种波动在企业库存和设备投资等行为上有所反映——前者以 3 年左右为一个周期，后者以 7~10 年为一个周期。

在传统经济周期下，企业库存随着经济波动呈现明显的周期性变化。"库存周期"常被用作短周期分析的重要工具。最近几年，尽管经常有人建议通过"库存周期"逻辑推演经济运行，但这事实上混淆了两者的因果关系。

企业在不同经济阶段会根据需求变化调整库存，但这种调整通常会滞后于需求两个季度左右（见图 9-6）。盈利变化是企业库存的核心驱动因素——无论是价格上涨的缘故，还是需求改善的预判，都可以带来盈利的持续改善，唯有如此企业才会有补库动力。在实际经济运行中，当需求和价格都不支持库存增加时，哪怕现有库存处于低位，补库行为也因缺乏动力而很难发生——只有价格上涨逻辑而没有需求改善支持的补库行为，只会昙花一现。

回顾历史，企业库存的周期规律性最为稳定的时段主要集中在 2003—2012 年，一般以 40 个月左右为一个周期轮回，其中主动补库阶段为四个季度左右。始于 2003 年、2006 年和 2009 年的 3 轮补库均发生在地产投资与出口环境明显改善的阶段，补库时长大幅缩短，补库幅度普遍较大。相较而言，始于 2000 年和 2013 年的补库分别由大宗原料涨价等因素触发，但由于终端需求始终较为疲弱，补库持续性和幅度也明显较

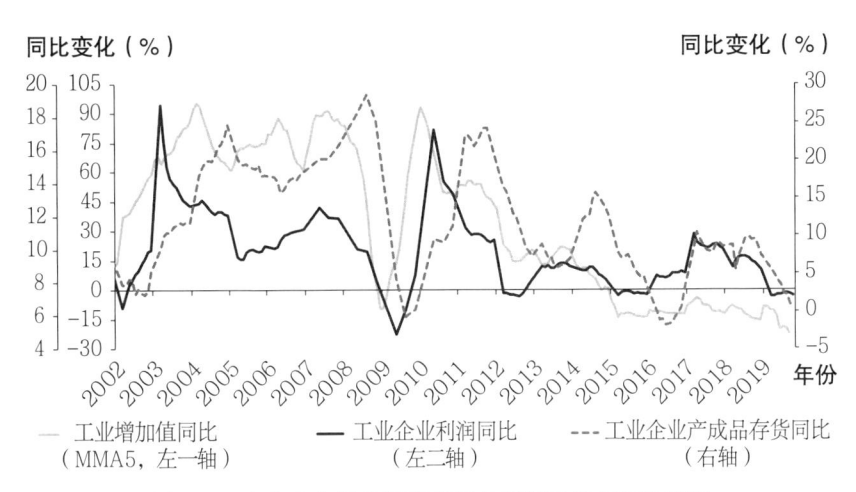

弱。2013年出现的补库行为只维持了不到两个季度。

图 9-6 企业库存行为等随经济呈现明显的周期性波动

资料来源：国家统计局。

二、转型阶段"周期"框架失效，"结构主义"兴起

2011年以后，随着投资增速趋势性回落及工业化率持续走低，经济的周期性明显弱化。2011—2015年为一个阶段，传统高耗能行业投资增速趋势性回落，带动总投资增速回落，投资回落又带动消费增速的走低，经济持续震荡下行。自2016年起，传统高耗能行业的投资增速降至相对低点之后窄幅波动。在供给侧结构性改革的政策背景下，即便行业盈利有所改善，企业一般也不进行产能扩张。周期性行业的"周期性"弱化是经济变"平"的重要原因。

与此同时，随着传统工业经济份额持续下滑，服务业逐渐成为中国经济中占比最高的产业部门。弱周期性的第三产业是降低经济周期性波动的第二个重要原因。在GDP构成中，第三产业的占比从2011年的44%持续提升至2019年的54%，已经成为国内经济占比最高的部门；第二产

业占比则一路下行，从 2011 年的 47% 降至 2019 年的 39%。

在传统经济周期下，企业的库存行为是加剧经济波动的变量。然而，产业结构的变化也在进一步削弱库存的周期性波动。库存周期性特征较为显著的行业，以煤炭、钢铁、有色金属和建材等中上游资本密集型行业为代表。然而，随着经济结构转型，这类强周期行业在国民经济中的占比明显下降，周期性也明显弱化（见图 9-7）。在高科技制造业这一工业增加值占比快速上升的板块，库存行为的周期性特征总体偏弱。

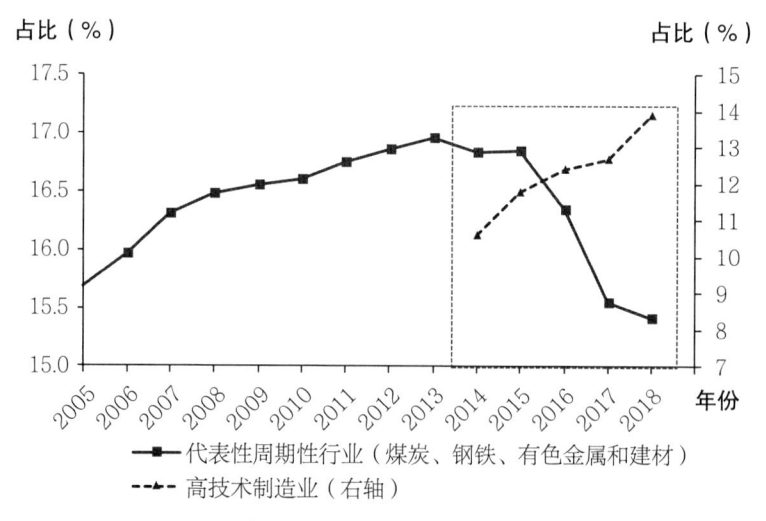

图 9-7 我国不同类型行业占工业增加值比重

资料来源：国家统计局投入产出表。

经济发展阶段不同，政策思路也在动态调整。我国当前的经济政策思路就是淡化总量目标，重心转向加快"新旧动能转换"。政策思路的这一变化，进一步削弱了经济的周期性波动。2015 年年底，中央首次正式提出"供给侧结构性改革"。2016 年以来的宏观调控政策思路一直强调以"供给侧结构性改革"为主线和"稳中求进"的政策主基调。在经济下行压力较大之时，决策层依然保持理性克制，紧紧抓住"调结构"这个

"牛鼻子"，坚决不走老路。在现有宏观背景下，走老路确实也行不通。

基建投资也跟过往有所不同。以新一代信息技术为核心的新型基建兼有"稳增长"与"促转型"双重作用，成为国家重点支持的投资方向。新型基建的范畴包括5G网络、工业互联网、大数据中心、人工智能等七大重点领域，它们既符合产业转型升级方向，也是释放居民新兴消费潜力的重要基础。但从严格意义上讲，这些并不是传统意义上的基建投资，很大部分是要计入制造业投资项的。在新型基建的带动下，2019年电子通信设备制造、计算机办公设备制造、高技术制造等行业的投资增速都接近20%，远高于制造业3%的平均投资增速。

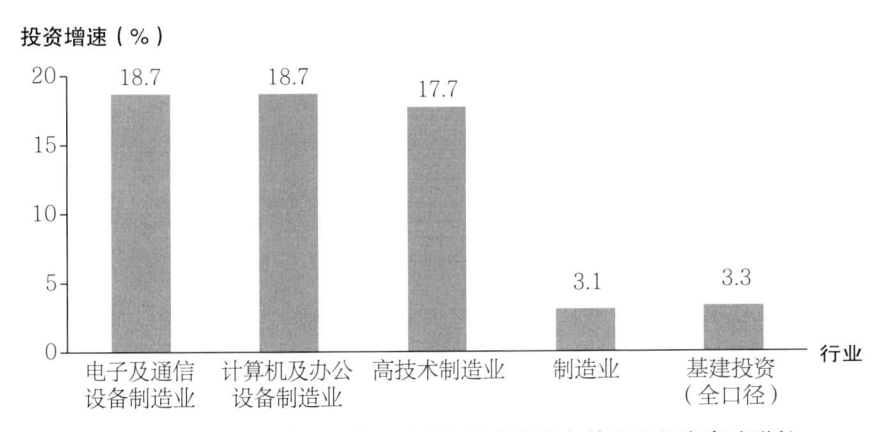

图 9-8　2019 年，电子通信、计算机及办公设备等行业投资高速增长

资料来源：国家统计局。

与补短板和惠民生密切相关的污染防治、扶贫等领域，也是基建投资结构性发力的重点（见图 9-9）。对于经济发展处于不同阶段的区域而言，"补短板"的具体内涵有一定差别：东部地区的城市轨道等区域一体化设施、市政建设、生态环保等民生相关领域是基建发力的重点；中西部地区的铁路运输、高速公路、水利和扶贫基础设施发展不足，是"补短板"的重点领域，因此中西部地区的农林水事务支出增长较快，年均复合增

速接近 10%（见图 9-10）。

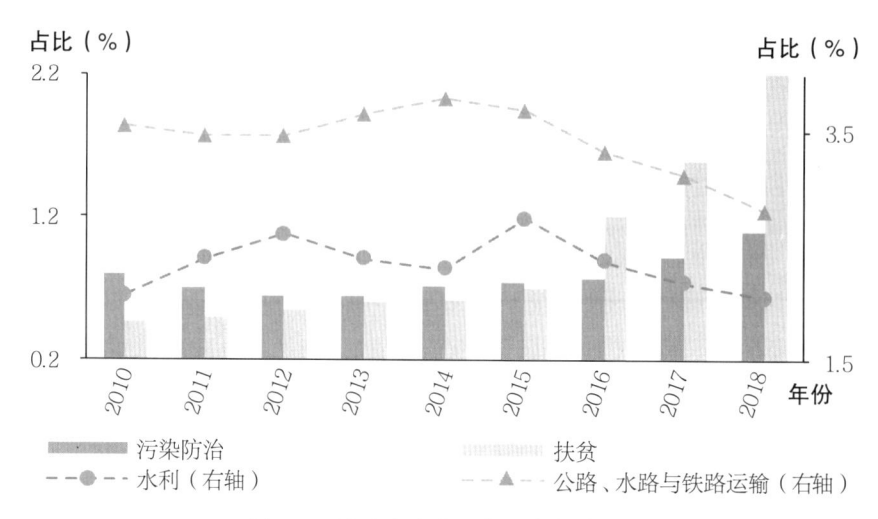

图 9-9 财政支出分项占总支出的比重

资料来源：国家统计局。

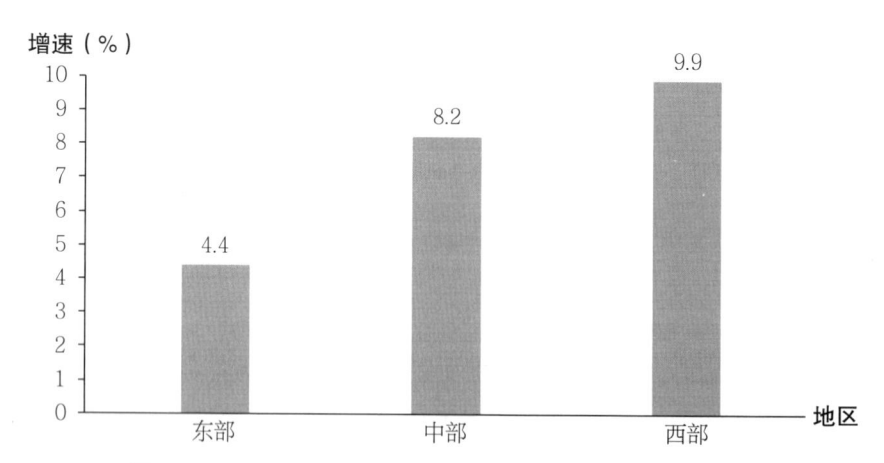

图 9-10 2015—2018 年分区域农林水事务支出年均复合增速

资料来源：国家统计局。

第二节
面对外部冲击，政策保持战略定力，不走老路

一、中美贸易摩擦背景下，减税激发活力，外需腾挪对冲

"转型"的过程并不是一帆风顺的，除了国内经济运行层面可能遇到各种问题，外部阻力也不容忽视。

自特朗普 2017 年上任以来，美国政府公开将中国定位为主要"战略竞争对手"，并在全球推行贸易保护主义政策。2017 年以来，中美贸易摩擦不断升级（见图 9-11），中国经济转型遭到空前的外部阻力。

2017 年 8 月，美国首先宣布对中国发起"301"调查。2018 年 3 月，美国公布对中国"301"调查结果，以知识产权问题发难，指责中国存在不公平收购美国技术的行为和政策，构筑非关税壁垒。随后，特朗普签署总统备忘录，宣布将依据"301 调查"结果，对从中国进口的商品大规模征收关税，并限制中国企业对美投资和并购。2018 年 6 月，美国公布对中国首批 340 亿美元输美商品征税清单，宣布自 7 月 6 日起开始征税；2018 年 8 月，美国公布对中国 160 亿美元输美商品征税清单，宣布自 8 月 23 日起开始征税。2018 年 9 月，美国再次升级贸易保护措施，宣布计划对中国 2 000 亿美元输美商品加征 25% 关税。

2018 年 12 月，中美两国元首在阿根廷 G20 峰会上举行会晤，双方达成一致，暂缓互相加征关税。2019 年 1 月至 5 月，中美双方先后举行了 8 轮经贸磋商。但 5 月中旬在双方仍在谈判之时，美国单边宣布重新上调对中国输美商品的关税税率。2019 年 5 月 10 日，美国将中国 2 000 亿美元输美商品税率从 10% 上调至 25%；5 月 13 日，美国公布对中国剩余 3 000 亿美元输美商品征税清单。2019 年 6 月，中美两国元首在日本 G20

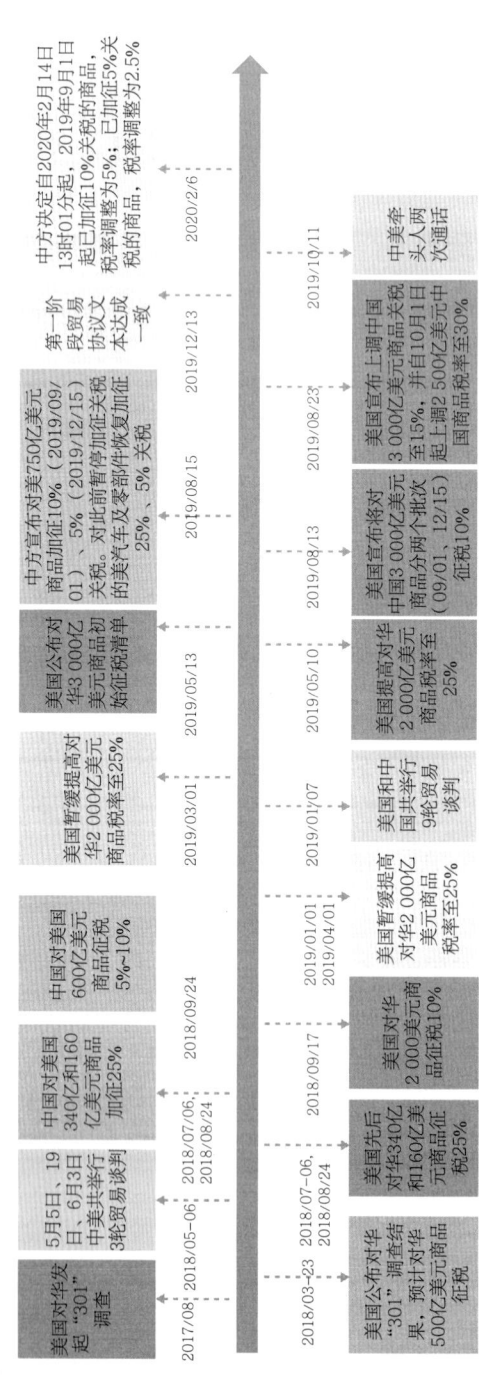

图 9-11 中美贸易 2017—2019 年核心事件、关键时点梳理

资料来源：http://www.usa.gov/。

峰会上再次举行会晤，双方决定暂停升级贸易摩擦。但在 7 月底，美国又一次单边宣布重新对中国输美商品加征关税。7 月 31 日，美国宣布将从 9 月起对中国剩余 3 000 亿美元输美商品加征关税 10%；8 月 23 日，美国宣布将中国对美 5 500 亿美元出口商品的关税税率全部上调 5 个百分点。

自 2018 年年中以来，随着不同批次清单商品征税措施陆续落地，我国在美清单内的商品的出口增速大多出现了大幅下挫。我国电气机械、金属制品、计算机通信电子制造等行业的出口交货值占营业收入的比重均处于较高水平，其中计算机通信电子制造业的这一比值更是高达 50%，对出口依赖度较高。美国对华征税较早的三批商品，以电子零部件等中间品为重点，相应商品的出口受影响较为明显。各批次产品在正式征税后，出口普遍明显走弱，同比跌幅在 4 至 6 成，之后的反弹幅度也十分有限（见图 9–12）。

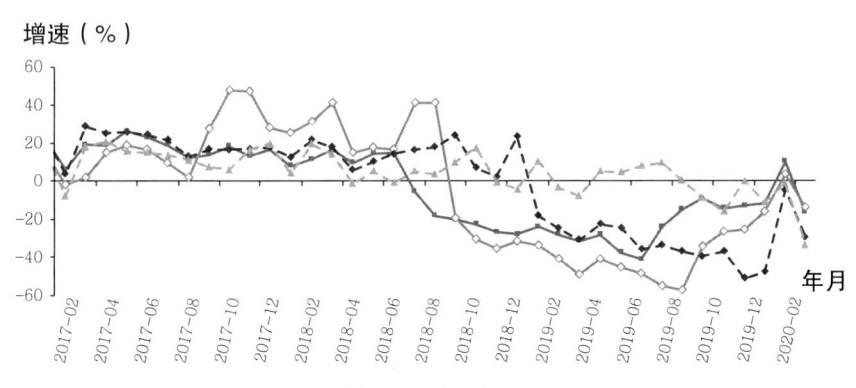

图 9–12　美国分项产品从中国进口同比增速

资料来源：美国国际贸易委员会。

针对外部冲击的升级，我国决策层始终保持理性克制，没有通过走老路的方式刺激经济，而是更加注重结构引导：一方面，开拓"一带一路"沿线经济体市场需求进行腾挪对冲，并结构性加大出口退税等支持措施。以此兼顾"稳外贸"与"调结构"；另一方面，通过加大减税降费力度来激活企业活力。

2019 年，虽然我国对美国出口增速大幅下跌了 12.5%，但总出口依然实现了小幅增长（0.5%）。其中，对东盟、"金砖"国家及"一带一路"沿线国家出口快速增长（见图 9–13），尤其是对东盟国家逆势保持了两位数的增幅（见图 9–14），这对我国总出口的拉动作用非常显著。事实上，自 2013 年"一带一路"倡议以来，中国与"一带一路"沿线国家签订合作协议的数量快速增加，贸易规模也在持续扩张，对其出口占中国总出口额的比重由 2013 年的 25.7% 上升至 2017 年的 28.1%[①]。2019 年，在中美贸易摩擦的背景下，中国加快了与"一带一路"沿线国家合作项目的实施，同时加大沿线新兴市场的开拓力度，这在一定程度上缓解了对美出口额下降对经济基本面的不利影响。

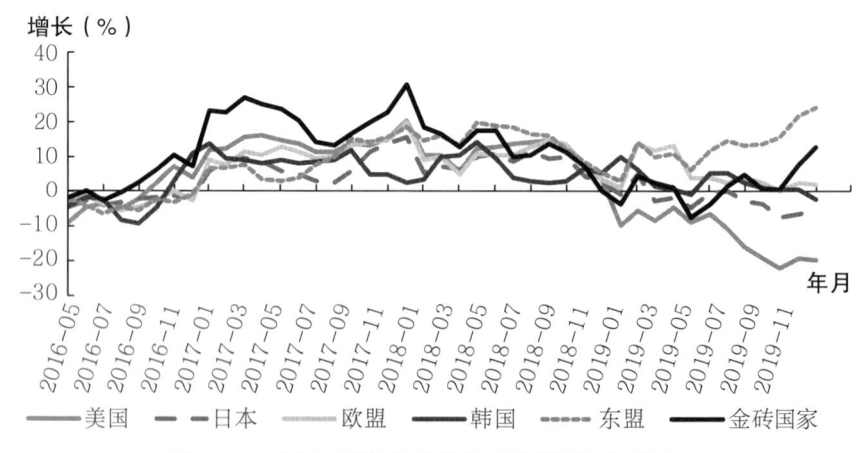

图 9–13　中国对不同经济体出口当季同比变动情况

资料来源：中国海关总署。

---

① 数据来自《"一带一路"建设发展报告（2019）》，书中数据截至 2017 年。

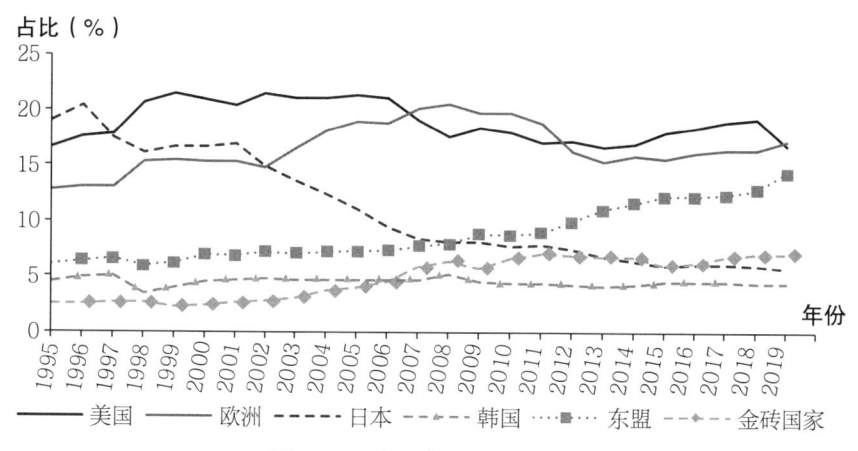

图 9-14 中国出口的主要去向

资料来源：中国海关总署。

2018年下半年，中国针对性地适度提高了对机械、电机和光学设备等出口商品的退税率[①]，"两高一资"[②]和面临去产能任务的产品的出口退税政策维持不变，在"稳外贸"的同时引导企业调整投资方向，促进产业结构继续转型升级（见图 9-15）。与此同时，中央政府密集出台政策对国内企业大规模减税（见表 9-2）。据财政部统计，2018年国家为企业和个人减税降费超过 1.3 万亿元，规模创新高；2019 年进一步减税降费 2.36 万亿元，再创新高。其中，对广大居民的减税政策以上调个税起征点为主，通过"减税→居民收入→消费"的传导逻辑支持消费；对企业的减税则包括提高研发费用加计扣除比例，扶持小微企业发展等，通过"减税→企业赢利→资本开支"的传导逻辑激活企业活力。

[①] 我国于 1985 年正式确立出口退税制度，此后根据经济形势、外贸情况和财政承担能力做过多次调整。当外需出现较大不确定性时，我们可以通过提高出口退税率等方式起到稳外贸的作用，待外需形势好转之后再降低出口退税率。

[②] "两高一资"产品是指生产过程中具有高耗能、高污染和资源性特点的产品。国家对这类产品实行出口限制，自 2006 年开始取消了部分资源性产品的出口退税。

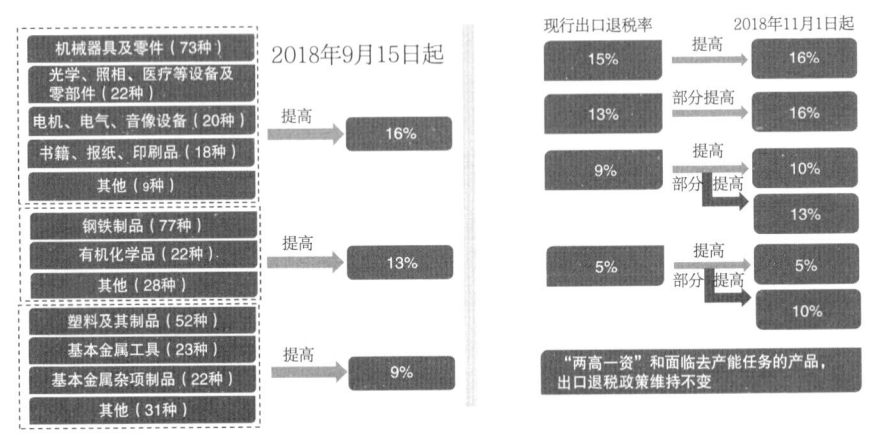

图 9-15　2018 年中国加大出口退税政策调整力度

资料来源：中国政府网。

表 9-2　2018—2019 年我国各项减税降费措施密集落地

日　期	会议或文件	主要内容	减免规模
2018 年 3 月 28 日	国务院常务会议	■ 从 2018 年 5 月 1 日起，下调 17% 和 11% 两档增值税税率，统一增值税小规模纳税人标准 ■ 对装备制造等先进制造业、研发等现代服务业符合条件的企业和电网企业在一定时期内未抵扣完的进项税额予以一次性退还	4 000 多亿元
2018 年 4 月 4 日	国务院常务会议	■ 将阶段性降低企业职工基本养老保险单位缴费比例、失业保险及工伤保险费率政策期限延长至 2019 年 4 月 30 日 ■ 完善工程建设领域农民工工资保证金制度，在房屋建筑和市政设施工程中推广使用银行保函 ■ 重大水利工程建设基金征收标准自 7 月 1 日起按原标准再降低 25% ■ 将企业缴纳的残疾人就业保障金标准上限从不超过当地社会平均工资 3 倍降至不超过 2 倍 ■ 清理规范物流、能源等收费，确保一般工商业电价平均降低 10%	3 000 多亿元

（续表）

日　期	会议或文件	主要内容	减免规模
2018年4月25日	国务院常务会议	■ 将享受当年一次性税前扣除优惠的企业新购进研发仪器或设备的单位价值上限从100万元提高到500万元 ■ 将享受减半征收企业所得税优惠政策的小微企业年应纳税所得额上限从50万元提高到100万元 ■ 取消企业委托境外研发费用不得加计扣除限制 ■ 将高新技术企业和科技型中小企业亏损结转年限由5年延长至10年 ■ 将一般企业的职工教育经费税前扣除限额与高新技术企业的限额统一从2.5%提至8% ■ 从5月1日起，将对纳税人设立的资金账簿按实收资本和资本公积合计金额征收的印花税减半，对按件征收的其他账簿免征印花税 ■ 将目前在8个全面创新改革试验地区和苏州工业园区试点的创业投资企业和天使投资个人投向种子期、初创期科技型企业按投资额70%抵扣应纳税所得额的优惠政策推广到全国	600多亿元
2018年5月16日	国务院常务会议	■ 从2018年5月1日至2019年12月31日对物流企业承租的大宗商品仓储设施用地减半征收城镇土地使用税 ■ 从2018年7月1日至2021年6月30日对挂车减半征收车辆购置税	120多亿元
2018年7月23日	国务院常务会议	将企业研发费用加计扣除比例提高到75%的政策由科技型中小企业扩大至所有企业	877.96亿元
2018年8月30日	国务院常务会议	■ 对因去产能和调结构等政策性停产停业企业给予房产税和城镇土地使用税减免；对社保基金和基本养老保险基金有关投资业务给予税收减免；对涉农贷款量大的邮政储蓄银行涉农贷款利息收入，允许选择简易计税方法按3%的税率缴纳增值税	450多亿元

（续表）

日　　期	会议或文件	主要内容	减免规模
		■ 从 2018 年 9 月 1 日至 2020 年底，将符合条件的小微企业和个体工商户贷款利息收入免征增值税单户授信额度上限，由此前已确定的 500 万元进一步提高到 1 000 万元 ■ 对境外机构投资境内债券市场取得的债券利息收入，暂免征收企业所得税和增值税，政策期限暂定 3 年，完善提高部分产品出口退税率	
2018 年 8 月 31 日	第十三届全国人民代表大会常务委员会第五次会议	自 2018 年 10 月 1 日起将个税基本减除费用标准由 3 500 元提高到 5 000 元并适用新税率表。2019 年 1 月 1 日起，增加子女教育、继续教育、大病医疗、普通住房贷款利息、住房租金、赡养老人支出 6 项专项附加扣除	4 480.84 亿元
2018 年 9 月 26 日	国务院常务会议	从 2018 年 11 月 1 日起，降低 1 585 个税目商品的进口关税税率，并对同类或相似商品减并税级	近 600 亿元
2019 年 1 月 17 日	《关于实施小微企业普惠性税收减免政策的通知》	对小微企业按 20% 的税率缴纳企业所得税，年应纳税所得额不超过 100 万元、100 万元到 300 万元的部分，分别减按 25%、50% 计入应纳税所得额，使税负降至 5% 和 10%。对增值税小规模纳税人，将增值税起征点由月销售额 3 万元提高到 10 万元	约 2 000 亿元
2019 年 3 月 20 日	《关于深化增值税改革有关政策的公告》	将制造业等行业现行 16% 的税率降至 13%，将交通运输业、建筑业等行业现行 10% 的税率降至 9%，允许生产、生活性服务业纳税人按照当期可抵扣进项税额加计 10%，抵减应纳税额。确保所有行业税负只减不增	10 000 多亿元
2019 年 4 月 1 日	《降低社会保险费率综合方案》	■ 下调城镇职工基本养老保险单位缴费比例，各地可降至 16% ■ 延长阶段性降低工伤保险费率、失业保险费率的期限至 2020 年 4 月 30 日 ■ 调整就业人员平均工资计算口径，核定调低社保缴费基数	3 000 多亿元

（续表）

日　期	会议或文件	主要内容	减免规模
2019年4月3日	国务院常务会议	减免不动产登记费等多项行政事业性收费，降低移动网络流量和中小企业宽带资费全年约1 800亿元，降低一般工商业平均电价，下浮铁路货物执行运价，减并港口收费，取消公民身份信息认证收费等	3 000多亿元

资料来源：中国政府网、财政部。

"稳增长"的相关措施，主要集中在"补短板""增后劲""惠民生"等方面，更强调结构性，而非传统意义上的"大干快上"。其中，"补短板"的内涵很广，拿基建补短板来说，不同发展阶段的地区需求会有所不同，东部地区以轨道交通和市政建设等新型基建为代表，中西部地区则以高速公路、水利能源和乡村建设等传统基建为代表。"增后劲"的方向更多与产业结构转型有关。

2018年下半年，很多地方政府密集出台了符合当地产业发展方向的支持规划（见表9–3）。其中，多数地区将支持重点集中在高端装备制造、人工智能、集成电路和大数据等新兴产业领域；以传统产业为主的一些中西部省份（比如山西省）则着重推进传统产业技术改造，促进产业转型升级。各地在力求政策保持稳定的同时，反复强调"防风险"，坚决不走老路。

表9–3　2018年下半年地方政府密集出台的相关产业政策

日期	文件或会议	主要内容
2018年6月28日	《天津市关于加快推进智能科技产业发展若干政策的通知》	抢抓智能科技产业发展的重大战略机遇，加强政策引导和扶持，聚焦智能终端产品、传统产业智能化改造及智能化应用等智能科技重点领域，加大对互联网、云计算和大数据等"软产业"的支持力度，壮大智能科技产业，抢占发展制高点，推动天津实现高质量发展

（续表）

日期	文件或会议	主要内容
2018年7月9日	《山西省传统产业绿色化改造行动方案》	以示范试点为抓手，在传统产业开展绿色园区和绿色工厂创建，培育绿色设计产品，加大以清洁生产为重点的绿色改造力度，提高传统产业绿色化水平
2018年7月10日	《关于推进文化创意产业创新发展的意见》（北京市）	要大力发展包括动漫游戏在内的九大重点领域，支持举办高品质、国际性的电子竞技大赛，促进电竞直播等网络游戏产业健康发展
2018年7月24日	《关于加快培育先进制造业集群的指导意见》（江苏省）	重点培育13个先进制造业集群，力争打造若干"拆不散、搬不走、压不垮"的产业"航空母舰"，着力增强江苏经济整体竞争力
2018年8月1日	《甘肃省新一代人工智能发展实施方案》	以提升新一代人工智能科技创新能力为主攻方向，加强智能理论研究，拓展人工智能应用。大力发展人工智能新兴产业，包括智能软件、智能机器人、智能元器件等，并推动人工智能与各行业融合创新
2018年9月15日	《重庆市集成电路技术创新实施方案（2018—2022年）》	重点集中在"5+1"领域，即智能终端、物联网、汽车电子、智能制造、仪器仪表等优势应用领域和5G通信新兴应用领域，分阶段布局，逐步完善。突破设计、制造、封测、材料等四大集成电路产业板块的关键技术，技术可控性强
2018年10月22日	《天津市新一代人工智能产业发展三年行动计划（2018—2020年）》	加快打造"天津智港"，统筹利用各项财政资金，发挥100亿元智能制造财政专项资金的引导作用，从智能产品开发、核心基础攻关、公共平台搭建和应用示范推广等方面给予重点倾斜，支持人工智能企业发展
2018年10月26日	《山东省高端装备制造业发展规划（2018—2025年）》	聚焦重点领域，实施创新能力提升工程、重大装备领跑工程和产业集群建设工程等"七大工程"。培育济南、青岛和烟台三大核心区，打造集聚胶济铁路和京沪铁路沿线的产业带，加快构建"三核引领、一带支撑"全面升级的高端装备产业发展新格局

（续表）

日期	文件或会议	主要内容
2018年10月29日	《上海市推进新一代信息基础设施建设助力提升城市能级和核心竞争力三年行动计划（2018—2020年）》	加快构建技术多样、主体多元、模式创新的新一代信息基础设施供给格局，打造"连接、枢纽、计算、感知"四大支柱体系，支撑经济发展并服务社会民生。到2020年年底，上海新一代信息基础设施基本形成技术先进、模式创新、服务优质、生态完善的总体布局
2018年11月15日	《河南省促进大数据产业发展若干政策》	行业性数据中心用电价格在现有基础上减半；对符合综合性工业互联网平台奖补条件的，一次性奖补2 000万元；符合行业工业互联网平台奖补条件的，一次性奖补1 000万元；每年从省先进制造业发展专项资金中安排1 000万元，采取"以奖代补"的方式支持全省宽带网络基础设施建设

资料来源：中国政府网、新华社。

二、全球疫情背景下，防疫与"稳增长""防风险"的平衡

2020年上半年，新冠肺炎疫情在全球范围内大蔓延，导致全球主要经济体普遍出现了经济活动的阶段性停摆。疫情对我国经济造成了巨大冲击，一季度中国GDP同比增速下滑6.8%（见图9-16），为1992年有季度数据以来单季GDP首次出现负增长，三大产业普遍负增长，其中第二产业下跌9.6%，跌幅最大。随着五六月份我国疫情逐步缓解，国内经济活动开始有序修复，但海外疫情的蔓延通过外需链条对国内经济的拖累开始显现。

新冠肺炎疫情对我国经济的冲击，远甚于2003年SARS（重症急性呼吸综合征，俗称"非典"）疫情的影响。疫情的发生使得政府在"稳增长""调结构""防风险"等多重经济目标之间平衡的压力增大了。SARS暴发时，我国正处于"追赶红利"快速释放的阶段，以加入WTO为契机，快速推进工业化和城市化进程；相比之下，2020年处于"转型攻坚"

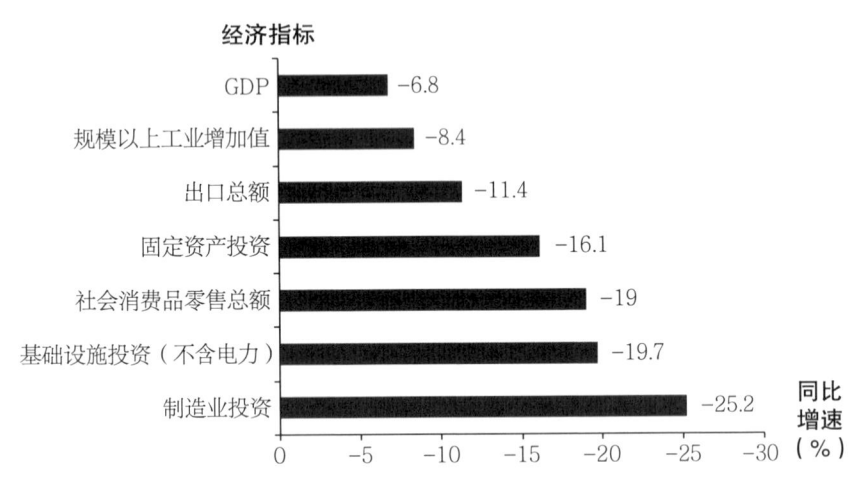

经济指标	同比增速（%）
GDP	-6.8
规模以上工业增加值	-8.4
出口总额	-11.4
固定资产投资	-16.1
社会消费品零售总额	-19
基础设施投资（不含电力）	-19.7
制造业投资	-25.2

图 9-16 2020 年一季度中国主要经济指标同比增速大幅下挫

资料来源：国家统计局。

阶段，增长潜能明显低于 2003 年。从企业层面来看，在连续多年的债务扩张下，高杠杆已对现金流自由度产生了明显压制，持续的停摆让很多企业遭遇生存问题，尤其以债务压力大、现金流依赖度高的企业为甚。根据清华大学与证监会的联合调研结果[①]，75.9% 的企业经营受到疫情冲击，出现资金周转困难、现金流紧张等问题。其中小微企业受影响最大，为缓解资金压力，超过两成的小微企业计划或已经裁撤了部分员工，近四成企业计划或已经关闭生产设施，超过六成企业计划缩减 2020 年投资（见图 9-17）。

在国内外疫情错位、外需承压的背景下，"稳增长"的政策着力点转向以内需为主，手段上也与传统周期大为不同。传统"稳增长"政策最重要的两个抓手莫过于基建和地产，新一轮"稳增长"的政策逻辑则明

---

① 2020 年 2 月 14 日至 2 月 21 日，清华大学五道口金融学院联合中国证监会上市部就新冠肺炎疫情对企业的影响进行问卷调查，图 9-17 的数据源于调研结果。

显是重基建、轻地产（见表 9-4）。先看基建投资，各地自 2020 年 2 月以来着重推进存量项目加快开工，引导加快新增项目的规划和储备；同时，财政部在一季度还提前下达了 1.8 万亿元地方债新增限额，从资金层面加大支持力度。在项目方向上，以 5G 通信和工业互联网等为代表的新型基建项目被着重强调，所获得的支持力度较大，同时传统基建项目也在有序推进，以中西部的收费公路和铁路等基础设施为主要方向。

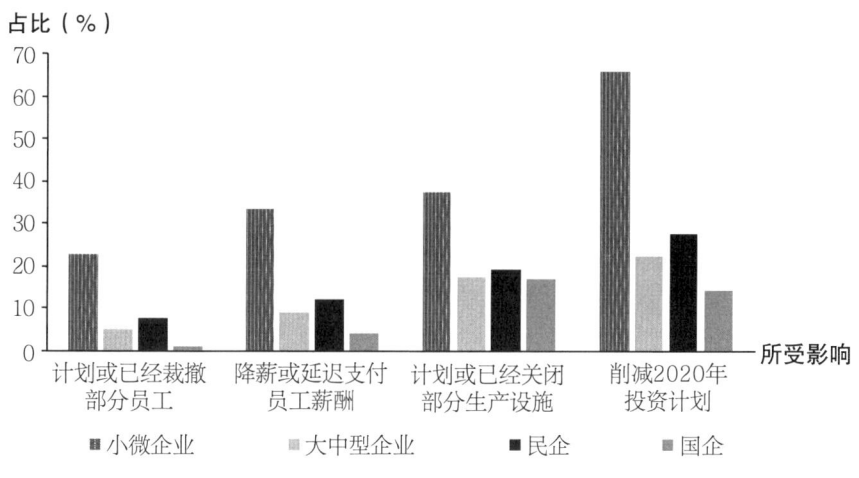

图 9-17 疫情对企业经营的影响

资料来源：清华大学与证监会联合调研结果。

表 9-4 疫情下政策发力"稳投资"，更加侧重基建而非地产

政策方向	日 期	会议或部门	政策措施
基建	2020 年 2 月 12 日	中共中央政治局常委会会议	要聚焦重点领域，优化地方政府专项债券的投向，用好中央预算内投资，调动民间投资的积极性，加快推动建设一批重大项目
	2020 年 3 月 26 日	工信部通知	加快 5G 网络、物联网、大数据、人工智能、工业互联网和智慧城市等新型基础设施建设，加快制造业智能化改造

（续表）

政策方向	日期	会议或部门	政策措施
	2020年3月31日	国务院常务会议	要进一步增加地方政府专项债规模，扩大有效投资"补短板"，加快重大项目和重大民生工程建设
	2020年4月17日	中共中央政治局会议	要积极扩大有效投资，实施老旧小区改造，加强传统基础设施和新型基础设施投资
地产	2020年2月21日	金融市场工作电视电话会议	保持房地产金融政策的连续性、一致性和稳定性，继续"因城施策"，落实好房地产长效管理机制，促进市场平稳运行
	2020年4月17日	中共中央政治局会议	要坚持"房子是用来住的、不是用来炒的"定位，促进房地产市场平稳健康发展

资料来源：中国政府网。

地方政府加快出台的重大项目规划也在向新型基建和新兴产业明显倾斜。例如上海公布的152个重大项目中，科技产业类项目42个，包括半导体、电子元器件等信息技术产业硬件设备制造；河南的980个重点项目中，数字经济与先进制造业以及现代服务业项目占比达到66%，比2019年提高9个百分点（见图9–18）。总体来看，各省市的重大项目普遍注重新一代信息技术等新经济的发展。

"补短板"也是地方基建的重要发力点。由于不同区域所处的发展阶段不同，"补短板"的侧重点也有所差异。东部地区的"补短板"项目主要集中在医疗卫生、教育和居民保障等领域；西部地区由于传统基建设施仍有短板，高速公路等"补短板"基建项目规模依然较大。如图9–19所示，东部代表性地区以北京为例，西部代表性地区以云南为例；北京高精尖产业项目中的先进制造（40个）和服务业（28个）及民生改善项目中的教育（22个）和医疗（22个）项目数量相对较多；在云南2020年重大项目总投资中，高铁、高速公路、机场等传统基建在建的项目和计

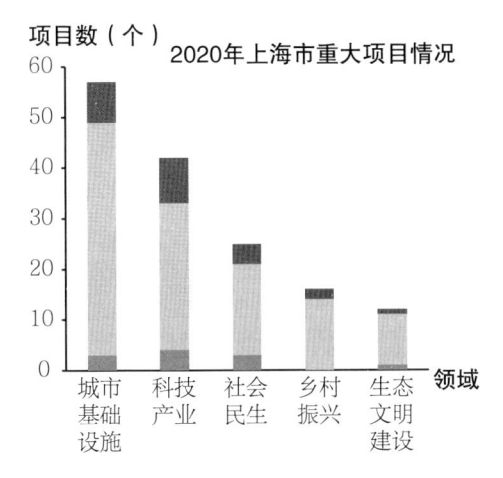

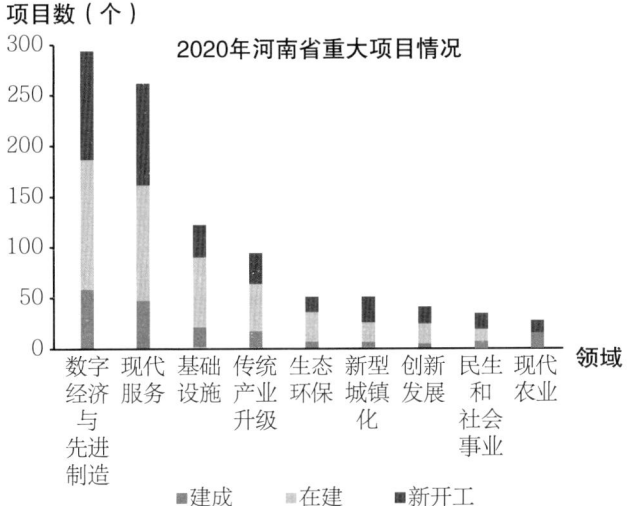

图 9-18 地方政府重大项目向新型基建和新兴产业倾斜

资料来源：地方政府网。

划新开工的项目规模仍然较大，其他包括一些"互联互通"、5G 网络等新型基建和新兴产业。

自 2020 年 2 月以来，多个城市陆续调整了房地产政策，试图从不同维度为房地产业松绑。从具体措施来看，多数城市出台的房地产政策着力于企业端，通过延缓土地出让金缴纳、降低土地竞买保证金比例或延

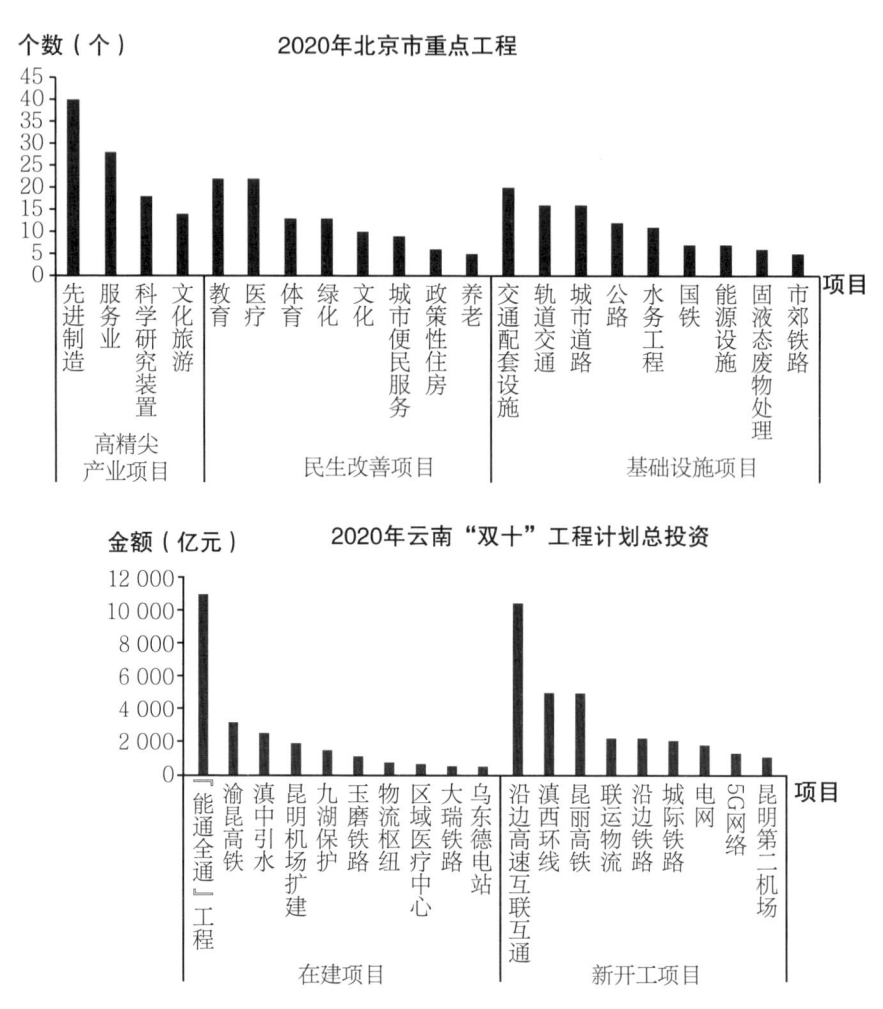

图 9-19 不同区域的"补短板"侧重点有所差异

资料来源：地方政府网。

长土地开竣工期限要求等办法为企业"节流"，另一些城市则通过降低房企预售要求或推进期房入市销售等进行"开源"（见表 9-5）。从需求端调控来看，本轮房地产政策调控的思路与传统周期大相径庭，中央层面自始至终坚持"房住不炒"的政策基调，房地产政策更多是"因城施策"式调整，不同能级城市之间存在明显差异。例如，宜宾和马鞍山等部分

三、四线城市直接对购房者给予契税补贴或购房补贴；杭州、青岛和天津等新一线城市则主要通过人才落户或公积金等政策进行微调。3月，海南进一步收紧房地产调控力度，也是"因城施策"的重要体现。

表 9-5 政策发力"稳投资"，更加侧重基建而非地产

政策类型		日期	城市	政策措施
企业端	土地政策（延期缴纳土地款，降低竞买保证金比例，延长地块开竣工期限要求等）	2020年3月11日	珠海	支持房企共渡难关的主要措施包括优化预售资金管理，阶段性降低土地竞买履约保证金，分期缴纳土地出让价款及容缺办理相关施工手续等
		2020年3月17日	大连	对已取得施工许可但因疫情影响不能按照原定时间开工的建设项目，施工许可证有效期延长至2020年3月底。对符合条件的企业实行年度投标保证金制度，缓解企业资金压力
		2020年3月24日	重庆	推出土地出让预公告制度，对符合要求的地块提前发布拟出让信息，内容包括地块规模与容积率等，以方便企业了解地块情况并做好研判
	降低房企预售要求	2020年3月17日	绵阳	按提供预售的商品房计算，投入开发建设的资金达到工程建设总投资的25%以上，工程形象达到正负零，并且已明确施工进度和竣工交付日期的，可予以办理商品房预售许可
	降低房企预售要求	2020年3月23日	武汉	2020年10月1日以前取得施工许可证的房地产开发项目，其开发投资额达到25%以上，且高层建筑形象进度达到1/4以上或者多层（含六跃七层）及低层建筑形象进度达到正负零，即可申请办理预售许可
	融资支持	2020年3月5日	焦作	引导银行业金融机构对房地产企业保持信贷适度增长

（续表）

政策类型		日　期	城市	政策措施
企业端	融资支持	2020年3月30日	岳阳	鼓励银行业金融机构展期或续贷，加强和优化金融服务，不盲目抽贷、断贷、压贷；金融机构要在信贷政策上予以适当倾斜，灵活调整住房按揭和信用卡等个人信贷还款安排，合理延后还款期限
居民端	购房补贴	2020年3月10日	泸州	在2021年3月1日至2022年2月28日期间，为居民提供购房款总额一定比例（1%~3%）的一次性置业补助；同期，本市农村居民在中心城区建设用地范围内购买新建商品住房且转为城镇户口的，另外一次性给予每人2万元、每户不超过10万元的置业补助
		2020年3月23日	玉林	对购买新建商品房的按已缴契税为基数，提供30%~50%不等的契税补贴
		2020年3月24日	安阳	凡是引进到安阳企业工作的人才（含配偶），在本市范围内购买商品住房的，均可享受一次性购房补贴
	人才政策	2020年3月23日	淄博	全年筹建人才公寓不少于2 000套（市本级至少500套，各区县至少1 500套）。第二、三、四季度开工率分别达到20%、60%、100%
	人才政策	2020年3月24日	安阳	所有引进到本市企业工作的人才，三年内每月可享受生活补助：普通全日制博士或正高级专业技术人员每月2 000元，普通全日制硕士或副高级专业技术人员或高级技师每月1 200元，普通全日制本科或技师每月600元
	公积金支持	2020年3月4日	重庆	受疫情影响的企业，可申请降低住房公积金缴存比例，最低可降至国家规定的5%；也可按规定申请在2020年6月30日前缓缴住房公积金，缓缴期间缴存时间连续计算，不影响职工正常提取和申请住房公积金贷款

（续表）

政策类型		日　期	城市	政策措施
居民端	公积金支持	2020年3月11日	东莞	扩大住房公积金缴存覆盖面，优化住房公积金提取与贷款政策，推动房地产市场平稳健康发展
	降低非户籍人口购房要求	2020年3月2日	天津	在职职工户籍迁入本市的，按照本市户籍居民政策购房；在职职工户籍暂未迁入本市且家庭在津无住房的，项目转移至本市后职工即可购房
	收紧调控	2020年3月7日	海南	发展安居型商品住房，对在海南省已拥有2套及以上住房的本省户籍和常住居民家庭（含夫妻双方及未成年子女），停止向其销售安居型商品住房和市场化商品住房；新出让土地建设的商品住房，实行现房销售制度
		2020年3月31日	贵阳	各房企及中介机构不得擅自调整住宅预售许可申报价格，严禁使用返券、返卡、返现等手段过度营销；促销赠送物品的，物品价值严格控制在合理比例范围内

资料来源：新华网、人民网。

在释放消费潜力方面，政策层面"新老兼顾"，重点支持疫情影响较大的传统消费以及智能消费和网络消费等新兴消费（见表9–6）。截至2020年5月7日，各地公布消费券发放计划接近90亿元（见图9–20）；多地出台弹性工作制及鼓励微度假旅游等提振消费的政策；广东、浙江等多个省份出台汽车消费补贴政策，单车补贴额最高可达6 000元（见表9–7）。

在新兴消费方面，我国相关政策向新一代信息技术应用领域倾斜，从多个维度加快构建"智能+"消费生态体系。丰富5G+、超高清视频、增强现实与虚拟现实等新技术的应用场景，带动5G手机等绿色智能终端消费，发展远程医疗、在线教育、智慧养老等"互联网＋社会服务"消费模式，推进电子商务、无人零售、智能超市等商贸流通的数字化转型等。

表 9-6　中央政府在疫情期间出台的促消费政策

日　期	会议或文件	政策要点
2月3日	中共中央政治局常委会会议	着力稳定居民消费。积极丰富5G技术应用场景，带动5G手机等终端消费，推动增加电子商务、电子政务、网络教育、网络娱乐等方面的消费
2月10日	习主席在北京调研时的讲话	要稳定居民消费，发展网络消费，扩大健康类消费
2月24日	《关于有序推动工业通信业企业复工复产的指导意见》	大力促进市场消费提质扩容，支持新业态、新模式，丰富5G+、超高清视频、增强现实与虚拟现实等应用场景，推动发展远程医疗、在线教育、数字科普、在线办公、协同作业、服务机器人等，带动智能终端消费
2月28日	《关于促进消费扩容提质加快形成强大国内市场的实施意见》	加快构建"智能+"消费生态体系：加快新一代信息基础设施建设，鼓励线上线下融合等新消费模式发展，鼓励使用绿色智能产品，大力发展"互联网+社会服务"消费模式

资料来源：中国政府网、新华网。

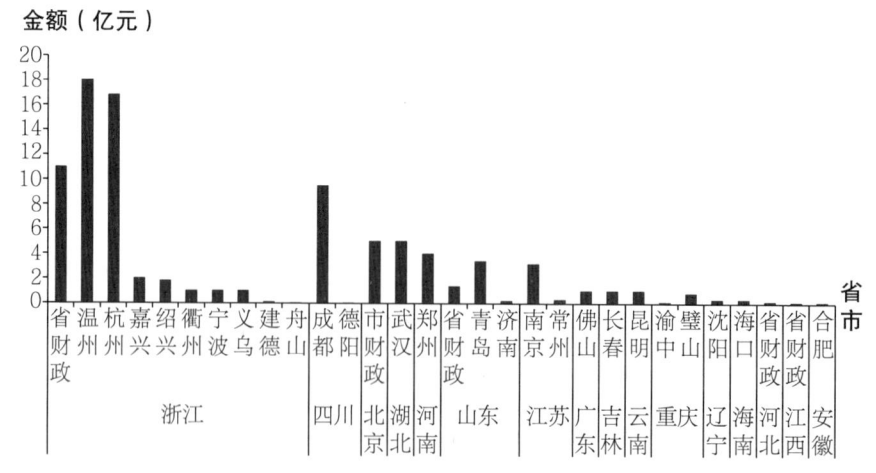

图 9-20　各省市明确公布金额的消费券发放计划（截至5月7日）

资料来源：地方政府网。

表 9-7 地方政府 2020 年出台的汽车消费刺激政策

时　间	地　区	汽车消费政策
2月3日	广东佛山	■ 为鼓励消费者购买新车，每辆汽车补助金额为 2 000 元 ■ 为推动汽车更新换代，对佛山号牌车主凭旧车售卖发票或汽车报废注销证明购买新车者，每辆车的补助金额为 3 000 元 ■ 如同一消费者一次性购买的大、中、重型客运或载货汽车（车辆单价不少于 50 万元）达到 5 台及以上，每辆车补助可达 5 000 元 ■ 上述三类情况不可重复享受补助
2月29日	山东	稳步实施促进新能源汽车使用、开展汽车以旧换新、新能源汽车推广应用补贴以及推进停车场建设等举措，带动汽车及相关产品消费
3月1日	湖南湘潭	长株潭三市市民购买吉利汽车湘潭九华基地生产的吉利缤越、全新远景，每台车可获 3 000 元的购置税补贴。补贴自 2020 年 3 月 1 日起，限额前 3 500 名个人消费者
3月2日	山东济南	积极推动落实促进新能源汽车使用、开展汽车以旧换新及新能源汽车推广应用补贴政策，推进停车场和汽车充电基础设施建设，带动汽车及相关产品消费
3月4日	湖南	促进汽车消费升级行动。鼓励各地对无车家庭购置首辆家用新能源汽车给予支持，加快新能源汽车充电基础设施网点布局和建设。加大城市新建公共停车场力度，加强居民小区停车位规划与改造。鼓励车企和经销商在省内组织开展"汽车下乡"促销活动，加快繁荣二手车市场
3月4日	广东珠海	■ 促进汽车消费。对在珠海市主办大型车展的企业，每次给予补助 10 万元；对参与大型车展的汽车销售企业每家给予 5 000 元到 1 万元参展补助；对参与大型车展销售额排名前三的汽车销售企业分别奖励 5 万元、4 万元和 3 万元 ■ 支持家电"以旧换新"。对开展家电"以旧换新"活动的珠海市家电销售法人企业，每家给予 20 万元补助
3月4日	广东广州	推进汽车更新换代，对置换或报废二手车的消费者在本市注册登记的汽车销售企业购买"国六"标准新车，每辆给予 3 000 元补助

（续表）

时间	地区	汽车消费政策
3月11日	广东珠海	促进汽车及家电消费。研究出台政策，对在珠海注册登记的汽车销售企业购买"国六"标准排量汽车的消费者给予补助，对符合规定的车展布展企业、车展汽车销售企业，给予场地、宣传投入补助和销售奖励。简化汽车登记、二手车交易手续，优化汽车金融服务。推动家电"以旧换新"，支持卖场、家电制造商让利促销
3月14日	湖南长沙	在指定经销商购买上汽大众长沙工厂、长沙比亚迪、广汽三菱、广汽菲克、湖南猎豹等车企生产的车辆并在长沙上牌的汽车消费者可获得裸车价款3%的一次性补贴，每台车最高补贴不超过3 000元。此活动从2020年3月11日至6月30日
3月16日	重庆	尽快研究出台促进消费的政策措施。通过一系列措施稳定诸如汽车、百货等大宗商品消费
3月20日	广东广州	从提振新能源汽车消费、鼓励汽车加快更新换代、营造汽车消费环境三个方面，提出购车补贴、竞价奖励、新增巡游出租车指标和优化中小客车指标调控政策等措施，支持汽车产业持续健康发展，预计拉动总产值将超过200亿元
3月24日	浙江	释放城乡汽车消费潜力。鼓励杭州有序放宽汽车限购措施，制定汽车以旧换新和下乡惠农政策，深挖农村汽车消费潜力。发挥浙江省汽车保有量大的优势，扩大二手车市场流通，依法放开汽车改装市场，努力挖掘汽车后市场服务潜力。创新汽车消费服务，拓展线上线下购车渠道
3月25日	浙江杭州	2020年一次性增加的2万个小客车指标，按3∶1的比例通过个人阶梯摇号和县（市）个人指标摇号的方式进行配置，即个人阶梯摇号15 000个，县（市）个人指标摇号5 000个
3月25日	江西南昌	疫情期间在南昌市范围内购买新车（含乘用车和商用车），按1 000元/辆标准给予购车人补贴
3月27日	浙江宁波	宁波将出台多项举措助力企业达产扩能，鼓励本地乘用车生产企业对消费者进行让利销售，促进品牌乘用车消费升级，支持汽车产业有序发展。自2020年3月25日至2020年9月30日，消费者购买宁波本地生产、销售的乘用车并在本地上牌的，给予每辆车一次性让利5 000元，每家企业限让利销售6 000辆

（续表）

时　间	地　区	汽车消费政策
3月29日	吉林长春	鼓励购买新车，购买长春市生产并在省内销售落籍的汽车，每辆给予购车价格3%的一次性补助，最高不超过4 000元；鼓励更新换代，吉林省号牌车主凭旧车售卖发票或汽车报废注销证明购买给予一次性补助，最高不超过5 000元；鼓励团体采购，对一次性购买新车5辆及以上的（车辆单价不低于20万元）给予一次性补助，每辆最高不超过6 000元
3月30日	浙江	浙江省将开展汽车以旧换新活动，鼓励有条件的地区开展汽车以旧换新促销活动，并给予一定的财政支持。此外还鼓励放宽汽车限购政策
4月2日	山东烟台	从4月1日起，凡在指定经销商购买上汽通用东岳基地本地产车型，并在烟台市内上牌，给予市民每辆车一次性购车补贴2 000元，总补贴金额100万元
4月2日	广东	要激发农村实物消费潜力，开展汽车、家电下乡专项行动，采取企业让利、政府补贴的方式鼓励农民购买汽车和家电，深入开展消费扶贫，更好地满足农民日益增长的美好生活需要。要加快完善交通路网和商品流通网络，升级农村水电气网和通信网络，夯实适应农村消费提质升级的硬件基础
4月3日	广东广州	全城促消费活动将持续两个月，此次活动覆盖面广，涉及零售、餐饮、百货、超市、汽车、家电等全行业参与，同时惠民补贴力度大，在汽车消费方面，政府全年安排了4.5亿元汽车更新换代消费补贴
4月9日	山西	本省消费者新购买的由本省整车企业生产的整车，给予购置车辆一次性消费奖励。其中，自然人消费者购买轿车、SUV及MPV等乘用车型，每辆奖励6 000元。省政府决定在全省实施汽车消费专项奖励政策
4月9日	海南	2020年全省计划推广1万辆新能源汽车。全省各级党政机关、国有企事业单位新增和更换的公务用车，除特殊用途车辆之外，要100%使用新能源汽车，并开展新能源汽车公务出行试点。同时，全省公交车、巡游出租车新增和更换的车辆也要100%使用清洁能源汽车，分时租赁汽车新增和更换的车辆100%使用新能源汽车

（续表）

时　间	地　区	汽车消费政策
4月15日	广东	鼓励汽车整车企业对广东省农村居民让利，在企业让利基础上，省级财政对本省农村居民新购买新能源车或燃油车的，在新能源车使用环节或燃油车购车资金上给予补贴。省级财政对本省农民购买4K电视机、空调等八类家电下乡产品给予补贴

资料来源：地方政府网。

本章小结

2011年以前，中国经济的周期性波动非常明显，经济运行与政策调控以三年左右为一个循环周期。周期波动显著的原因与所处发展阶段有关，由此延伸出来的投研框架也以传统周期框架为主，常见的周期框架包括库存周期、产能周期和金融周期等。

彼时是我国快速工业化的阶段，工业部门具有高负债、重资产、投资周期长、生产经营波动性大、政策敏感度高等特点。政策调控目标在"就业"和"通胀"之间循环往复时，极易带动经济活动表现出明显的周期性波动。

进入转型阶段后，周期性波动明显弱化；经济结构与政策思路的变化使得经济波动越发扁平化。在产业层面，结构的分化越发显著；在政策层面，"总量"政策让位于"结构性"措施。传统周期框架的失灵实属必然。

在转型过程中，除了国内经济的结构性问题要妥善解决，外部阻力也时常出现，需要正确应对。认清转型逻辑的本质，才能更好地理解政策为何坚决不走老路，坚持加快结构转型。无论是2018年以来的贸易摩擦，还是2020年的新冠疫情冲击，都没有改变我国经济政策的主基调、思路和手段。

第十章

轻总量、重结构是转型期的市场共性

第一节
转型受政策影响大，后段会出现"指数牛"

一、资本市场表现是经济的晴雨表

资本市场是经济的晴雨表，但并不是经济的简单映射——我们在股利贴现模型（Dividend Discount Model，简写为DDM）中可以很直观地感受到这点。股利贴现模型是股票分析中常借鉴的理论框架，认为股票内在价值可以用股票每年股利收入贴现到当期的价值之和来评价。股息贴现模型为金融资产的定价提供了扎实的理论基础。在下面的公式中，V代表金融资产的内在价值，D_i代表第i期预期支付的股息和红利，r为贴现率。倘若股利以固定的速度g增长，那么该金融资产的价值主要取决于赢利预期、贴现率和成长性三者。

$$V=\sum_{i=1}^{\infty}\frac{E(D_i)}{(1+r)^i}=\frac{E(D_1)}{(1+r)}+\frac{E(D_2)}{(1+r)^2}+\frac{E(D_3)}{(1+r)^3}+\cdots=\frac{D_0[1+E(g)]}{r-E[g]}$$

我们在市场研究中常把资产价格的决定因素分为盈利，即每股净利润（EPS）与估值（PE）两部分，相当于股息贴现模型的简化版。每股净利润反映的是公司的赢利能力，估值则代表了市场愿意为单位盈利付出的成本。估值主要受贴现率与风险偏好的影响，我们一般选取长端国债利率作为贴现率的替代指标，风险偏好则反映市场对于金融资产未来不确定性要求的额外补偿。风险偏好会受各种因素的干扰，包括市场对未来盈利增长（成长性）的预期和对未来一段时期不确定性的预判等，风险偏好本身也容易受到当前市场环境的影响，体现出市场反身性的一面。

在转型期间，金融市场的运行规律与传统周期阶段有着明显差异。在经济运行表现出明显的周期性规律时，影响资产价格的几个核心要素也是周期性波动的，资产价格就会表现出类似"美林时钟"的周期性。转型的过程也是"新旧动能转换"的过程，市场规律与传统周期有一些区别。在转型的前半段，经济增速下台阶，政策出现"抵抗式"对冲，市场围绕基本面以震荡为主，这是转型最为"煎熬"的阶段，对于市场而言亦是如此。在转型后半段，经济增速下行，但由于产业结构的优化，企业的成长性开始凸显，往往会出现一波延续性比较强的"转型牛"。

我们在回顾历史时会发现先导型经济体大致都呈现出类似规律。20世纪80年代后期，韩国、中国台湾等经济体进入转型阶段。在20世纪90年代初之后的十多年间，它们加速向中高端制造业转型（见图10-1和10-2）。从资本市场表现来看，在20世纪90年代加快转型的过程中，市场走势追随基本面以震荡为主，熊市持续的时间长于牛市；20世纪末21世纪初，在转型初见成效后，市场出现了持续性很强的"指数牛"行情。

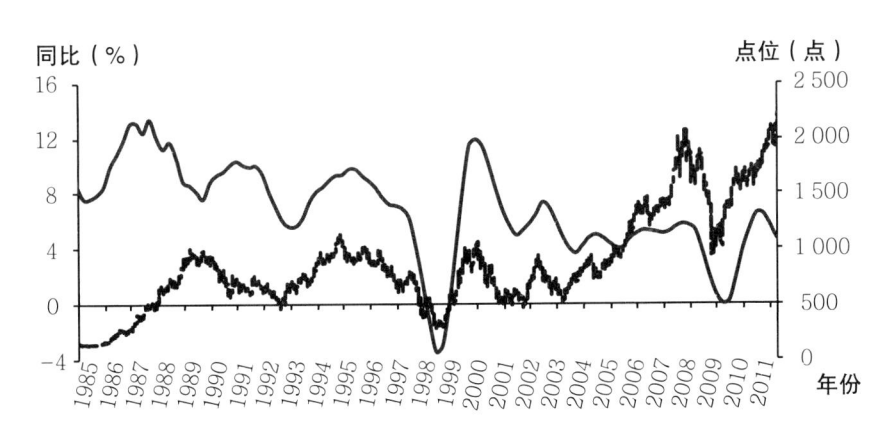

图10-1　韩国在经济转型阶段的股市总体震荡情况

资料来源：韩国央行、韩国证券交易所。

图 10-2 中国台湾在经济转型阶段的股市总体震荡情况

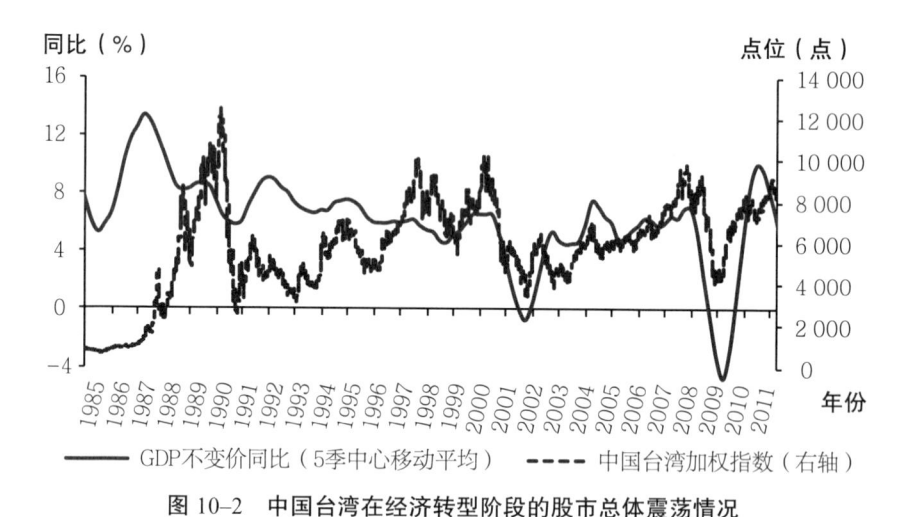

资料来源：台湾统计主管部门、台湾证券交易所。

经济转型开启时间更早的德国也呈现出类似规律：市场在 20 世纪 80 年代前半段的转型时期以震荡为主，随后一段时间出现了持续数年的"指数牛"。在第二次世界大战后，德国经历过较长一段以投资驱动、重工业主导的经济增长阶段。到 20 世纪 70 年代前后，传统行业过剩的问题开始凸显，石油危机的爆发进一步加剧了重化工业的萎缩。受制于内外压力，德国于 20 世纪 70 年代初开始加快经济结构转型。

老工业基地鲁尔是德国经济转型的缩影。从 1968 年的《鲁尔发展纲要》到 1979 年的《鲁尔行动计划》，鲁尔区产业政策重心从优化煤钢产业结构转向加速培育新兴产业，包括强化设备制造业优势和加快培育电子信息产业等。1985 年，德国出口占全球比重的 10.6%，部分机械设备的国际竞争优势十分显著（见图 10-3）。作为经济的晴雨表，资本市场在转型中后段出现的"指数牛"行情也是相当引人注目的，法兰克福 DAX 指数在 1985—1999 年上涨了 7.4 倍，年均涨幅为 14.2%（见图 10-4）。

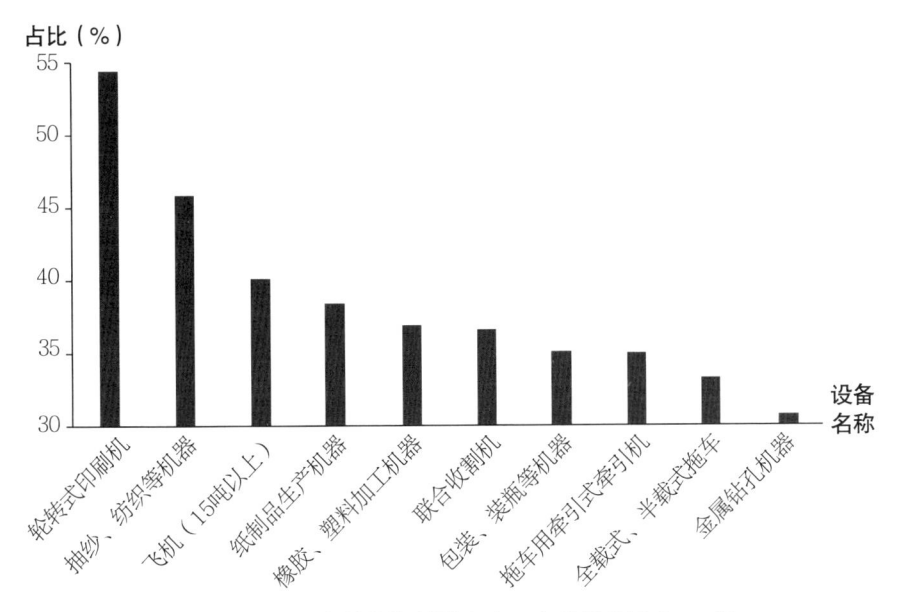

图 10-3　1985 年德国机械设备出口占世界比重前 10 名

资料来源：迈克尔·波特（2002）。

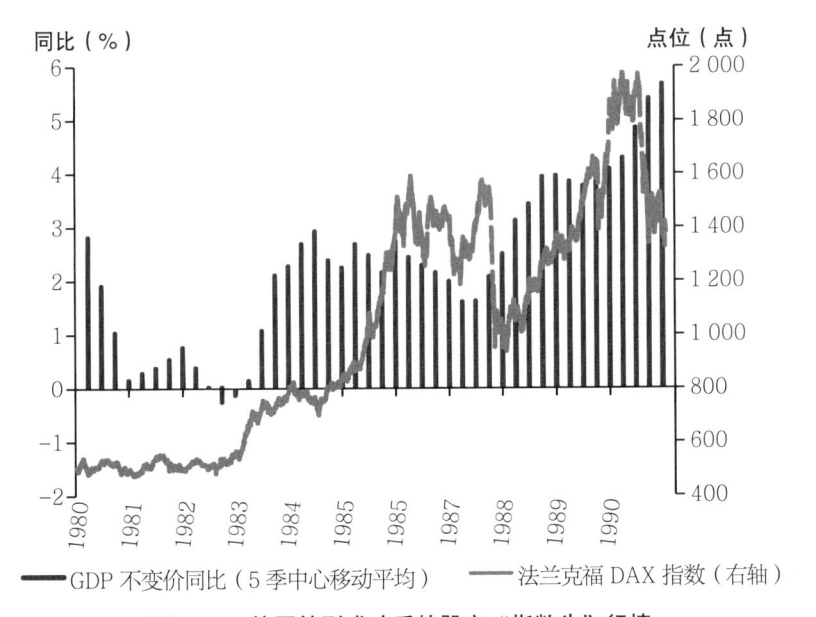

图 10-4　德国转型成功后的股市"指数牛"行情

资料来源：欧盟统计局、法兰克福证券交易所。

转型期间，债券市场走势也有一些共性。我们知道，长端收益率可分解为"短端收益率＋期限利差"，而影响期限利差的因素可归纳为货币政策、经济基本面、通胀表现或预期及流动性溢价等[①]。现实中，长端收益率的走势与长期经济增长带来的回报水平走势一致。

在转型过程中，几个逻辑链会导致收益率的整体下移：一方面，在转型过程中，经济下行压力持续存在，货币环境总体宽松；另一方面，传统资本密集型产业收缩，技术密集型产业扩张，且后者更青睐股权融资，全社会融资渠道更加多元化，资金供给更为充裕，融资成本更低。回顾韩国、中国台湾、德国和日本等先导型经济体的转型过程，我们大致都能得出类似结论（见图10–5）。

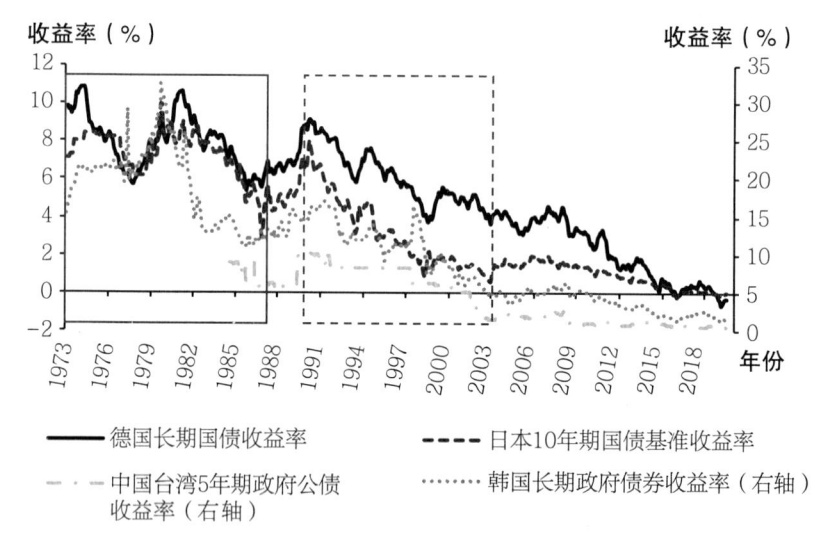

图10–5　日、德、韩和中国台湾在转型过程中的债券收益率走势

资料来源：欧盟统计局、日本央行、韩国央行、中国台湾统计主管部门。

---

① 学术界用预期理论、市场分割、期限选择、流动性溢价等理论来解释期限利差，我们在此不做专门分析。

我们如果换个角度审视转型期间股市的走势，就很容易理解为何市场在前半段受政策的影响大，而中后段会出现"指数牛"。在转型的前半段，经济下行拖累赢利预期的下修，此时宏观调控政策都会面临"稳增长"与"调结构"两者的平衡问题；到底是"抵抗式"维稳，还是走回老路进行刺激，托底政策与产业升级政策之间更侧重哪方面等信息都会同时影响到贴现率和风险偏好，进而导致政策对市场的影响放大。在转型后半段，贴现率水平下了一个台阶的同时，企业微观结构得到明显优化，赢利预期也有所改善，影响资产定价的赢利预期、贴现率和风险偏好三个核心变量对资产价格表现都有不同程度的支持，而且不同逻辑之间还会在某些时段互相强化，出现类似盈利与估值双驱动的"戴维斯双击"现象，转型后半段出现"指数牛"自然也就不难理解了。

二、转型过程中政策环境对市场影响较大

在先导型经济体转型初期，资本市场的波动往往比较剧烈，这与宏观经济环境波动较大有一定关系。先导型经济体的转型多是在持续的高增长之后进行。由于传统竞争优势弱化和外部冲击加剧等问题的暴露，而且尚处于经济"换挡"初期，因此，各经济体在这一阶段的政策思路需要有一个适应过程。

例如，20世纪70年代至80年代，日本和德国正值转型的关键阶段，却先后遭遇石油危机带来的成本上升以及与美国之间愈演愈烈的贸易摩擦；20世纪80年代中后期至90年代，韩国和中国台湾在转型的关键阶段面临产业大规模外迁以及在传统模式下累积的高杠杆问题。在转型过程中，政策选择是至关重要的。转型初期的政策对传统增长模式的依赖仍然存在，通过传统刺激手段"稳增长"的现象较为常见，但政策效率显著下降，这与转型初期市场容易"牛"短"熊"长、波动放大的宏观

背景密切相关。我们不妨简要回顾一下韩国和日本的转型过程。

20世纪80年代中后期,韩国经济开始出现明显的转型压力,快速工业化阶段结束,工业化率由升转降,工业经济趋于收缩。这一局面拖累经济增速震荡回落,韩国经济正式步入"换挡"阶段。然而,在转型初期,韩国政府并未意识到经济"换挡"是发展的客观规律,而是继续鼓励企业加杠杆并放宽企业从国外借款的限制,导致企业杠杆率的大幅提升,特别是造成了外债规模的快速增长。

截至1997年亚洲金融危机爆发,韩国的非金融企业杠杆率已提升至110%(见图10-6),较20世纪80年代末提高了70%,企业平均的负债率超过400%(见图10-7)。在高杠杆的背景下,又逢亚洲金融危机的爆发,经济所受冲击可想而知,GDP增速在危机前还在7%左右,到1998年年中最低降至-3.5%,直到1999年经济开始逐步恢复。恢复后的新增长中枢从前期的8%~10%降至5%左右,2010年后进一步降至3%左右。

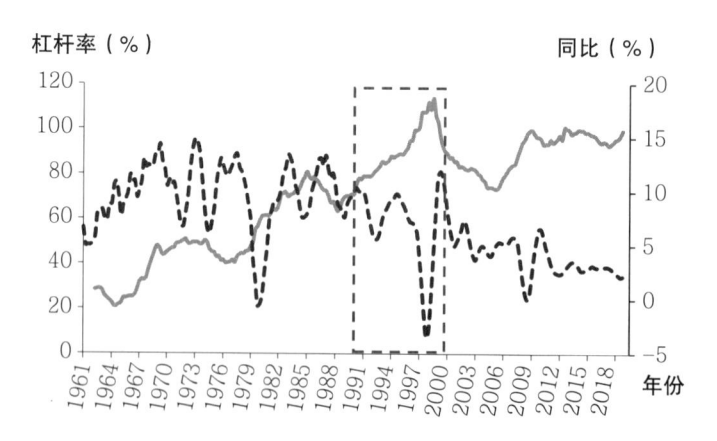

—— 非金融企业部门杠杆率　----GDP不变价同比(5季中心移动平均,右轴)

图10-6　韩国转型时期的企业部门杠杆率

资料来源:国际清算银行、韩国央行。

负债率(%)

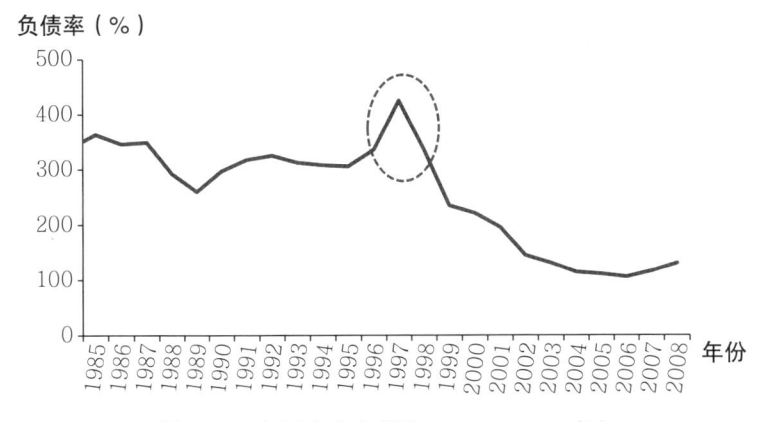

图 10-7　韩国企业负债率（1985—2008 年）

资料来源：国际清算银行、韩国央行。

亚洲金融危机的爆发让韩国高杠杆问题充分暴露，倒逼政府进行彻底的经济体制改革。1998—2003 年，韩国关闭了大量经营不善的金融机构，引导金融机构和企业进行合并重组（见图 10-8 和图 10-9）。"主动去杠杆"使得经济在较长一段时间内承受"出清"带来的压力，并对企业盈利及股市行情形成压制。但政策引导"出清"的同时，也在加快产业结构转

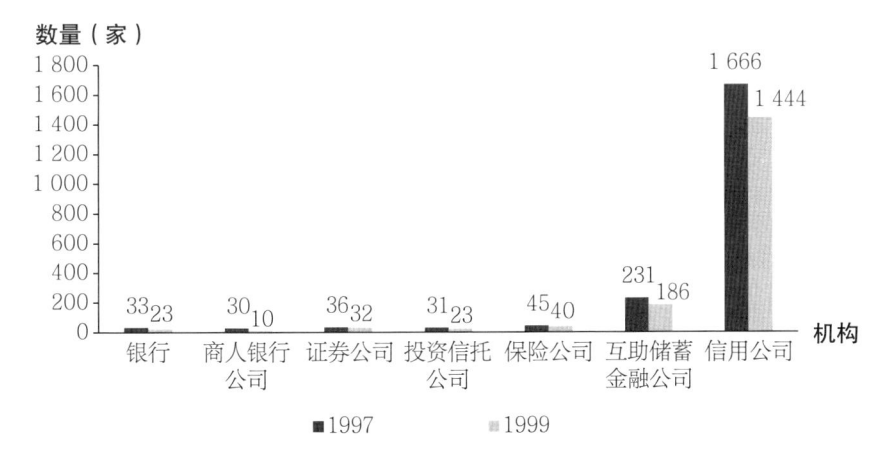

图 10-8　1997 年和 1999 年韩国各类金融机构数量对比

资料来源：郑宝银（2003）。

数量（家）

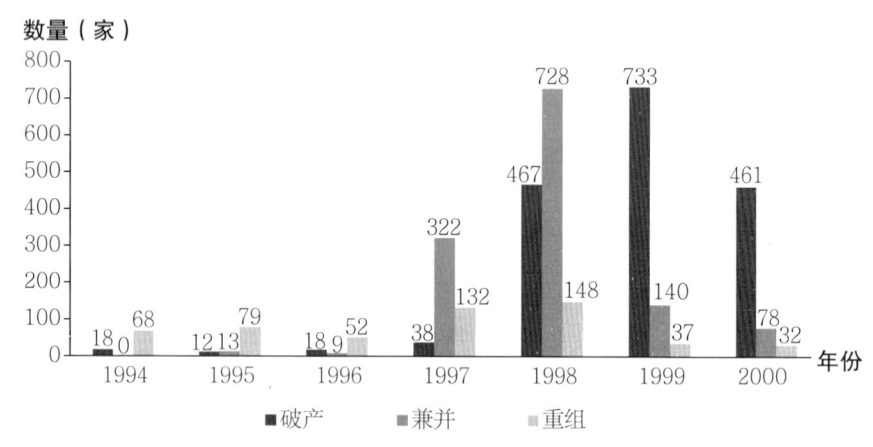

图 10-9　1994—2000 年，韩国金融机构破产、兼并和重组数量

资料来源：郑宝银（2003）。

型升级，引导经济加速转向创新驱动模式。因此，2000 年之后，虽然韩国经济增长中枢下了一个台阶，但是产业结构明显得到优化，产品附加值显著提升；由此带动韩国股市出现了长达 4 年多的"指数牛"行情。

日本在转型过程中也面临过类似问题。20 世纪 70 年代初期，日本经济增长中枢开始出现趋势下移（见图 10-10），但日本内阁对经济"换挡"的认知不足，仍以扩张的财政政策和宽松的货币政策对冲经济下行（见图 10-11）。然而，积极的财政政策与货币政策导致了严重的通货膨胀，第一次石油危机的爆发进一步加剧了通胀压力。因此，日本又不得不采取消极的货币政策，进而导致经济和股市的大起大落。

在第一次石油危机的冲击下，日本加快了产业结构的转型，加速钢铁、造船、有色金属等传统产能过剩行业的出清，同时大力支持计算机、精密仪器、电子元器件、高端装备等技术密集型产业的发展。虽然日本和德国都以生产型经济体定位，在石油危机发生时也都受到了较大冲击，但两国的产业转型方向略有不同：日本转向了对资源依赖度低一些的轻工业，德国坚守的优势行业中重工业的占比依然较高。因此，在面对 20 世纪 70 年代末的第二次石油危机时，日本受到的冲击相对德国要小一些。

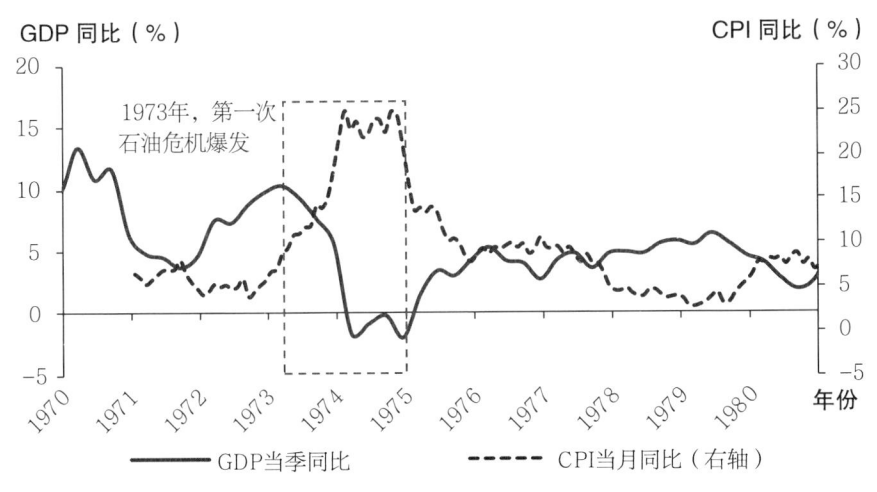

图 10-10　日本 20 世纪 70 年代经济增长中枢趋势下移

资料来源：日本内阁府、东京证券交易所。

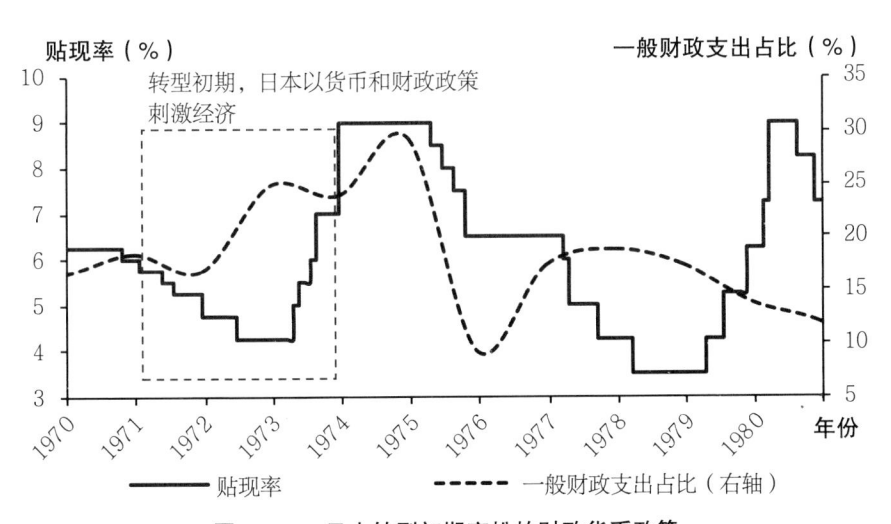

图 10-11　日本转型初期宽松的财政货币政策

资料来源：日本内阁府、东京证券交易所。

1985 年《广场协议》签订之后，日本政策的失误是导致其陷入"失去的 20 年"的重要原因。《广场协议》之后，为了对冲汇率升值带来的紧缩效应，日本采用了宽松的货币政策，将贴现率连续 5 次共下调 250 个基点，大幅增加货币供应量。在过度宽松的货币环境下，资金"脱实入虚"，大量流入股市和楼市，推升资产泡沫。到 20 世纪 80 年代末期，银行贷款中投向非银行金融机构和不动产的资金占比已经超过 20%，并明显超出投向制造业的资金比重（见图 10–12）；而企业投向金融资产的净增加金额，连续三年显著超过投向实体经济的部分（见图 10–13）。

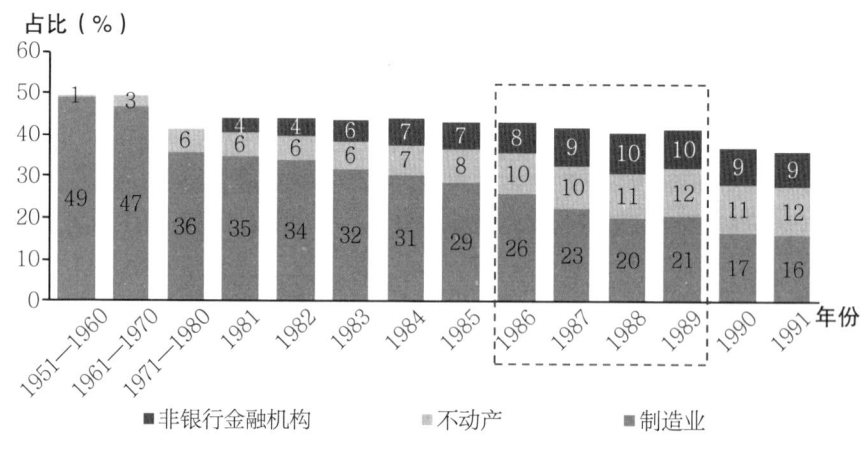

图 10–12　1951—1991 年，日本银行贷款投向占比变化趋势

资料来源：童适平（1998）、野口悠纪雄（1992）。

在《广场协议》签订之后，日元持续升值导致出口竞争优势减弱，大量制造业企业加速向海外转移，"产业空心化"问题开始逐步凸显。20 世纪 90 年代，日本的风投资金流向制造业的占比从 1990 年的 37% 大幅降至 1997 年的 24%，同期投向外国企业的资金占比则显著提升 15 个百分点（见图 10–14）。与 1990 年前后相比，2000 年前后日本制造业占 GDP 的比重从 25% 以上下滑至 20% 以下。在"产业空心化"问题出现的同时，金融资产泡沫经过持续数年的累积，最终在 1990 年前后破灭。由于前期企业、居民和金融机构等都深度参与其中，资产泡沫的破灭对全社会产生了广泛而深远的影响，金融机构不良债权急剧增加，企业资产和居民财富均大幅缩水，进而导致日本经济遭遇"失去的20年"。

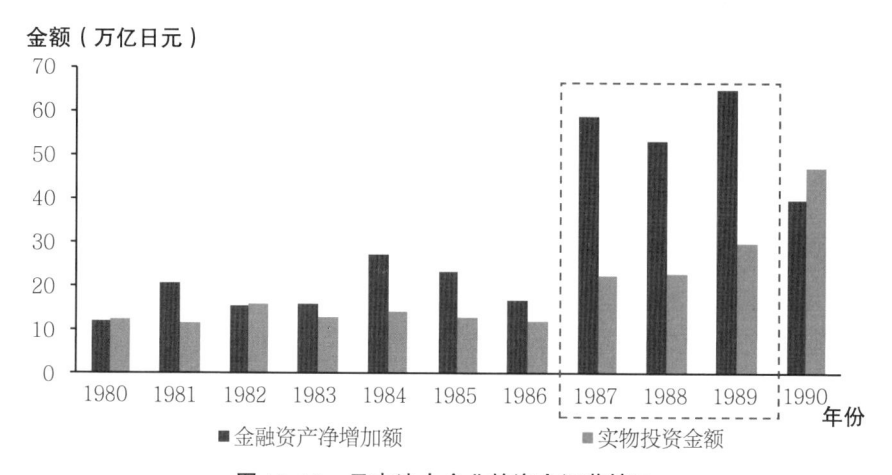

图 10-13 日本法人企业的资金运营情况

资料来源：童适平（1998）、野口悠纪雄（1992）。

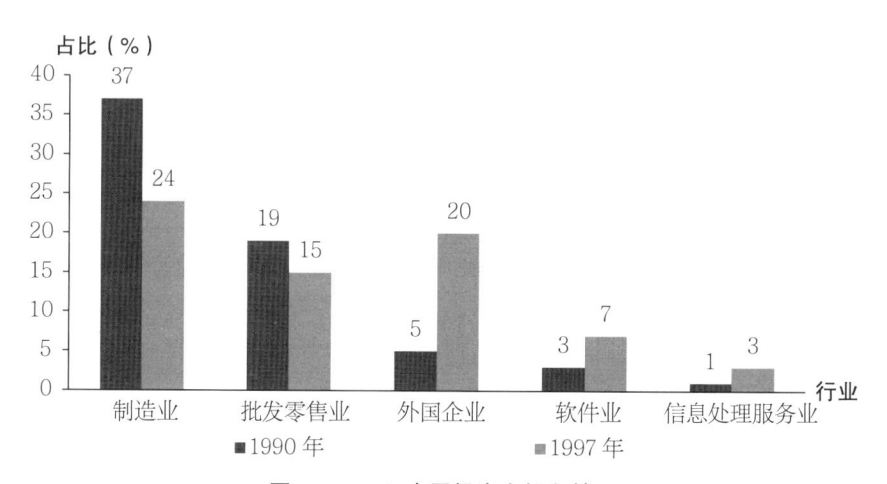

图 10-14 日本风投资金投向情况

资料来源：日本贸易振兴机构、日本内阁府。

案例

20世纪90年代的日本产业空心化

日本经济企划厅在1994年度《经济白皮书》中从三个方面论述了产业空心化：第一，国产品竞争力下降，进口品涌入并排挤国产品，在一定程度上国内生产被进口代替；第二，出口不如国外生产合算，生产基地移往国外或增加国外生产，在一定程度上出口生产由国外生产所替代；第三，上述国内生产由进口和国外生产所替代，从而缩小了国内的制造业生产，国内生产资源配置由制造业向非制造业转移，在一定程度上制造业被非制造业所代替。《经济白皮书》还认为，由于日元升值而引起的产业空心化有三方面的原因：企业与国内市场的关系、企业与国外市场的关系以及制造业与非制造业的关系。

我们可以通过以下几方面的指标分析日本产业空心化的状况。

- 国外投资比率提高。从具体行业来看，日本的汽车、非铁金属、化学、纺织、电子机械、电气机械等部门对外投资率最高，增长也最快，如汽车制造业的国外投资率从1986年的4.8%增加到1995年的38.1%。国外投资率的提高，一方面说明了国外生产基地的扩大，另一方面也说明了国内投资与生产的相对减少。
- 国外生产比率的增加。国外生产比率是指制造业国外企业的销售额与国内制造业销售额的比例，它的提高显示了国外生产的增加。总体来看，日本制造业的国外生产比率趋于上升，从1985年的3%上升到1990年的6.4%，而后进一步上升到1993年的7.4%。但因为日本国外直接投资的历史比较短，所以就国外生产比率而言，日本比美国、德国等国要低得多。在制造业中，各个产业的国外生产比率也是不平衡的，1993年制造业的总体水平为7.4%，而电气机械却达到了12.6%，运输机械更达到了17.3%。

- 在国内市场上国外供应比率的增加。国外供应比率的增加可以用进口比率（进口/国内需求）来说明。国外供应比率反映了进口品在国内市场上所占的份额。农林产品和矿产品的这一比率在1985—1993年基本上是稳定的。变化较大的是畜产食品、水产食品、纺织品、皮革制品、木制品、精密机械等产品。例如，皮革制品的国外输入比率由1985年的10.43%增加到1993年的35.83%，同期精密机械的这一比率由11.97%增加到26.28%。国外供应比率高的部门一般限于食品和轻纺部门，但这些部门对国外制品的依赖度也不算很高；一般机械、产业用电气机械、民生用电气机械、汽车、制铁、金属制品等行业国外供应比率只有2%~4%。需要指出的是，在进口品中有一部分是日资国外企业的产品，它等同于生产场所的简单外移。

（摘自薛敬孝《趋势性日元升值和日本产业的结构性调整》，发表于《中国社会科学》1997年第4期）

第二节
"结构牛"一直存在，转型导向的行业表现亮眼

一、代表转型趋势的产业方向有更好的市场表现

资本市场是经济的晴雨表，转型期间资本市场的投资机遇与经济结

构的变化也是互相对应的。在转型期间，增长中枢下移、结构分化加大、传统行业萎缩、新兴产业兴起；对应到资本市场，代表转型趋势的产业方向往往有更好的市场表现。我们在此仅以美国、日本和韩国为例进行阐释。

在20世纪70年代至90年代，美国产业结构变化呈现出较为明显的特征。从历史来看，第二次世界大战结束后，美国制造业处于全球领先水平，工业板块是经济发展的主要推力。然而，20世纪70年代，日本制造业的兴起及能源危机的重创，使美国制造业开始丧失其国内经济的支柱地位；直到80年代末，"信息高速公路"计划及相关技术的发展，使得美国逐步进入了信息化时代，从此才保持相对稳定的经济结构。

从市场表现来看，20世纪70年代，在高涨的原油价格影响之下，能源板块跑赢了其他所有板块。80年代，能源价格逐渐稳定，在前期政策支持下的电信和医疗等板块的发展加快，占GDP的比重开始逐步上升；此外，美国享乐主义开始盛行，品牌化和品质化消费逐渐崛起。90年代，在政府的大力推动下，崛起的信息技术板块在资本市场表现出色（见图10–15）。

日本经济转型的过程波折较多。1970年年底至1972年年中的经济"换挡"初期，日本政府的认知不足，依然采用积极的财政政策和货币政策对冲经济下行势头。其中，日本央行通过6次降息将基准利率从6.25%降至4.25%；刺激政策的滞后效果随后开始体现，经济的反弹从1971年底延续到1973年初。第一次石油危机的爆发，导致经济复苏带来的通胀压力进一步快速加大，经济复苏带来的通胀压力与石油危机导致的成本高企，使得日本央行自1973年4月初开始在当年连续5次加息，将政策利率提高至9%这一前所未有的水平。

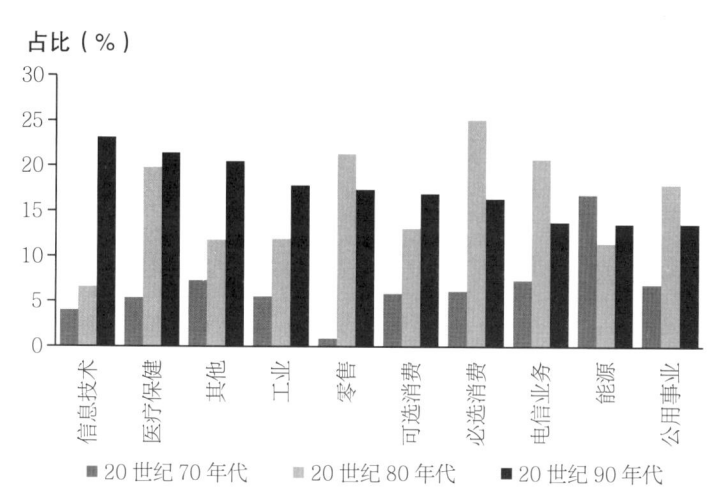

图 10–15　20 世纪 70 年代至 90 年代，美国股票市场不同板块占比

资料来源：彭博（Bloomberg）。

日本经济和政策的变化在股票市场也有一定体现。1971—1972 年，宽松的政策环境及强刺激下的经济复苏使得日本股市大幅上涨，涨幅超过 1 倍；分板块来看，采矿、运输设备等传统周期板块涨幅靠前，航运板块在 1971 年下半年至 1972 年间的大幅上涨或与这一阶段日元大幅升值有关[1]。1973 年日本央行为控制通胀采取紧缩的货币政策，导致股市明显下跌，房地产与运输设备等周期板块跌幅最为明显（见图 10–16）。

日本在 20 世纪 70 年代初确立"技术立国"方针，通过产业、财税和金融等政策加速培育计算机、电子及精密仪器制造等技术密集型产业。截至 20 世纪 80 年代中期，日本的电子零部件、精密仪器、半导体和电

---

[1] 为摆脱越战时期美国社会因失业、通货膨胀及国际收支赤字所造成的困境，并缓解美元暴跌和黄金大量外流的危机，尼克松政府于 1971 年 8 月 15 日宣布实行"新经济政策"。该政策对外采取了两项措施：放弃金本位，停止美元兑换黄金；征收 10% 的进口附加税。这一政策导致二战后的"布雷顿森林体系"崩溃。同年 8 月 28 日，日本宣布从固定汇率制度向有资本项目管理的浮动汇率制度转变，此后日元开始了长达一年多的快速升值。

器等高技术产品在全球已经确立了明显优势。1985年,日本电子通信、办公设备和消费性电子等产品的出口额占全球该类产品总出口额的比重皆高达30%左右[①],比1978年上升约10个百分点(见图10-17)。产品竞争力的显著提升在资本市场上也得到了明显的体现。1975—1985年,日本股市涨幅前三的板块分别为信息与通信(1 363%)、精密仪器(511%)、电器(476%)(见图10-18),它们均属于政策大力支持、国际竞争力显著提升的战略性新兴产业。

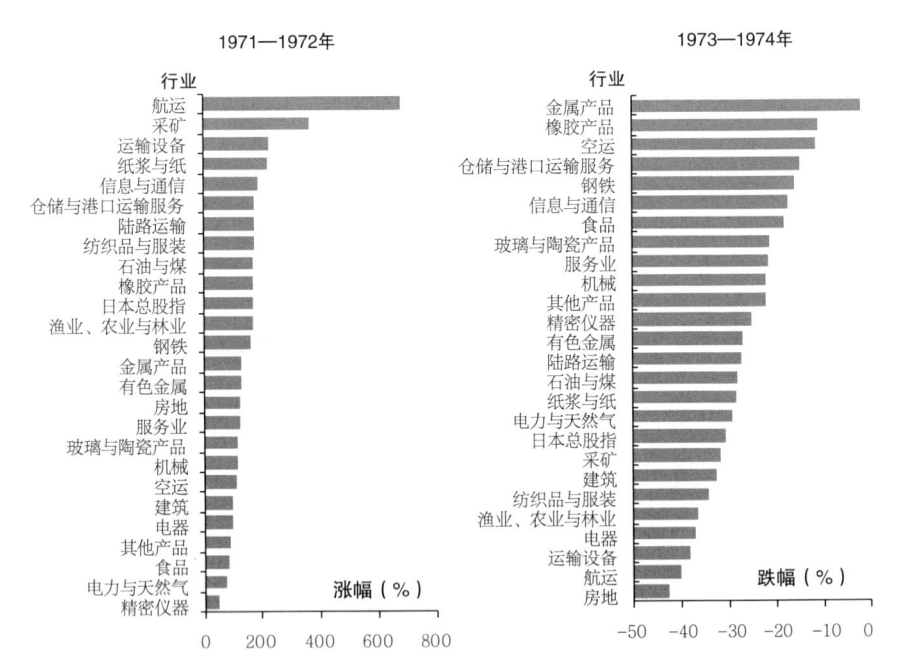

图 10-16　日本转型初期的分板块市场表现:股指涨跌幅

资料来源:东京证券交易所。

---

① 对日本优势产业进一步细分,我们发现:电子通信类产品中的电话设备、电视广播电波发射机等,办公设备类产品中的复印机、打印机、计算机等,消费性电子类产品中的电视机、收音机、电子留声机等,半导体与电脑类产品中的自动资料处理系统配套设备、微电脑、数字中央处理器、二级真空管等,出口占世界该类产品总出口比重均超过10%,部分产品的该比例甚至超过40%。

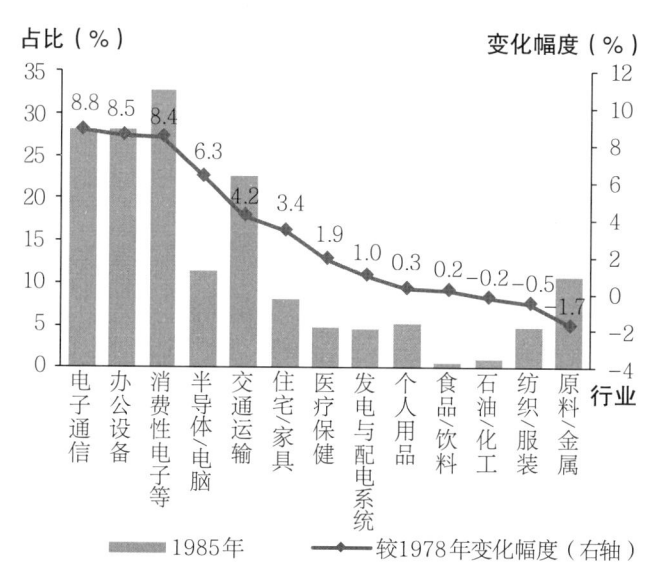

图 10-17 日本不同产业出口占全球比重及变化

资料来源：迈克尔·波特（2002）。

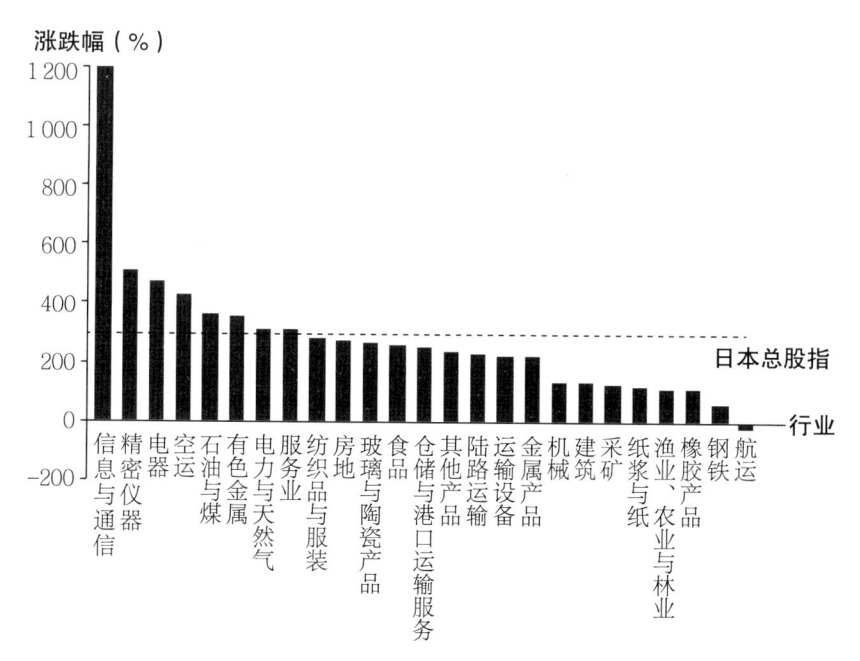

图 10-18 日本 1975—1985 年分行业股指涨跌幅

资料来源：东京证券交易所。

案例

日本微电子产业发展

20世纪70年代前期，日本计算机产业整体落后美国10年以上。面对美国公司强有力的竞争，日本公司在世界市场上明显处于劣势地位。如何提升日本公司在国际市场上的竞争地位，成为政府、企业和学术界共同关注的热点问题。人们认识到，微电子技术的发展将从集成电路向VLSI（超大规模集成电路）发展，而日本在这一新领域的实力将直接关系其整个计算机产业在国际市场上的竞争能力。因此，VLSI技术也就成为影响信息产业整体发展的关键共性核心技术，而且难以靠单个企业的力量来实现突破。

20世纪70年代中期，日本政府与国内主要计算机公司联合签署了组建VLSI研究协会的协议，日本VLSI研究协会包括NEC（日本电气）、日立、三菱、富士通和东芝等五家日本最大的计算机公司，还有日本通产省的电气技术实验室（EFL）；两个先前成立的公司联合研究机构也参与了VLSI研究协会：一个是日立、三菱、富士通联合建立的计算机综合研究所（computer design laboratory，简称CDL），一个是NEC和东芝联合建立的日电东芝信息系统（Nipponelectric-Toshiba Information System，简称NTIS）。VLSI研究协会的总投入为300亿日元，折合为当时的3.06亿美元，其中1.32亿美元是日本政府的贴息贷款，其余1.74亿美元由五大公司分摊。

通过四年的合作，VLSI研究协会共申请了1 000项专利，其中600项取得了专利权。技术成果上的一系列突破使得日本在DRAM（动态随机存储器）生产方面位居世界领先地位，并建立了一系列行业标准。

VLSI合作研究组织对于日本的微电子产业乃至整个信息产业的发展发挥了重要作用，使得日本微电子产业在世界上的相对地位得到了明显提高，与美国的差距从10年以上缩短到几乎为零。20世纪70年代中期，日本的微电子产品在世界市场上几乎没有竞争力，VLSI 制造也明显处于落后状态，但是在 20 世纪 70 年代末期，日本几乎与美国同时推出了 64K DRAM，并且开始迅速向美国市场渗透，为了获得更大的市场份额，日本企业发起了降价促销，使得 DRAM 的市场价格迅速下降。以 64K DRAM 为例，其价格在一年内从 28 美元降低到 6 美元，引发了世界半导体市场的剧烈震荡，直接冲击美国企业。到 1986 年，日本存储器产品的世界市场占有率升至 65%，而美国则降至 30%，面对日本企业的低价倾销，英特尔和多家半导体公司联合推动美国政府在 1986 年与日本签订了《美日半导体贸易协定》，这对后来的世界微电子产业发展产生了重大影响。

VLSI 的实施提升了日本微电子行业的整体技术水平，但如何进一步提升公司在国际市场的竞争力，则成为摆在日本企业面前的又一重要问题。以日本 NEC 为例，80 年代初期，NEC 公司在日本处于领先地位，业务范围包括半导体、计算机和通信等，年销售额为 38 亿美元，但是，相对于美国领先公司而言，还有不小的差距。与其形成鲜明对比的是美国 GTE（通用电话电子）公司，该公司 1980 年的销售额为 99.8 亿美元，业务范围包括通信、半导体、娱乐产品、配电设备、电话机、照明产品等许多领域。但是 8 年过去了，NEC 却取得了很大的发展，1988 年销售额为 219 亿美元，业务范围扩展到半导体、大型计算机、便携式计算机、通信、家用电器、办公自动化等许多领域。NEC 从国际市场上一个较弱小的公司发展成为世界领先的大公司，成为唯一在半导体、计算机和通信领域的收入都位居前 5 的公司。而美国 GTE 公司的销售额只是小幅增长到 164.6 亿美元，业务范围缩小到电话机、照明产品和战略防御系统等领域，还被迫关闭了半导体厂，放弃了通信设备和娱乐产品的生产。为何 NEC 在短短 8 年内就成功实现了赶超，奠定了在国际市场上的领先地位？这要归功于 NEC 的战略定位和执行能力，以及它成功地构建和提升了自身的核心竞争能力。NEC 具

> 有明确的战略定位，一切都是为了获取帮助其发展的核心技术：半导体技术。为此，公司在 1980—1988 年与惠普、贝尔等许多著名公司结成战略联盟，仅仅在 1987 年合作项目就达到 100 项，合作的意图不仅是为了解决某些具体的技术问题，也旨在获取进入新领域的技术能力。
>
> （摘自程源、傅家骥《日本、韩国微电子产业发展模式的比较分析》，刊于《工业技术经济》2003 年第 6 期。）

韩国转型阶段的产业发展和资本市场表现也呈现出较为一致的结构特征。自 20 世纪 80 年代进入经济"换挡"转型阶段开始，韩国政府密集出台了一系列政策，开始扶持造船和机械等制造工业。20 世纪 90 年代又大力发展产业联盟，支持半导体、移动通信等技术密集型产业，并逐渐形成了以高端电子行业和文化产业等为主的经济结构。到 2000 年前后，韩国排名前 20 位的出口产品中，尖端技术和高技术产品合计占比达到近 80%，成为主导产业（见图 10–19）。

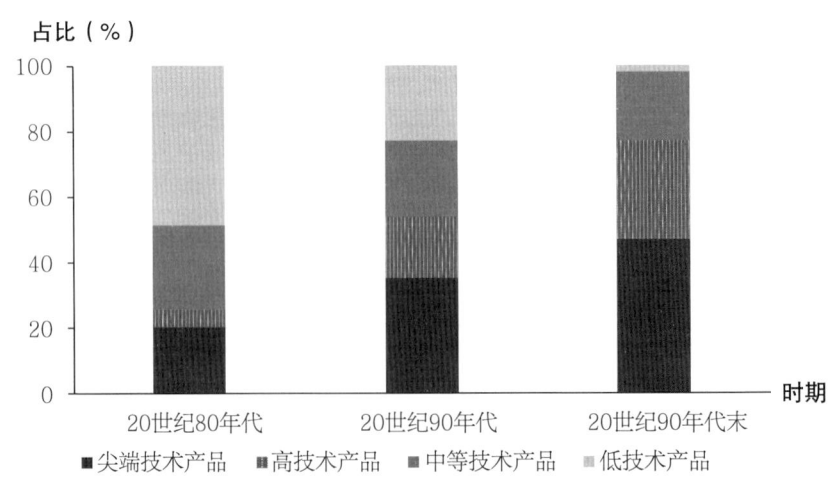

图 10–19 韩国转型期间排名前 20 位出口产品金额占比

资料来源：韩国央行。

"电子产业联盟"带动了三星、现代和 LG 等企业的崛起。以半导体为例，20 世纪 80 年代，在全球前十大半导体制造商中，多数为日本和美国企业，尚无韩国企业；到 20 世纪 90 年代，韩国三星和现代已经跻身全球前十行列；2000 年之后，三星和海力士在半导体制造业领域的竞争力进一步提升，市场份额不断增长。到 2018 年，三星和 SK 海力士[①]半导体营收规模在全球分别居第一和第三，占全球市场份额分别为 38% 和 18%，合计超过一半（见表 10–1）。

资本市场对韩国电子产业的崛起做出了明显的反应。1993—2003 年，韩国股票市场总体震荡，区间累计收益率仅为 7%，但电器和电子板块明显跑赢大盘，区间累计收益率达 338%，以三星为代表的龙头企业区间累计收益率更是高达 2 234%，远超板块平均水平。相比之下，建筑和机械等传统周期性板块普遍大跌，跌幅在 7 至 9 成不等（见图 10–20）。韩国转型成功后的几年，电子板块受互联网泡沫和次贷危机的阶段性冲击较大，但随后又重新恢复到最受追捧的行业之一。三星电子作为电子板块龙头，2011 年后股价快速上涨，并且已成为韩国股票市场上市值最高的蓝筹公司（见图 10–21）。

---

① SK 海力士，前身为 1983 年成立的现代电子产业株式会社，1996 年正式上市，1999 年收购 LG 半导体，2001 年从现代集团分离出来，更名为（株）海力士半导体；2012 年，海力士被 SK 集团并购，更名为 SK 海力士。

表 10-1 全球十大半导体芯片制造商营收（单位：十亿美元）

排名	1985 年 公司	1985 年 国家	1985 年 营收	1995 年 公司	1995 年 国家	1995 年 营收	2006 年 公司	2006 年 国家	2006 年 营收	2018 年 公司	2018 年 国家	2018 年 营收
1	日本电气	日本	2.1	英特尔	美国	13.6	英特尔	美国	31.6	三星	韩国	75.8
2	德州仪器	美国	1.8	日本电气	日本	12.2	三星	韩国	19.7	英特尔	美国	65.9
3	摩托罗拉	美国	1.8	东芝	日本	10.6	德州仪器	美国	13.7	SK 海力士	韩国	36.4
4	日立公司	日本	1.7	日立公司	日本	9.8	东芝	日本	10	美光科技	美国	30.6
5	东芝	日本	1.5	摩托罗拉	美国	8.6	意法半导体	瑞士	9.9	博通	美国	16.5
6	富士通	日本	1.1	三星	韩国	8.4	瑞萨电子	日本	8.2	高通	美国	15.4
7	飞利浦	荷兰	1.0	德州仪器	美国	7.9	SK 海力士	韩国	7.4	德州仪器	美国	14.8
8	英特尔	美国	1.0	IBM	美国	5.7	飞思卡尔	美国	6.1	西部数据	美国	9.3
9	国家半导体	美国	1.0	三菱	日本	5.1	恩智浦	荷兰	5.9	意法半导体	瑞士	9.3
10	松下电器	日本	0.9	现代	韩国	4.4	日本电气	日本	5.7	恩智浦	荷兰	9.0
合计市场份额	—			—			45%			59%		

资料来源：国际知名分析机构 IC Insights。

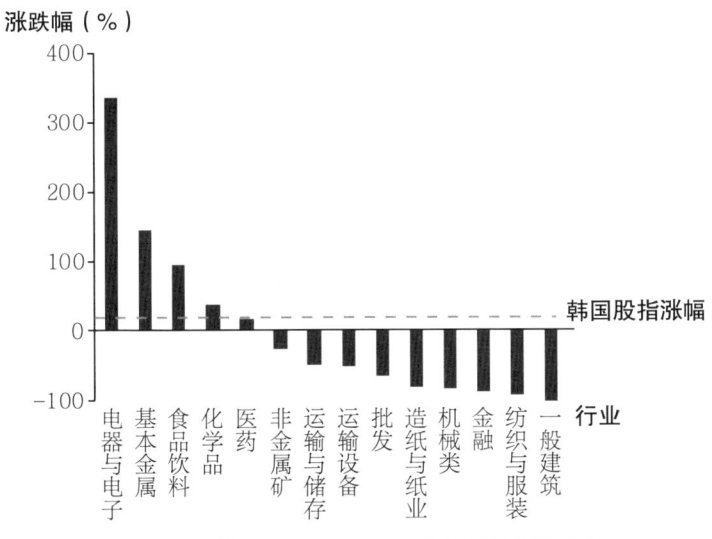

第十章 轻总量、重结构是转型期的市场共性 253

图 10-20 韩国 1993—2002 年分板块股指涨跌幅

资料来源：韩国证券交易所。

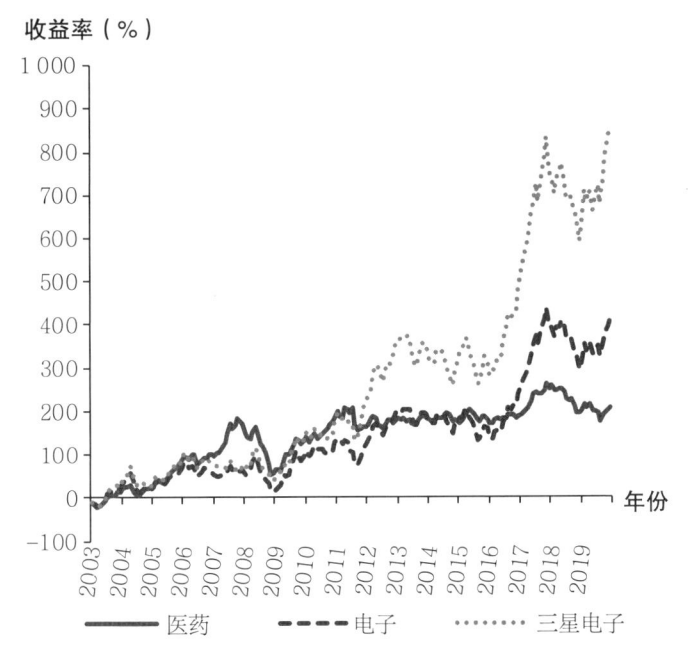

图 10-21 2003 年以来韩股领涨板块累计收益率

资料来源：韩国证券交易所。

案例

韩国三星的崛起

1983 年是韩国半导体产业的历史转折点，而三星的半导体产业发展历程就是一部浓缩的韩国半导体产业发展史。

韩国财团的介入让半导体行业进入 VLSI 生产时代，这些财团包括三星、金星社及现代（后改名为海力士半导体，并被 SK 集团收购）等企业，实现了韩国工业从简单的装配生产到精密的晶片加工生产的质变。20 世纪 80 年代，三星和现代等财团都在寻找未来的商业领域，最终它们将目标锁定为更具高科技导向的产业。当三星决定通过其电子业务进入大规模集成芯片生产时，现代决定也将芯片生产作为实现其电子产业多样化战略的一个途径。随着稍后金星社的加入，韩国最大的三家财团均参与进 VLSI 生产。

1983 年 2 月，前三星集团首席执行官李秉哲（Lee Byung Chul）决定对内存芯片生产进行大规模投资。这被认为是一个非常大胆的决定，因为当时韩国仍是一个简单的生产装配基地，1983 年，整个半导体生产中晶圆加工的份额仅为 4.3%。

随后，SST（硅存储技术）国际公司在硅谷成立，成为三星的技术前哨。SST 国际公司为三星的产品开发做出了重大贡献。该公司所开发的产品都转让给韩国的母公司 SST 并用于批量生产，这对三星的技术开发起到了至关重要的作用。

1983 年，三星在京畿道器兴地区建成首个芯片厂，并开始了一系列商业布局。三星首先向当时遇到资金问题的美光（Micron）公司购买 64K DRAM 技术，接着从日本夏普公司获得加工工艺及"互补金属氧化物半导体工艺"的许可协议。

在此过程中，三星等韩国公司已逐渐熟悉渐进式工艺创新，并积累了逆向工程方面的丰富经验，韩国的半导体产业进入了发展的快车道。

在选择 DRAM 作为主要产品后不久，三星于 1983 年 11 月成功研发了 64K DRAM。从技术上讲，韩国半导体行业实现了从相对简单的 LSI（大规模集成电路）技术到尖端的 VLSI 技术的重大飞跃。因此，1983 年标志着韩国 VLSI 芯片时代的开始。不可否认的是，在最初阶段，外国技术许可在三星产品开发中发挥了至关重要的作用。

1984 年，三星电子成立了一家现代化的芯片工厂，用于批量生产 64K DRAM，并于当年秋季首次出口美国。1985 年成功开发了 1M DRAM，并取得了英特尔"微处理器技术"的许可协议。

此后，三星在 DRAM 上不断投入，韩国政府也全力支持。由韩国电子通信研究所牵头，联合三星、LG、现代与韩国六所大学一起对 4M DRAM 进行官产学结合的技术攻关。该项目持续三年，研发费用达 1.1 亿美元，韩国政府承担了 57%，随后还推动了 16M 及 64M DRAM 的合作开发项目。

在 1983—1987 年实施的"半导体工业振兴计划"中，韩国政府共投入了 3.46 亿美元的贷款，并吸引了 20 亿美元的私人投资，这大大促进了韩国半导体产业的发展。

此后韩国一直在赶超。1988 年，三星完成 4M DRAM 芯片设计，这仅仅比日本晚 6 个月。随后，三星又趁着日本经济泡沫破裂及东芝和 NEC 等巨头大幅降低半导体投资之机，加大投资，引进日本技术人员。1992 年，三星开发出世界第一个 64M DRAM，超过日本 NEC，成为世界第一大 DRAM 制造商。

超越日本成为世界第一大 DRAM 制造商，只是三星带领韩国半导体产业迈向世界第一梯队的第一步。1995 年之后，三星多次发起"反周期定律"价格战，使得 DRAM 生产领域多数厂商走向破产，并逐渐形成

> DRAM 领域只有几家厂商垄断市场的现状。
>
> （摘自中国半导体行业协会网站，原文标题《韩国半导体是如何崛起的？》。）

二、消费升级板块受益于收入与消费观念的提升

我们在回顾历史时会发现，转型过程中资产价格表现良好的行业主要集中在两个逻辑链条上：政策扶持下快速发展的战略新兴产业以及居民收入提升带来的各种消费升级概念。传统行业在逐步出清的过程中，其龙头企业受益于行业优化带来的利润增厚，也会具备个股行情。产业升级对应的投资机会前文已有提及，下文简单梳理消费升级对应的投资机会。日本、韩国等先导型经济体对我国当下的参考意义更直观，我们逐一展开分析。

在日本经济转型的中后段，以医药和电器为代表的消费升级概念板块长期跑赢市场；相比之下，反映基本生活必需的食品消费板块的指数走势相对稳健，与股指大致相当。其中，以电器为代表的消费升级主题，受益于技术进步带来的产品更新换代及收入水平上升带来的需求升级等；以医药为代表的大健康主题，主要受益于居民收入提升和人口老龄化带动的健康消费需求的增加。

马斯洛需求层次理论，将人的需求从低层次到高层次依次分为五种：生理需求、安全需求、社交需求、尊重需求和自我实现需求。具体到居民消费演变历程来看，可以一般分为生存消费、大众消费、品质消费和理性消费 4 个阶段。在生存消费阶段，人们主要关注追求温饱（消费衣食住基本生活用品）；在大众消费阶段，工业化产品开始普及（收音机、电视机、汽车等耐用品消费数量的提升）；在品质消费阶段，人们实现了消

费从量变到质变的跨越，开始追求差别化、多样化和品牌化的消费。一般而言，人均 GDP 在 5 000 美元和 30 000 美元左右时，会依次出现消费阶段向品质消费与理性消费的跨越。

日本在刚刚开启转型不久的 1975 年，人均 GDP 跨过 5 000 美元关口，也正式进入品质消费阶段，家电等耐用品消费的内涵、消费场所的变化极为明显。20 世纪 70 年代初，电视机、洗衣机和冰箱等传统大型家电在日本已经普及。随着日本在此后进入个性化和品质化消费阶段，品牌大家电和个性小家电的需求快速增长，如空调和微波炉等（见图 10–22）。在这个阶段，家用电器从"一家一台"变为"一家数台"、"一人一台"或"一人数台"。在品牌大家电、个性小家电需求增长的支持下，20 世纪 80 年代左右，日本家用电器占比趋势性上升。由于需求的总量有限，生活必需品的消费升级更多体现为高端食品和健康商品等占比的上升。

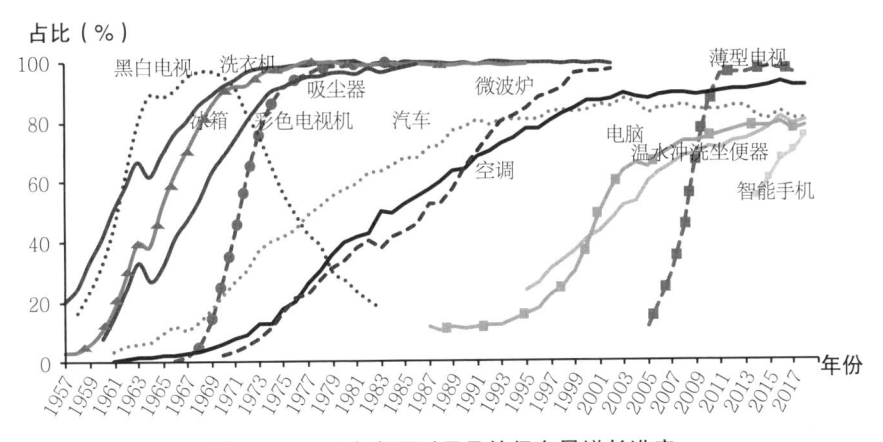

图 10–22　日本主要耐用品的保有量增长进度

资料来源：日本统计局。

案 例
日本经济转型一瞥：方便面高级化，高档车里约会

1981年，日本方便面推出了明星食品"中华三味"并将其作为高级产品来销售。现在的方便面市场上仍然还有高级产品。

日本雀巢在销售高级速溶咖啡新产品"雀巢咖啡礼品"的商业广告中，加入了比利时王室成员的图像。由于涉及贵族到底喝不喝速溶咖啡的问题，这种咖啡新品一时成为人们热议的话题。

由于引入了连速食食品都要"高级化"的差别化战略，大众商品饱和的情况常常出现。家电行业采取的是把"一家一台"变为"一家数台"、"一人一台"或"一人数台"的战略，而食物的消费量是有限的，因此商家将其高级化以提高商品单价。

在汽车方面，不仅每一代人的保有量在增加，而且汽车消费还不断地高级化，丰田的速乐娜、日产的西尔维娅等概念车就是其代表。

据日本汽车工业协会主页的信息，"首次设立概念车范畴的是福特野马……1964年问世的第一代野马拥有轻便的外部设计，性能良好，价格适中，配备了被称为'未来系统'的多种选项设定功能，深得人心，被誉为是美国市场上自T型福特以来福特公司的巨大成功……野马的成功对全世界的汽车厂商都产生了巨大影响，从70年代到90年代，各种型号的概念车相继在日本登场。""日本最先量产的概念车是70年代问世的丰田塞利卡"，丰田公司引进了和福田野马一样的未来系统。同一时期，五十铃117（1968—1981年）、马自达CosmoSport（1967—1972年）、日产天际线、三菱GTO（1970—1976年）等新型车也都开始上市销售。

1973年石油危机后，汽车行业开始对尾气排放进行管制，但人们对于概念车的需求没有下降，日产西尔维娅（1975—1979年、1979—1983年）、本

田 Prelude（1978—1982 年、1982—1987 年）相继问世，甚至 "80 年代在年轻人中间刮起了高级汽车风潮"，"丰田基先达成为高级汽车的代表"，但是 "高级汽车的鼎盛时期是双门硬顶的第一代速乐娜"。高级汽车对于年轻人来说是一种 "憧憬"，它又被称作 "约会车"，"设计师预想的是为了约会而开车飞驰在沿海公路上的情景，并不是用在婚礼上"。当时国际品牌增值服务机构 PARCO 的总经理增田通二也买了一辆洋溢着浓厚的时代气息的速乐娜。

（摘自三浦展《第四消费时代》，2014 年东方出版社出版。）

20 世纪 80 年代，服务消费在日本家庭消费中的占比持续、快速上升，并于 1992 年首次超过 50%，成为日本家庭消费的最主要组成部分（见图 10–23）。其中，医疗保健、休闲娱乐与教育文化、运输和通信等服务消费表现最为突出——医疗保健消费占比上升，与人口老龄化问题的出现有一定关联（见图 10–24）。

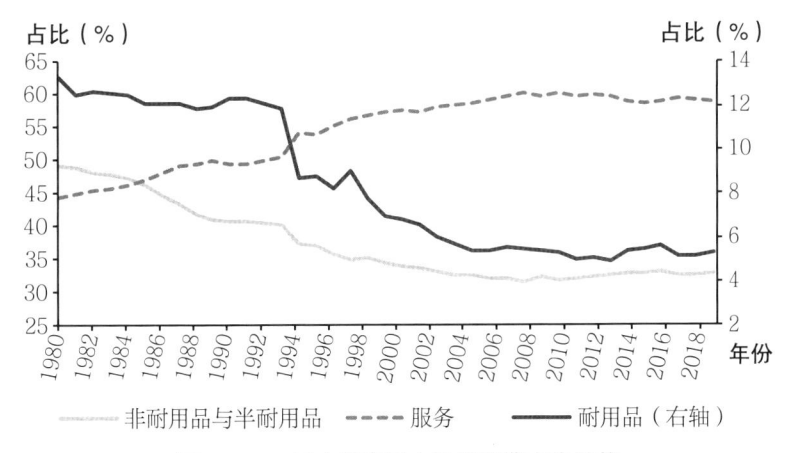

图 10–23　日本家庭国内最终消费支出结构

资料来源：日本统计局。

消费结构的升级在股市得到了清晰的反映。其中，实物消费升级的逻

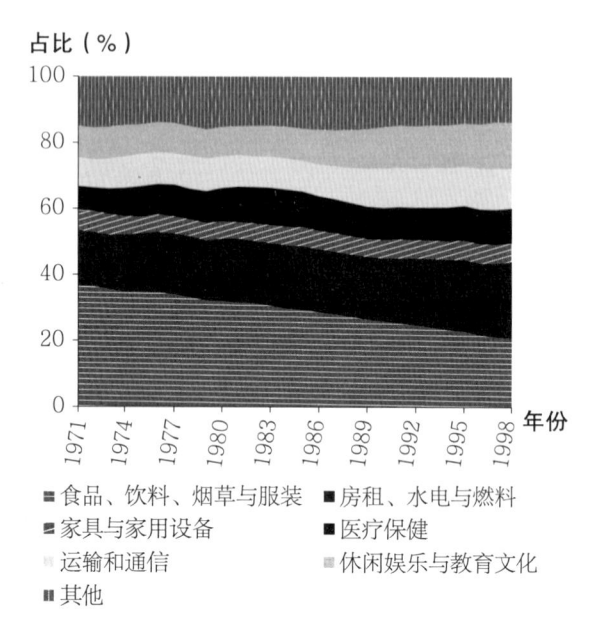

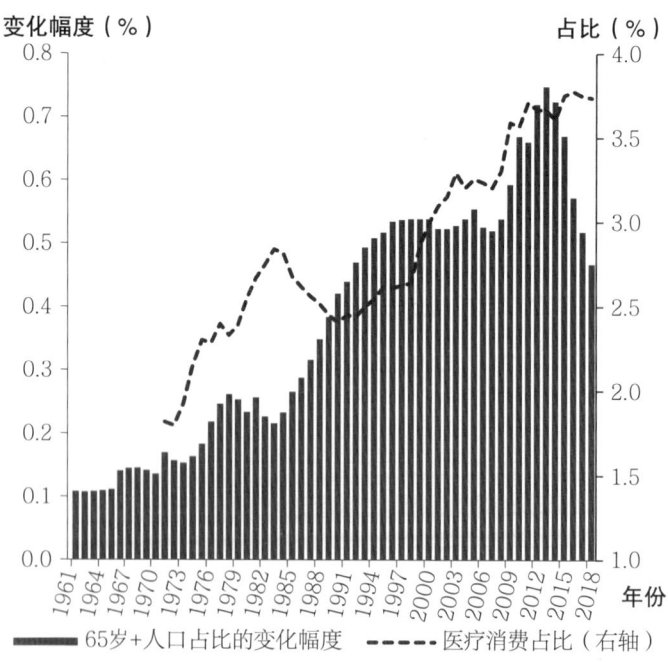

图 10-24　日本家庭消费结构变化

资料来源：世界银行、日本统计局、日本饮食安心安全财团。

辑早于服务消费升级得到体现。在20世纪70年代中期至80年代中期的日本经济快速转型期，家用电器的股指上涨接近6倍，明显好于股市大盘（上涨接近3倍）。家电板块的强劲表现，一方面，有国内实物消费升级逻辑的支持；另一方面，也有日本家电国际竞争力提升和海外需求强劲的支持。相比之下，居民服务消费升级的逻辑在股市的体现更多出现在转型阶段性成功后。20世纪80年代后期至21世纪初，服务业板块的表现好于大盘，而医药板块的超额收益出现更晚一些，却十分突出，在1995年后持续跑赢大盘收益（见图10-25）。

相比之下，随着行业在经济中地位的变化，一些传统周期性行业的股指表现却一直较为疲弱。第一次石油危机爆发后，日本加速产业结构的转型升级，转变经济发展方式，传统航运、建筑和房地产等行业的需求随之下降（见图10-26）。反映在股市中，这类周期性板块持续跑输大盘。金融行业表现有所分化，自1973年以来，银行业除了20世纪80年代中后期资产泡沫期间存在超额收益外，在其他的多数时间也都跑输市场。相比之下，保险板块由于寿险、财险等品种较为多样，长期来看仍存在一些超额收益。

在经济转型阶段，韩国居民消费结构升级在资本市场也有所反映。在经济高速发展的二十世纪七八十年代，韩国消费水平仍处于大众消费阶段，消费需求扩张最快的是汽车和家电等耐用品，而服务消费需求长期处于较低水平。20世纪90年代初开启转型后，韩国服务消费占比快速上升，在1993年达到50%，此后继续上升，成为居民消费的最主要构成部分（见图10-27）。与日本相似，韩国以休闲娱乐和文化教育为代表的发展型消费需求占比上升最为显著，卫生保健支出占比在20世纪90年代出现阶段性调整后，2000年后开始趋势性大幅上升，与人口结构加速老龄化的背景较为一致（见图10-28）。此外，20世纪90年代恰逢全球信息技术快速发展及互联网普及的阶段,居民通信消费支出占比在这一阶段也有明显上升,但在 2000 年后趋于稳定。

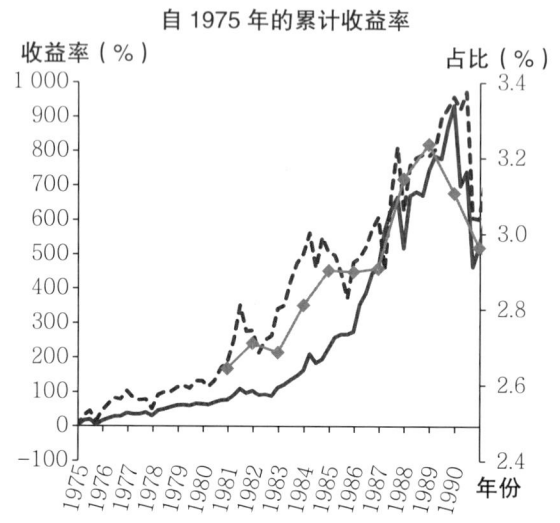

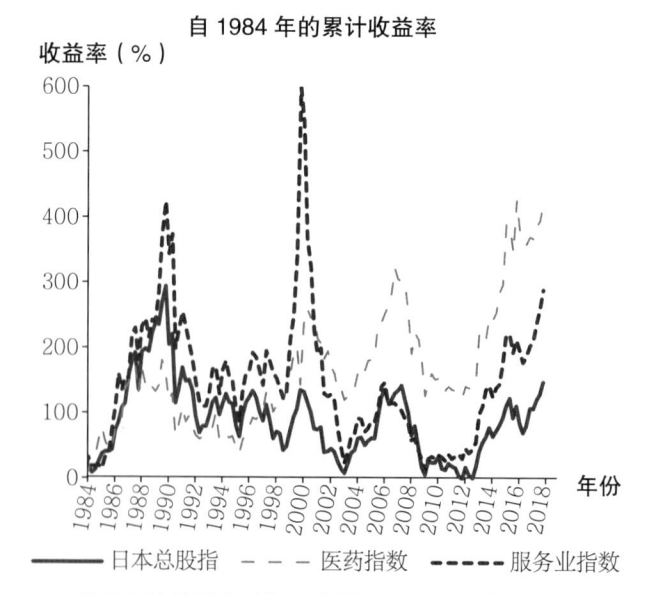

图 10-25 日本经济转型中后期,电器、服务和医药板块先后跑赢大盘

资料来源:东京证券交易所。

第十章 轻总量、重结构是转型期的市场共性 263

自1974年以来的累计收益率

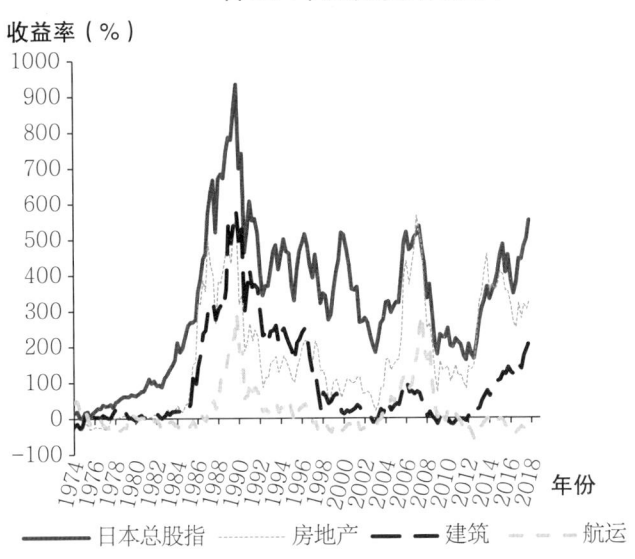

日本总股指 ······ 房地产 ━━ 建筑 ╌╌ 航运

自1984年以来的累计收益率

日本总股指 ╌╌ 保险 ····· 银行

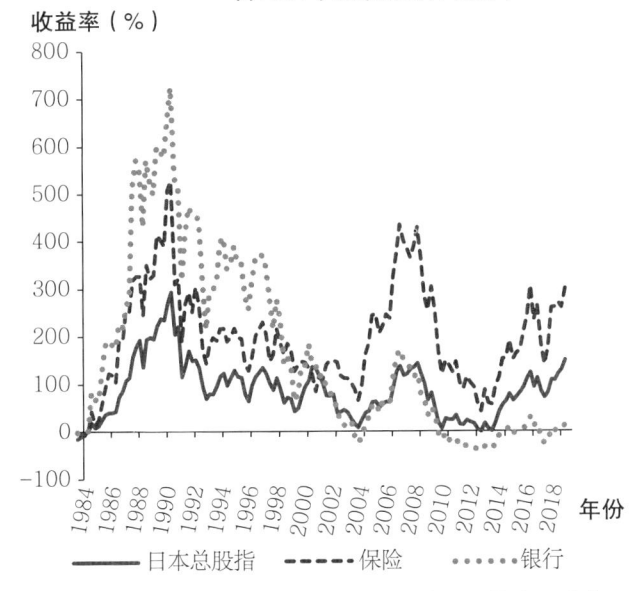

图10-26 日本转型期间，传统周期性行业的表现分化

资料来源：东京证券交易所。

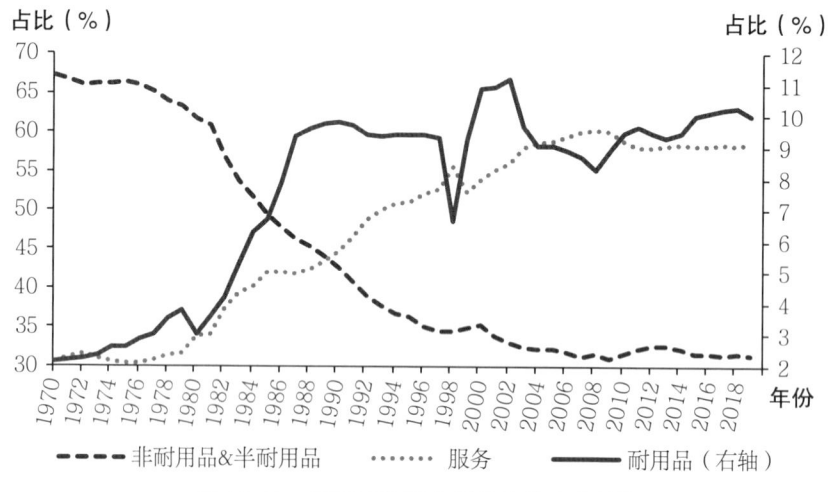

图 10-27　韩国家庭国内最终消费支出结构

资料来源：韩国央行。

韩国居民消费结构的变化在资本市场上也有所体现。1993—2002 年间，韩国股市总体震荡，总股指的区间累计收益率仅有 7%，而与消费相关的食品饮料和医药板块总体收益率分别为 76% 和 12%，明显好于大盘总体水平（见图 10-28）。自 2003 年转型成功以来，韩国人口老龄化加速等因素带动的医疗需求上升逻辑继续演绎，带动医药板块持续跑赢大盘，相比之下，食品饮料板块的走势则趋于稳健（见图 10-29）。

在韩国经济转型期间，食品饮料板块走势较好，可以从行业属性和板块内部结构中找到原因。1993—2002 年，涨幅最大的大市值食品饮料企业分别为乐天七星饮料、南阳乳业和农心集团，主营范围分别为饮料（如七星雪碧）、乳制品和方便面等速食品，均为各自领域的龙头企业（见图 10-30）。由于 20 世纪 90 年代韩国宏观经济环境较为动荡，生活必需品存在一定的防御风险的特征，因而这一板块在市场上受到追捧。另外，这些表现比较好的公司自身也在 20 世纪 90 年代为加快革新品质和创新产品寻求新的盈利点。

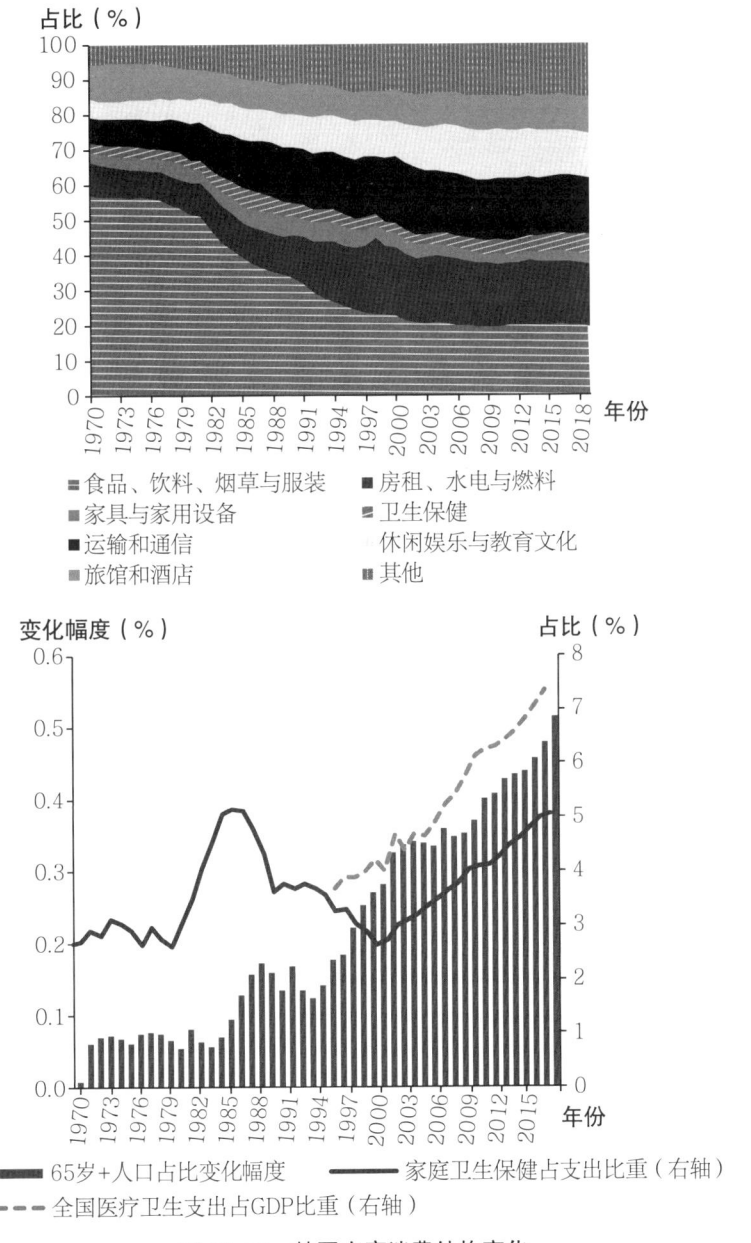

图 10–28 韩国家庭消费结构变化

资料来源：韩国央行。

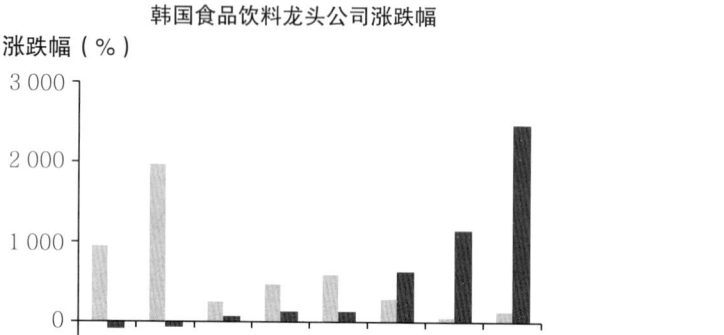

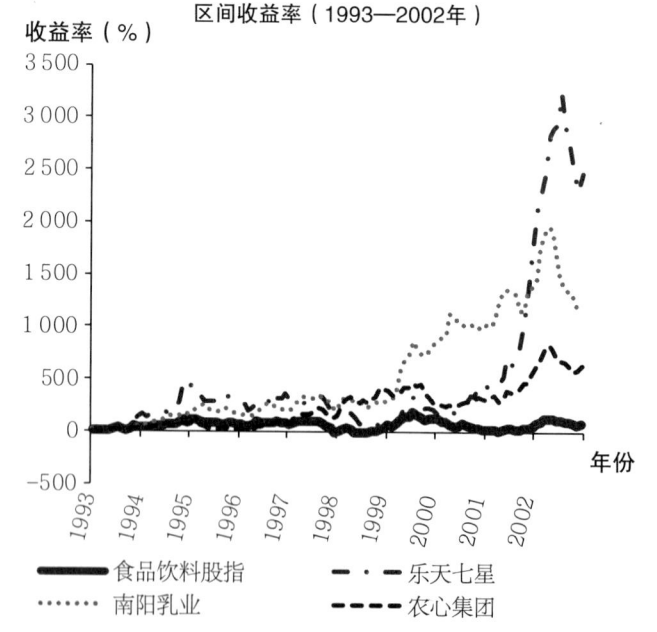

图 10-29　韩国食品饮料板块中代表性龙头企业涨跌幅

资料来源：韩国证券交易所。

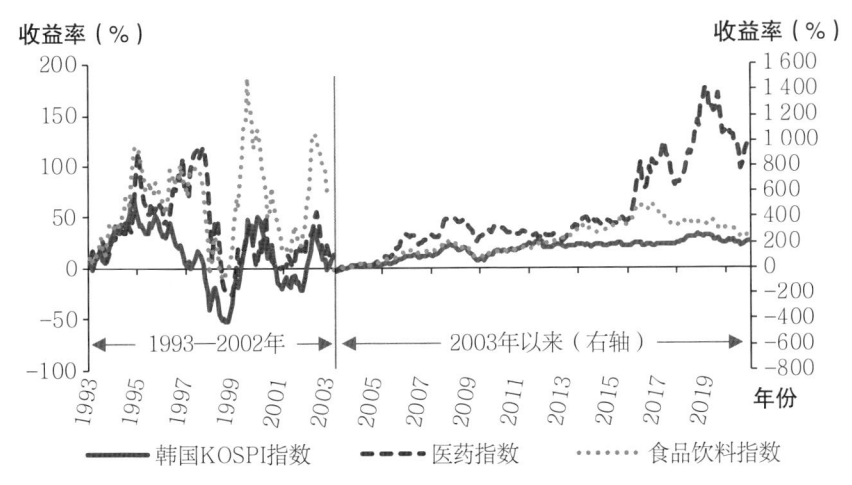

图 10–30　韩国转型期间，医疗和食品饮料指数区间收益率

资料来源：韩国证券交易所。

与日本相似，韩国经济转型期间的运输仓储业和金融板块总体跑输大盘。20世纪90年代前期，随着经济整体得到修复，作为生产支持性行业，运输仓储业的基本面也开始进行修复，对应板块股指表现不差。在同一阶段，韩国金融机构大量借入外债并从中受益，对应板块在市场上也收获了可观的超额收益（见图10–31）。20世纪90年代后期，韩国经济增长压力加大，经济较为动荡，生产行业整体低迷，作为生产支持性行业的运输仓储业也开始下滑，对应股指表现较为疲弱。到了亚洲金融危机期间，金融体系被严厉整顿，利率水平大幅下降，韩国金融服务板块股指总体跑输大盘。与日本相似，在经济转型结束后，韩国的金融和运输等板块表现也较为平淡，超额收益不复存在。

图 10-31　韩国标准化股指走势

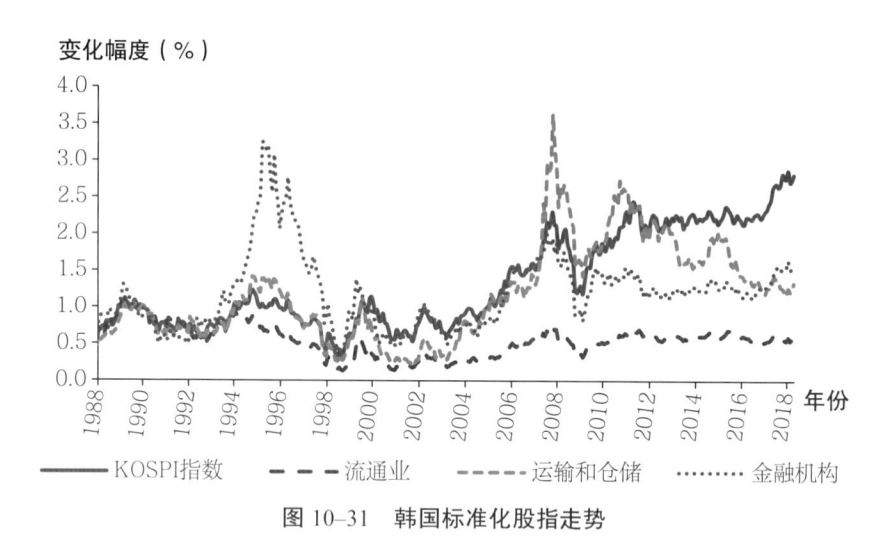

资料来源：韩国证券交易所。

本章小结

转型阶段的经济规律与传统周期阶段大为不同。作为经济的晴雨表，资本市场也会有一些新的变化。我们做了大量先导型经济体的历史回顾，规律还是很明显的。

在经济转型的前半段，经济体的增速开始下台阶，政策会进行"抵抗式"对冲，市场以围绕基本面震荡为主，对政策的敏感度较高。这一时期是转型最"煎熬"的阶段，对于市场而言亦是如此。在经济转型后半段，经济增速下来了，但由于产业结构的优化，企业的成长性开始凸显，往往会出现一波延续性比较强的"指数牛""转型牛"。

在经济转型过程中，"结构牛"贯穿始终。资产价格表现良好的行业主要集中在两个逻辑链条：政策扶持下快速发展的战略新兴产业，以及受益于收入提升带来的各种消费升级概念。传统行业在逐步出清的过程中，其龙头企业受益于行业优化带来的利润增厚，也会具备个股行情。

第十一章

"结构主义"兴起,转型成为最重要的主线

第一节
传统总量思维失效，产业结构升级带来投资机遇

一、传统周期框架失效，总量波动弱化，结构分化凸显

随着经济发展进入不同阶段，国内资本市场上的资产定价逻辑也在变化。在传统框架渐趋失效的同时，新的投研框架正在逐步成形。

在周期性规律较为显著的时期，无论是大类资产的选择，还是权益类资产的行业配置，都存在明显的周期轮动现象，此时的市场投研框架以传统周期框架为主。在传统周期框架下，最优的投资策略也有着很明显的周期特征。其中，"美林投资时钟"是传统周期框架中最为系统的投资理论之一，它将经济周期、资产配置和行业轮动等投资参考要素直观地联系在了一起（见图11-1）。

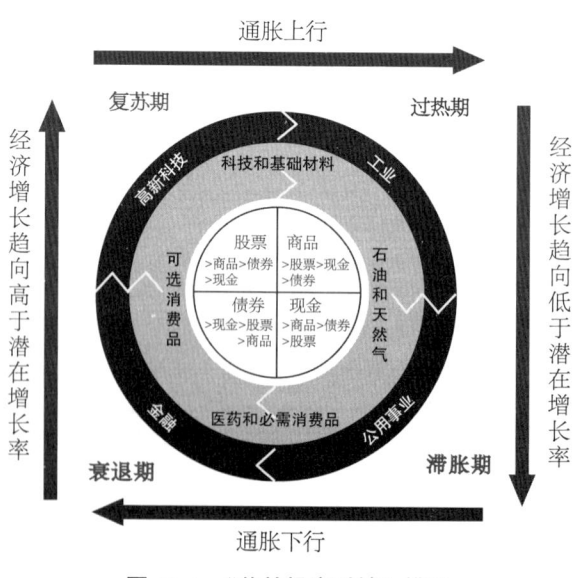

图 11-1 "美林投资时钟"模型

资料来源：Merill Lynch（2004）。

"美林投资时钟"将经济的周期性往复分成了四个阶段：复苏、过热、滞涨和衰退。在传统周期下的复苏阶段，经济是上行的，通胀还在低位，企业赢利能力明显修复，宏观政策仍延续了相对宽松的状态，此时大类资产配置的最优选择是股票。而在股市的具体行业或板块方面，人们往往会看到"大票搭台、小票唱戏"的现象，即传统周期性行业先出现行情，随后风险偏好的提升会带动科技类成长股票的市场表现。

复苏过程中物价会逐步上升，经济逐渐过渡到过热阶段，宏观政策开始逐步收紧，经济增速开始放慢。在这个阶段，商品的市场表现优于其他资产，股票市场在强劲的盈利与估值下修之间权衡，其中的资源性行业表现相对较好，而债券市场表现较差。

过热之后的阶段是滞涨阶段，此时经济已经开始下行，而物价因为滞后性还在攀升的过程中，虽然企业盈利开始下行，但宏观政策总体上还是偏紧的。此时，大类资产中，现金成为最佳选择，商品市场的行情逐步消退，股票市场、债券市场都会受到压制，股市中的消费品行业表现好于其他行业。

滞涨之后是衰退阶段，经济加速下行，物价也开始回落。为了对冲经济下行压力，宏观政策开始全面放松。在这个阶段，债券市场是大类资产中的最佳选择，宽松的货币流动性环境与经济运行的疲弱，都有利于债券收益率下行，股票次之，商品市场压力较大。股市中高股息的公用事业类行业具有类债属性，在衰退期往往会有不错的表现。同时，金融类企业会受益于政策宽松以及未来经济企稳复苏的预期。

从研究方法论来讲，在传统周期框架下，如果我们厘清了当下及未来一段时期经济所处的周期状态，那么从资产配置到行业轮动的选择基本都是清晰的。因此，大家会着力于短周期分析，需求端分析自然而然成为投资者研究的重心。彼时，最常采用的研究方法莫过于历史归纳法。

我们经常可以看到，经济学家们把存在一定逻辑关系的多组数据放在一起，寻找指标与指标之间的时滞关系，通过构建领先、同步及滞后指标体系对未来做出研判。

进入转型期之后，随着经济结构的调整与政策思路的转换，传统周期框架对市场投研的指引意义在不断弱化。诚如我们在前文中反复阐释的，经济的周期性波动不断弱化，结构分化对投资的意义远大于总量波动本身。传统周期框架下侧重总量分析和需求端分析的方法论在这个阶段的有效性趋于下降，而产出质量的重要性开始上升，比如侧重产业格局或供给质量方面的分析。由于我们前期尚未经历过更高层级的发展状态，所以在研究方法上也会转向先导型经济体的经验分析，而不是传统周期阶段的历史归纳。本书将适宜于转型阶段的投研分析框架称为结构主义框架，与传统周期框架相区分（见图11-2）。

图 11-2 传统周期框架与结构主义框架比较

资料来源：赵伟（2019）。

在结构主义框架下，我们在做投资研究时会发现，产业格局与某一产业在转型大背景下的定位开始成为更为重要的因素。旧的行业加快出清，周期性行业逐渐失去周期性，甚至部分产业格局好的龙头企业表现出良好的成长属性，比如建材与化工等行业中的某些子类。新的产业加快培育，看多中国的投资者倾心于寻找有广阔未来的"硬核"产业。传统周期框架中侧重需求端研究的方法体系逐渐被市场摒弃。看多未来成为重要主线，而未来又是未知的，于是国际经验分析自然而然就成了最重要的研究手段。

传统周期框架的失灵在很多方面皆有体现，我们依然以"稳增长"政策发力阶段的市场表现为例。在传统周期框架下，"稳增长"政策加码的过程中，周期类行业在股市上的表现会明显好于消费类或成长类行业，但是2011年之后这些规律在逐步弱化。近些年来，即便是政府持续加码"稳增长"，市场对周期类股票也兴趣索然，在2019年年初以来逆周期调控加码的过程中，市场依然更青睐消费类或成长类行业。如果再挖掘得更细致一些，我们会发现，传统周期板块整体表现受到压制的同时，行业之间的分化明显加大，行业格局好的建材和化工行业部分子类的市场热度一直比较高，其他行业则不然。

在周期类行业中，优质龙头企业的表现明显好于行业平均水平。周期类行业的 β 属性弱化，优质企业的 α 属性开始凸显。以工业化阶段最具代表性的传统行业钢铁业为例，尽管2011年以来钢铁行业整体收缩，对应估值持续承压，但方大特钢等优质龙头企业仍持续收获显著的超额收益，表现明显好于行业指数（见图11-3）。

二、转型酝酿机遇：新经济培育加快，传统行业格局优化

经过多年的快速发展，中国在家电、消费电子和交通运输等诸多领域的技术水平已经居于全球领先地位，但在半导体、生物技术、医药研发、系统软件和航空等前沿技术领域与发达国家仍然存在较大差距。核心技术发展不足，使得中国核心零部件大量依赖进口，产业定位的附加值低，供应链风险大。以消费电子的供应链为例，尽管全球70%以上的消费电子产品由中国生产，但是以半导体材料及零部件等为代表的中间品产业

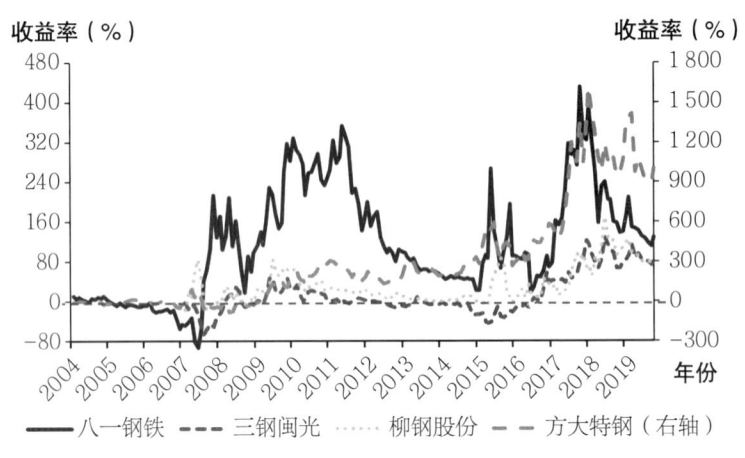

图 11-3　龙头钢企相较钢铁板块的超额收益率

资料来源：上海证券交易所、深圳证券交易所。

的自给率极低，严重依赖国外进口，其中集成电路作为我国电子产业链上的核心部件，2018 年的自给率仅为 15%（见图 11-4）。对国外关键原料和零部件的过度依赖，一方面导致部分电子产业的供应链较为脆弱；另一方面也使得中国深度参与全球产业链分工环节，出口产品的国内附加值比率普遍偏低（见图 11-5）。

部分核心技术、设备及零部件等领域的生产水平相对落后，与我国基础研发能力不足有很大关系。在早期"追赶效应"快速释放的阶段，我国可以通过引进和学习来加快技术进步，但随着发展水平向更高阶段演进，基础研发不足对创新驱动力的掣肘就显现出来了，中国创新能力在全球的排名一直在 10 名开外。我国研发支出占 GDP 比重近些年持续上升，截至 2017 年已升至 2.15%（见图 11-6），但总体依然明显低于美国（2.79%）、日本（3.21%）及韩国（4.55%）等发达经济体。而且，我国的研发支出大量用于已有技术的商业开发和应用，2017 年用于基础研究的资金支出占比只有 5% 左右，远低于美国的 17% 和日本的 13%（见图 11-7）。虽然先进技术的商业开发与应用有利于兑现研发成果的价值，加

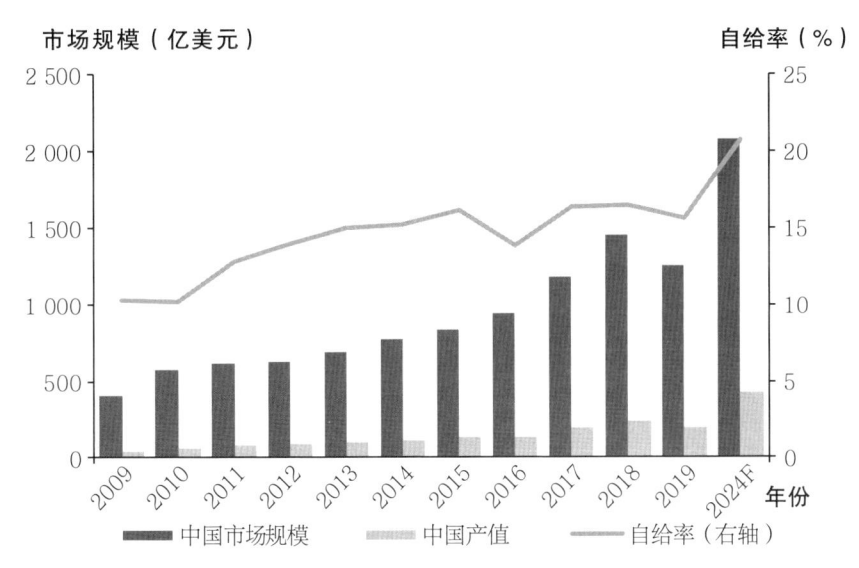

图 11-4 中国集成电路市场规模与自给率

资料来源：IC Insights。

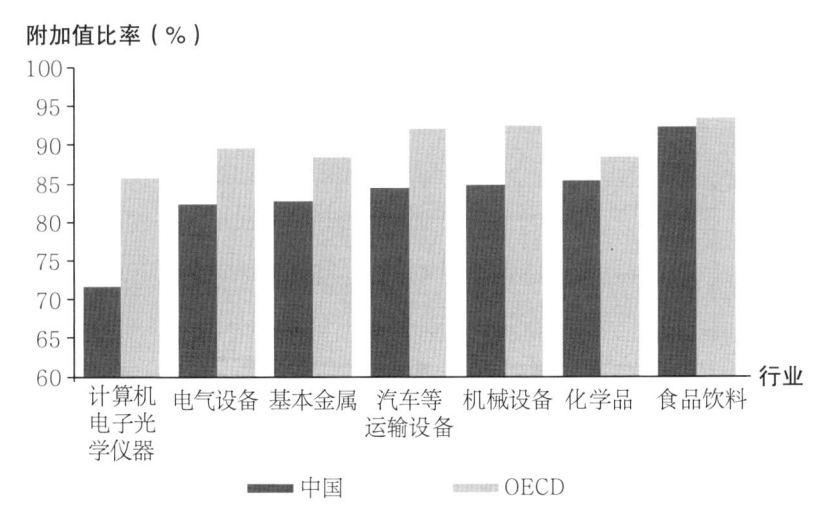

图 11-5 中国出口产品的附加值比率及与 OECD 国家的差距

资料来源：OECD、国家统计局。

快缩小我国与发达经济体之间的差距,但是基础性研究持续不足对于产业结构转型的长期动力会有不利影响。

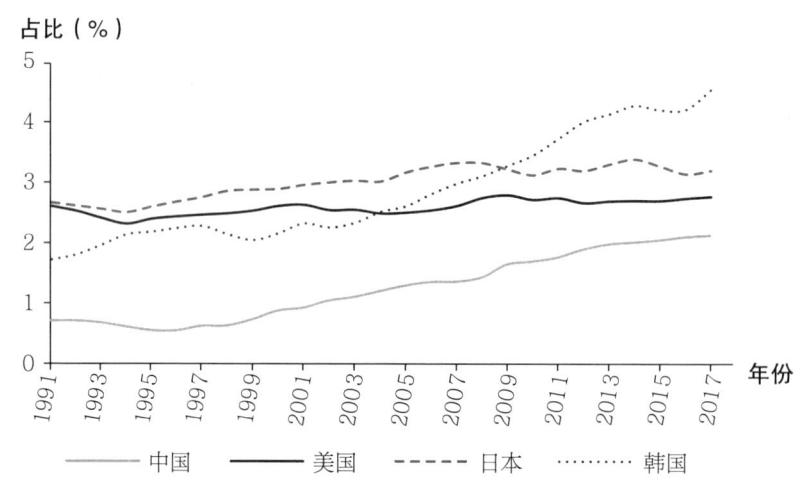

图 11-6　中、美、日、韩研发支出占 GDP 比重

资料来源:OECD。

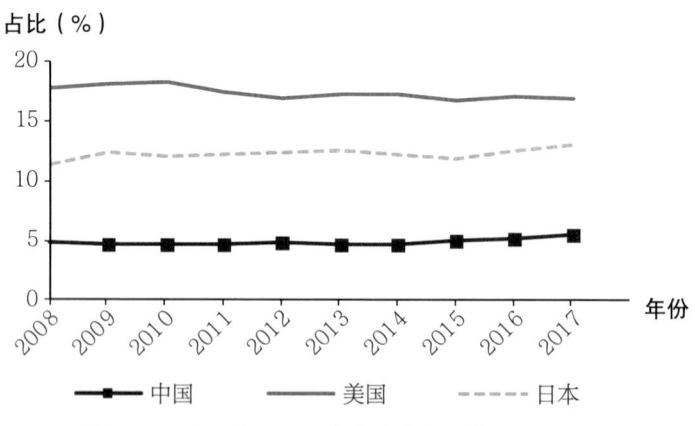

图 11-7　中、美、日研发支出中投向基础研究占比

资料来源:OECD、教育部。

近年来政策持续发力,各地加快培育核心产业,尤其注重对一些基

础性产业"补短板"。除了前文中我们讨论过的产业政策和区域政策层面的支持之外,部分新兴产业还受益于大规模的国家级产业基金等的支持。2014年,我国发布《国家集成电路产业发展推进纲要》,并成立国家集成电路产业投资基金(下文简称"大基金")。到2018年年初,第一期大基金募集的1 387亿元全部完成投资,撬动了5 145亿元社会资金。集成电路产业上游的关键材料及装备是重点投资领域,比如刻蚀机、薄膜设备、测试设备、清洗设备及化学机械研磨设备等核心产品,以及一些关键零部件和重点材料(见图11-8)。在大基金的大力支持下,集成电路产业加速布局,相关生产设备需求快速增加,2018年,集成电路制造装置、航空器零件及单晶柱制造装置等机械设备进口高速增长。

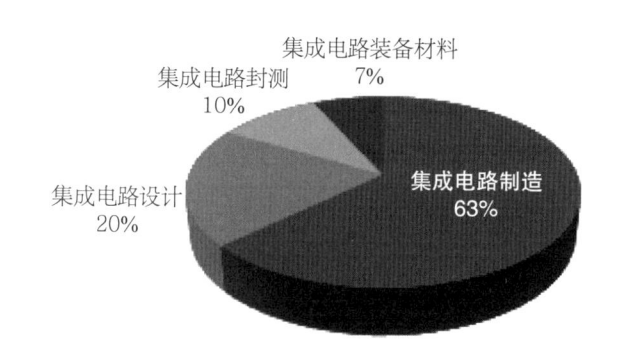

图 11-8 第一期大基金承诺投资布局

资料来源:《中国证券报》。

从2018年3月起,第二期大基金开始募集资金,规模超过2 000亿元。不同于一期项目主要投资于制造环节,二期基金将针对半导体行业尤其芯片产业的薄弱环节进行集中突破。2020年3月底,二期基金开始实质性投资,有望带动以集成电路为核心的部分先进制造业快速发展。

案例

大基金助力半导体产业发展

我国高度重视集成电路产业发展，近年来中央政府密集出台了一系列集成电路扶持政策，使得融资、税收和补贴等政策环境不断优化。

2011年，国务院发布《进一步鼓励软件产业和集成电路产业发展的若干政策》，对于集成电路制造企业实施税收优惠政策。2014年6月，国务院出台了《国家集成电路产业发展推进纲要》（以下简称《纲要》），将半导体产业新技术研发提升至国家战略高度。《纲要》明确提出：到2020年，集成电路产业与国际先进水平的差距逐步缩小，全行业销售收入年均增速超过20%，企业可持续发展能力大幅提高；到2030年，集成电路产业链主要环节达到国际先进水平，一批企业进入全球第一梯队，实现跨越式发展。2018年的《政府工作报告》也将集成电路产业列入加快制造强国建设的产业目录，延续了国家大力支持集成电路产业发展的政策。

在《纲要》指导下，我国成立了国家集成电路产业投资基金股份有限公司，该公司由财政部（持股25.95%）、国开金融有限责任公司（持股23.07%）、中国烟草总公司（持股14.42%）、北京亦庄国际投资发展有限公司（持股7.21%）、中国移动通信集团公司（持股7.21%）等持股。

大基金一期成立于2014年9月24日，总规模为1 387亿元，重点投向集成电路芯片制造业，兼顾了芯片设计、封装测试和材料等集成电路相关产业。截至2017年年底，大基金累计有效决策投资60多个项目，惠及46家企业，基本实现了集成电路全产业链的布局和覆盖。在大基金的带动下，从已投资企业来看，基金（包含子基金）已投资企业带动新增社会融资约5 000亿元，按照基金实际出资额计算放大比例为1∶5。

2019年10月22日，大基金二期正式成立，注册资本2 041.5亿元，撬动投资规模有望超过 1 万亿元。大基金二期主要发起方和投资方共有 27 家机构，股东除了前述主体外，还纳入了更多部委、央企和多个省市的投资公司。

在 2019 年 9 月初的半导体集成电路零部件峰会上，大基金管理人透露了未来大基金投资的三个重点布局方向。

- 支持龙头企业做大做强，提升成线能力。一期基金主要完成产业布局，二期基金将对在刻蚀机、薄膜设备、测试设备和清洗设备等领域已布局的企业保持高强度的持续支持，推动龙头企业做大做强，形成系列化和成套化装备产品。加快开展光刻机和化学机械研磨设备等核心设备以及关键零部件的投资布局，保障产业链安全。
- 产业聚集，抱团发展，组团出海。大基金要推动建立专属的集成电路装备产业园区，吸引装备零部件企业集中投资设立研发中心或产业化基地，实现产业资源和人才的聚集，加强上下游联系交流，提升研发和产业化配套能力，形成产业聚集的合力。积极推动国内外资源整合与重组，壮大骨干企业。
- 继续推进国产装备材料的下游应用。充分发挥基金在全产业链布局的优势，持续推进装备与集成电路制造、封测企业的协同，加强基金所投企业间的上下游结合，加速装备从验证到"批量采购"的过程，为本土装备材料企业争取更多的市场机会。

（信息整理自全国社会保障基金理事会、企查查、证券时报网。）

除先进制造业以外，以新一代信息技术为核心的高端生产性服务业的发展空间也极为广阔。自 2015 年以来，国家产业政策持续向信息技术领域倾斜，强调对 5G、物联网和人工智能等新一代信息技术的培育，加大信息技术和高端制造的深度融合（见表 11-1）。2020 年"稳增长"政策发力时，基建投资新老并举。5G、工业互联网和人工智能等新型基础设施建设成为稳投资的重要抓手。

表 11-1 国家政策注重信息技术产业与高端制造的融合发展

时　间	文件或会议	重点支持领域
2011 年 12 月	《国务院办公厅关于加快发展高技术服务业的指导意见》	研发设计服务、知识产权服务、检验检测服务及科技成果转化服务等八个领域的高技术服务加快发展
2015 年 7 月	《国务院关于积极推进"互联网+"行动的指导意见》	以互联网融合创新为突破口，培育壮大新兴产业，引领新一轮科技革命和产业变革
2016 年 7 月	《国家信息化发展战略纲要》	以智能制造为突破口，加快信息技术与制造技术、产品、装备融合创新，推广智能工厂和智能制造模式
2018 年 9 月	《关于发展数字经济稳定并扩大就业的指导意见》	加快数字基础设施建设，着力发展壮大互联网、物联网、大数据、云计算和人工智能等信息技术产业
2018 年 12 月	中央经济工作会议	推动先进制造业和现代服务业深度融合，坚定不移建设制造强国。加快 5G 商用步伐，加强人工智能、工业互联网、物联网等新型基础设施建设
2019 年 1 月	《服务业质量提升专项行动方案》	促进人工智能、生命科学、物联网等新技术在服务领域的转化应用
2019 年 9 月	《关于促进制造业产品和服务质量提升的实施意见》	加快发展 5G 和物联网相关产业，深化信息化和工业化融合发展，打造工业互联网平台，加强工业互联网新型基础设施建设，推动关键基础软件、工业设计软件和平台软件开发应用，提高软件工程质量和网络信息安全水平

(续表)

时间	文件或会议	重点支持领域
2019年12月	《关于促进"互联网+社会服务"发展的意见》	支持引导新型穿戴设备、智能终端等产品和服务研发，丰富线上线下相融合的消费体验。鼓励开展同步课堂、高清视频通信社交等智能化交互式创新应用示范，引领带动智慧医疗和智慧养老等新产业、新业态发展。面向远程医疗、在线教育、智慧养老等领域，加快5G行业应用试点
2020年3月	《关于进一步促进服务型制造发展的指导意见》	引导制造业企业稳步提升数据化、网络化技术水平，加强人工智能、工业互联网、物联网等新型信息技术应用，加快利用5G等新型网络技术开展工业互联网改造

资料来源：新华网、中国政府网及工信部。

传统行业也在不断演进，加快优化。在产业格局加速优化的过程中，龙头企业的 β 属性弱化，α 属性凸显。以最具代表性的传统产业钢铁和煤炭业为例，2019 年以来钢、煤供给侧改革的工作重点均发生了一定变化。钢铁行业未来一段时间更多要在控制产能总量的前提下优化存量结构，主攻方向"从产能总量调整转向现有产能结构优化、布局调整和兼并重组"。煤炭行业的工作重点则要从总量去产能转向结构性去产能，通过有序释放先进产能并淘汰落后产能，提高供给质量。

第二节
消费全方位升级是大势所趋，"确定性"享受溢价

一、消费升级在多个维度发生，服务业空间巨大

马斯洛需求层次理论为消费升级行为提供了理论基础。一般而言，最

基本的生理需求主要由食品、服装和住房等实物来满足，安全、爱和归属感等更高层次的需求则更多是通过医疗保健和金融服务等消费行为来满足。随着收入水平的提升，消费的全方位升级是必然的，不只体现在实物消费层面，还包括服务消费层面等，其中服务类需求的改善空间最大。我们在整理先导型经济体的发展经验时都发现了类似的情形。中国近些年来的发展历程亦不例外，食品与服装等基本生存需要的商品型消费需求占比持续下降，自1996年以来，下降了20多个百分点至40%出头，与此同时，文教娱乐、医疗保健等更高层次的服务型消费需求占比趋势性提高，20余年间上升了10多个百分点，达到30%左右（见图11-9）。

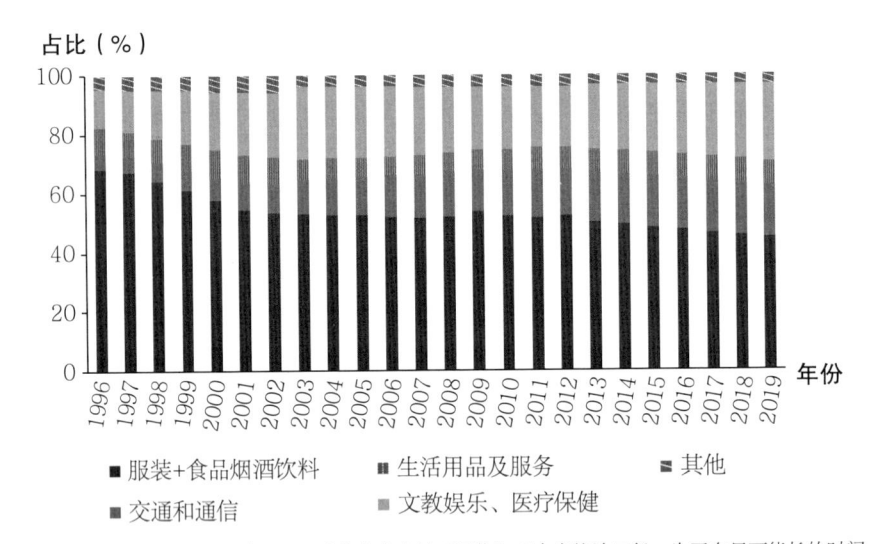

注：2013年，国家统计局修正居民消费支出中的"居住"项支出统计口径。为了在尽可能长的时间维度中观察居民消费支出的结构变化，这里的消费支出不含"居住"项的支出。

图11-9 全国城镇居民人均消费支出结构

资料来源：国家统计局。

与发达经济体相比，我国服务类消费占比仍处于较低水平，未来的提升空间巨大。以美国为例，20世纪50年代初服务消费占比只有不到

50%，此后一路攀升，截至 2019 年年底已达到 70%；韩国、日本等经济体在相应发展阶段都出现过类似的消费升级，服务消费占比持续提升（见图 11-10）。从国际经验比较来看，我国的消费升级尤其是服务消费的提升还有很大的改善空间。

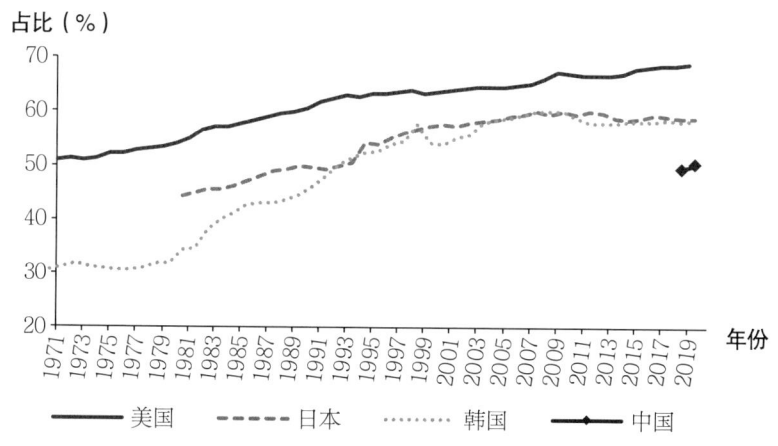

注：中国从 2018 年才开始公布完整口径的服务消费数据。

图 11-10　中、美、日、韩国民消费中服务消费所占比重

资料来源：世界银行，中国统计局。

我国服务业长期存在有效供给不足的问题，这在一定程度上压制了服务消费需求的释放。围绕这个问题，近些年来我国出台了一系列与服务消费"提质扩容"相关的改革政策。2019 年年中以来，中央针对文化旅游、体育健身及家政养老等领域出台了很多扶持政策（见图 11-11）。以家政行业为例：一方面，通过加强培训和职业教育等实现"提质"；另一方面，通过放宽服务消费领域的市场准入标准和降低企业运营成本等措施帮助行业供给"扩容"。在中央的政策引导下，福建、海南等省市已出台地方性落实文件，在文化旅游、健康、养老、体育、家政和教育培训等领域放宽准入条件，促进消费潜力释放。

284　转型之机

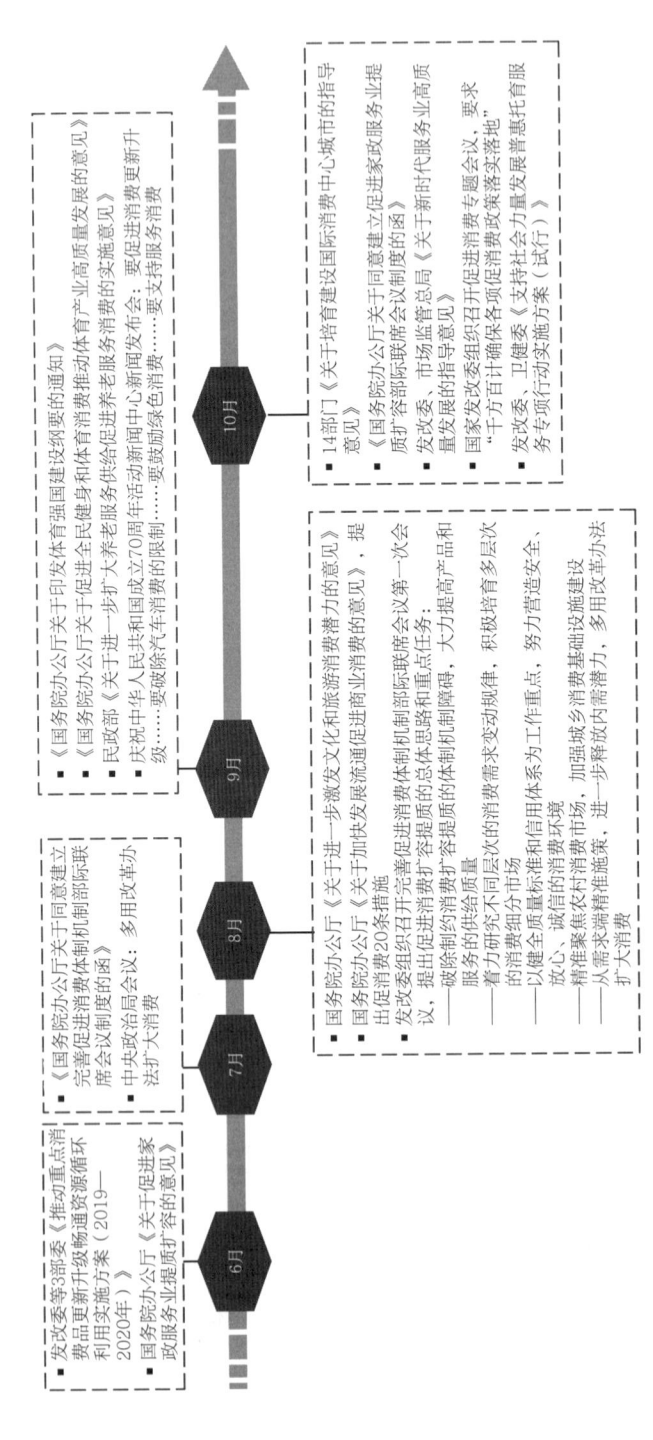

- 发改委等3部委《推动重点消费品更新升级 畅通资源循环利用实施方案（2019—2020年）》
- 国务院办公厅《关于促进家政服务业提质扩容的意见》

- 《国务院办公厅关于同意建立完善促进消费体制机制部际联席会议制度的函》
- 中央政治局会议：多用改革办法扩大消费

- 国务院办公厅《关于进一步激发文化和旅游消费潜力的意见》
- 国务院办公厅《关于加快发展流通促进商业消费的意见》，提出促进消费20条措施
- 发改委组织召开完善促进消费体制机制部际联席会议第一次会议，提出促进消费扩容提质等总体思路和重点任务：
  ——破除制约消费扩容提质的体制机制障碍，大力提高产品和服务的供给质量
  ——着力研究不同层次的消费需求变动规律，积极培育多层次的消费供给体系
  ——以健全质量标准和信用体系为工作重点，努力营造安全、放心、诚信高质量的消费环境
  ——精准聚焦农村消费基础设施建设，加强城乡消费基础设施建设
  ——从需求端精准施策，多用改革办法，进一步释放内需潜力，扩大消费

- 《国务院办公厅关于印发体育强国建设纲要的通知》
- 国务院办公厅《关于促进全民健身和体育消费推动体育产业高质量发展的意见》
- 民政部《关于进一步扩大养老服务供给促进养老服务消费的实施意见》
- 庆祝中华人民共和国成立70周年活动新闻中心新闻发布会：要促进消费更新升级……要破除汽车消费的限制；要鼓励绿色消费

- 14部门《关于培育建设国际消费中心城市的指导意见》
- 《国务院办公厅关于同意建立家政服务业提质扩容部际联席会议制度的函》
- 发改委、市场监管总局《关于新时代服务业高质量发展的指导意见》
- 国家发改委组织召开促进消费专题会议，要求"千方百计确保各方力量促消费政策落实落地"
- 发改委、卫健委《支持社会力量发展普惠托育服务专项行动实施方案（试行）》

图 11-11　2019 年下半年，中央层面促消费政策密集出台

资料来源：中国政府网。

案 例

家政市场呼唤"金牌保姆"

随着居民人均可支配收入不断提高，人们的消费能力和支付能力不断增强，加上全面二胎政策落实，老龄化程度不断加深，社会分工越来越细化，人们对居家养老、育婴育幼及烹饪保洁等多样化的家政服务需求快速增长。

市场需求呈现井喷态势的同时，家政行业的供给却明显不足。互联网生活服务平台58同城发布的《家政服务行业报告》显示，预计到2022年，家政行业从业人员将达到4 000万，但仍然无法满足市场需求，目前家政服务市场的供需缺口达到3 000万人。

住家保姆、老人陪护、钟点工、做饭阿姨……近年来，家政服务领域不断扩展。传统的保洁、搬家、保姆等简单劳务型家政服务市场也在不断细分，比如，保洁可分为日常保洁、家电清洗、窗帘沙发地毯清洗、地板护理及瓷砖美缝等。知识技能型家政服务（比如育婴师、家教与护理）市场快速发展，需求旺盛。目前，家政服务涉及的细分产业已有20多个门类，200多种服务项目。

不仅家政从业人员总体供应不足，而且服务质量参差不齐，专业技能过硬、综合素质高的家政从业人员尤其不好找。

"找一个好家政员太难了，我父亲中风后需要护工照顾，本来以为很好找，结果花了很多时间和精力。"重庆市民翟萧感叹道。老人尤其是病患老人需要陪伴和照护，这就对家政服务人员提出了更高的要求，他们不仅要帮助老人进行身体康复，还要给老人做心理疏导，让老人保持心情愉悦。

"我们之前也请过一些住家保姆、专业护工，但他们总是因为各种原因做不长。家政公司也接触了不少，但各方面都很合适的保姆依然难找。"翟萧说。

翟萧的烦恼不是个例，长期以来，与人们不断升级的新需求相比，家政服务业存在发展不平衡不充分的问题，供需结构失衡、专业化程度较低，拥有较高专业素质、较强服务技能的家政服务人员数量总体偏少。中国劳动和社会保障科学研究院发布的《中国家政服务业发展报告（2018）》显示，当前我国家政服务从业人员88.6%来自农村，年龄结构偏大，"80后"从业人员所占比例不到20%。同时，文化水平较低，高中及以上文化水平仅占14.1%。家政服务从业人员流动性大、稳定性差，大多数是行业"新手"。

更加多元化、个性化的市场需求，亟须匹配高质量、专业化的有效供给。

（摘自2020年1月22日《人民日报》，原标题为《家政市场呼唤"金牌保姆"》。）

在新冠疫情期间，国家的"稳增长"政策也在向服务消费领域倾斜，构建"智能+"消费生态体系，将以信息技术为核心的生产性服务业打造成一个闭环，其中包括丰富5G+、超高清视频及增强现实或虚拟现实等新技术的应用场景，发展远程医疗、在线教育及智慧养老等"互联网+"消费模式，推进无人零售和智能超市等商贸流通业的数字化转型。

在梳理先导型经济体的经验时，我们还发现了一些普遍规律。随着发展水平的提高，服务消费中改善趋势最为明显的莫过于金融服务、医疗服务和娱乐等更高层次的消费需求。

美国的样本时间序列数据较长，因此我们以美国为例。在二十世纪五六十年代以来的消费升级过程中，医疗护理和金融服务需求占美国居民消费比重的升幅最大，截至2018年已分别达17%和8%（见图11–12）。

金融服务中改善最明显的是以保险保障类与资产管理类为代表的消费需求。在人口老龄化的大背景下，我国未来保险保障、医疗服务等行业的需求空间无疑非常巨大。根据国家社科基金的统计和预测，2015 年我国养老市场规模约为 1.97 万亿元，到 2020 年、2030 年和 2050 年，这一规模可能将分别达到 2.98 万亿元、7.5 万亿元和 48.52 万亿元。

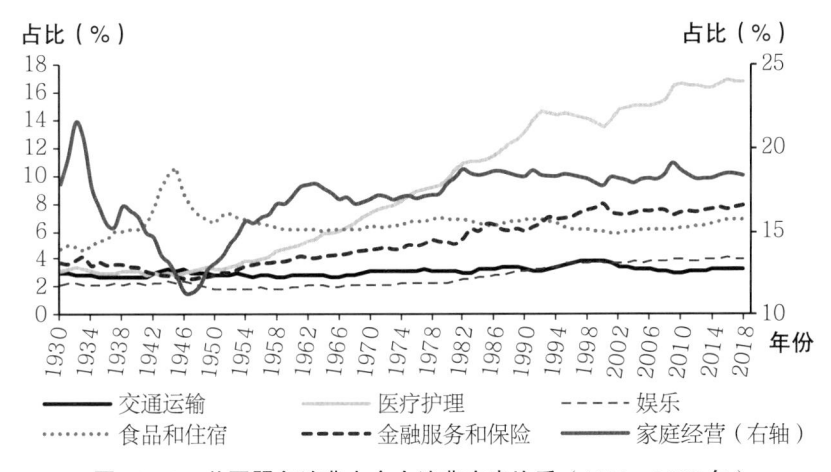

图 11-12　美国服务消费占个人消费支出比重（1930—2018 年）

资料来源：美国经济分析局。

医疗卫生和生物医药等行业直接关乎民生，且分别面临着前期投入和技术研发不足的问题，是未来一段时期我国需要加大投入的领域。以抗癌药为例，从国际比较来看，我国发病率最高的肺癌、结肠癌和肝癌等病患的生存率低于美国、日本和韩国（见图 11-13）。这与我国抗癌药研发相对落后，而进口抗癌药价格昂贵以至患者普遍难以负担有一定关系。近年来，我国一方面降低医药进口关税，提高进口药物上市速度；另一方面加大国内医药创新的知识产权保护，提高国内企业医药研发的意愿（见图 11-14）。

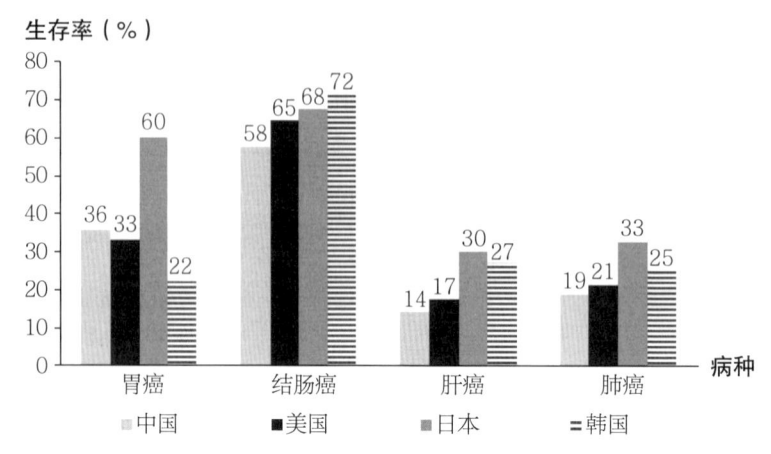

图 11–13　中、美、日、韩主要癌症病患的生存率（2010—2014 年）

资料来源：Allemani 等（2017）。

粗放原始阶段

2005年施行的《药品注册管理办法》（修订）鼓励创新药研究，对于创新药、治疗疑难危重疾病的新药、突发事件应急所需的药品实行快速审批制度

优先专审阶段

2015年发布的《关于药品注册审评审批若干政策的公告》规定，对新药的临床试验申请实行一次性批准，不再采取分期申报、分期审评审批的方式。对重大疾病、从境外转移到境内申请或同时申请的新药等8种情形可加快审批

加强知识产权保护阶段

2017年发布的《关于深化审评审批制度改革鼓励药品医疗器械创新的意见》规定，对创新药等药品申请审批时提交并未披露的试验数据给予一定保护期

2015年之前　　　　　**2015—2016年**　　　　　**2017年以后**

2009年颁布实施的《新药注册特殊审批管理规定》对于符合4类特殊情形的新药，规定可申请特殊审批

2016年发布的《关于解决药品注册申请积压实行优先审评审批的意见》规定，对具有明显临床价值和治疗7类特殊疾病的新药实行优先审评审批。这标志着新药审批不再仅追求"提速上量"，而且开始注重质量

2018年发布的《关于加强药品审评审批信息保密管理的实施细则》规定，从事药品注册受理、技术审评、现场核查、注册检验、行政审批等审评审批活动的相关人员及外请专家应当增强保密意识，严格遵守保密纪律规定，严格管理涉密资料，严防泄密事件发生

图 11–14　我国创新药政策的演变

资料来源：国家食品药品监督管理总局。

我国不同地区的发展水平差异明显，这导致了不同地区消费升级的表征也存在一定差异。参照国际经验来看，人均 GDP 达到 5 000 美元以上之后，消费需求会更加追求个性化和差别化，消费升级的需求与表征也更明

显。目前，我国一、二线城市的人均 GDP 已经突破 10 000 美元，三、四线城市的人均 GDP 还在 6 000~8 000 美元的水平，农村地区的人均 GDP 水平则明显更低一些。这使得我国一、二线城市的居民消费升级更多体现在服务消费上，实物消费增速相对缓慢；而三、四线城市则以实物消费升级为主，服务消费的需求虽然发展迅速，但占比相对要低一些（见表 11–2）。

表 11–2　中国消费升级进程及国际比较

消费阶段	人均 GDP	消费主题	日本	美国	中国 时期	中国 当前城市
第一阶段 生存消费	—	消费以生存所需的必要商品为主	1921—1941	—	20 世纪 80 年代—1992 年	少数贫困地区和落后城市
第二阶段 大众消费	<5000 美元	私家车、私人住宅、大家电普及	1945—1974	20 世纪 20—60 年代	1992—2010 年	个别二线城市，绝大多数三、四线城市
第三阶段 品质消费	5000~30 000 美元	消费从量变到质变，追求个性化、差别化，倾向品牌消费	1975—2004	20 世纪 60—90 年代	2011 年至今	一线城市、绝大多数二线城市、少数三线城市
第四阶段 理性消费	>30 000 美元	无品牌倾向，朴素化、休闲化；注重性价比	2005 年至今	20 世纪 90 年代后	—	—

资料来源：三浦展（2014）、国务院发展研究中心。

二、关注长尾效应，低线城市与农村的消费升级

实物消费的升级在现实生活中比比皆是，例如，就必需品消费而言，

大家越来越注重高品质、健康化消费。从居民饮食结构来看，人均消费的粮食（原粮）和食用油明显减少，而水果、蛋类、水产品等消费增加（见图 11-15）；生鲜行业的零售结构，也呈现类似特征（见图 11-16）。在细分商品种类中，高品质消费占比明显增加。例如，乳制品中更加符合无添加健康概念的巴氏奶和酸奶，近年来的销售情况更好；在啤酒和方便面市场中，中高端产品的消费占比也在明显提升。

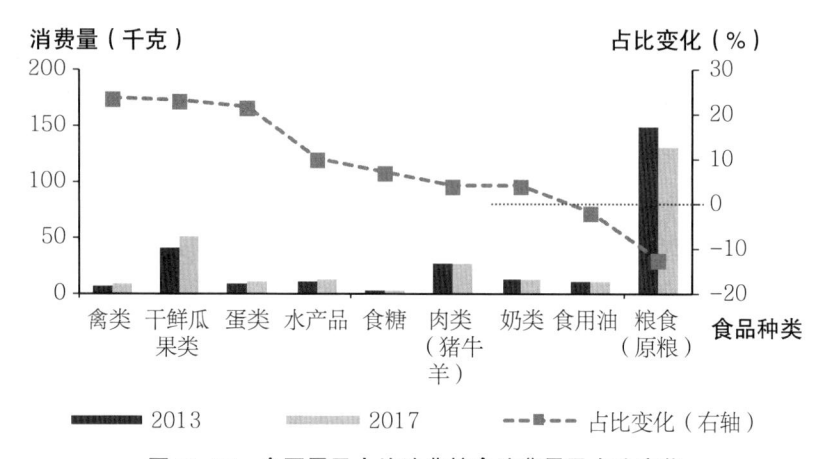

图 11-15　全国居民人均消费粮食消费量及占比变化

资料来源：国家统计局。

可选消费品的消费升级特征也十分明显，消费者对品牌、质量和功能的要求不断提高。汽车作为可选消费品的典型代表，2018 年以来的销量增速明显回落，但细分来看，单价 30 万元以上的高端品牌汽车销量占比加速增长，2018 年占比达 5.8%，比 2017 年上升了 1.1 个百分点，2019 年进一步升至 7.5%，消费升级的趋势比较明显。在洗衣机与电冰箱等传统家电中，产品功能完善、品质较好的品类占比逐步提升，例如变频空调占空调零售市场的份额超过 7 成，滚筒洗衣机占洗衣机零售市场的份额超过 5 成，多开门冰箱占冰箱零售市场的份额超过 3 成。具备个性化和多样化功能的小家电的消费需求快速增长，比如空气净化器年销量超过 600 万台（见图 11–17）。

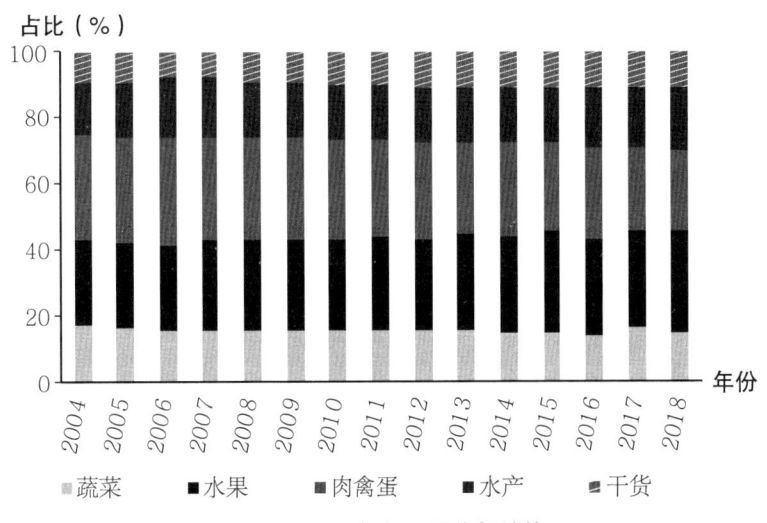

图 11–16　生鲜行业零售额结构

资料来源：欧睿数据库。

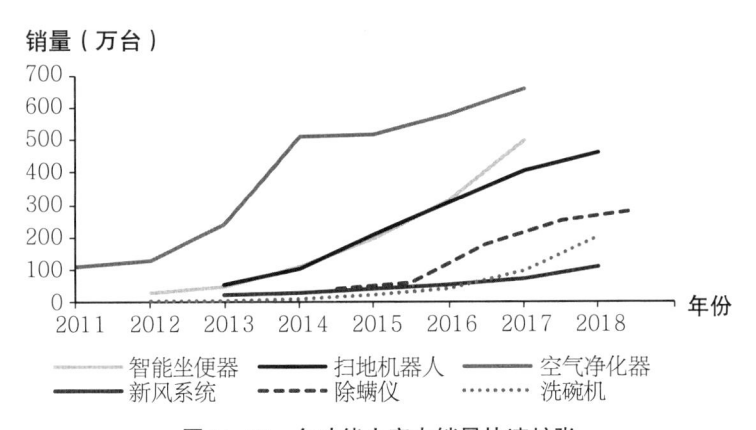

图 11–17　多功能小家电销量快速扩张

资料来源：中怡康、奥维云网、中国智能卫浴电器专业委员会。

案例
日本小家电业发展轨迹的启示

从日本小家电业发展轨迹来看：属于生理需求层次的电饭煲的发展、普及和更新升级进行得最早、最快（全渗透近30年），生存时间最长（20世纪50年代至今）；属于安全需求层次的吸尘器紧随其后（全渗透略长于30年，从20世纪60年代存续至今），其次是同属安全需求层次的热水器（全渗透约40年，从20世纪70年代存续至今），最后是归属社交需求层次的美容小家电，于20世纪80年代导入市场，在随后的近20年内几乎零增长，但突然于2005年开始以两位数增长，2016年渗透率约为4.5%。

以日本为鉴，实现收入增加—马斯洛需求层次上移—小家电市场扩容的传导有三条路径，分别为产品快速普及、硬刚需产品更新升级、衍生更高层次新需求。

第一，产品快速普及。一方面，随着恩格尔系数降低，小家电快速普及。20世纪50年代初到80年代初，日本恩格尔系数从0.5下降到0.3，电饭煲完成了从0到100%的市场渗透；而从60年代初到90年代初，日本恩格尔系数从0.4下降到0.25，吸尘器完成了从0到100%的市场渗透。目前，中国各类小家电家庭保有量与日本还有很大差距，渗透空间很大。

另一方面，需求层次上移使部分小家电下沉为硬刚需产品，普及需求与更新需求更加旺盛，共同推动市场扩容。在日本，电饭煲、吸尘器、净水器和空气净化器等小家电最初并非刚需产品，随着居民收入水平与生活品质的提高，这类小家电成为家庭必备品且保有量迅速提高，其中，每个家庭的电饭煲保有量自1983年以来一直大于1台，目前IH（电磁加热）电饭煲每个家庭保有量为0.85台，吸尘器每个家庭保有量为1.46台，净水设备每个家庭保有量为0.8台。类似地，在中国，吸尘器等小家电近些年来发展较快，受环境恶化和生活品质提高等因素影响，这类小家电有望成为家庭或办公室必备品，叠加保有量低，市场将迅速放量。

第二，硬刚需产品更新升级。刚需小家电处于马斯洛需求金字塔底层，单品市场饱和度与收入水平提高（恩格尔系数降低）促使产品升级，通过更新市场需求与提升价格以保持市场规模的稳定和持续扩大。从机械煲到IH电饭煲，日本的电饭煲经历了十几代更新升级，与之相伴的是更高的价格及不断扩大的市场份额。以技术与品质为支撑，升级产品提价空间较大。

目前，日本电饭煲每百个家庭保有量超过100台，中国城市和农村的这一指标分别为100台、60台，中国农村还有将近1倍的渗透空间；日本IH电饭煲每百个家庭保有量达85台，中国仅为16台。国内掀起的IH电饭煲海淘热潮体现了消费者的消费热情与消费能力，同时，随着国内IH电饭煲异军突起及国产品牌消费意识提高，IH电饭煲得以快速发展。我们可以推测未来IH电饭煲会像机械电饭煲一样在城市迅速铺开，随后，农村的更新需求将使其迎来新一轮增长高潮。

第三，衍生更高层次需求。小家电需求层次上移必然催生新品类小家电，开拓新兴市场。20世纪50年代初小家电消费处于生理需求层次，电饭煲快速普及并衍生出功能更强大、更高端的新产品；进入60年代后，小家电消费上移到安全需求层次，吸尘器、热水器和烘干机等新产品导入市场并快速发展；21世纪初小家电消费开始触及社交需求层次，各类美容仪器进入消费者视野。经过20年的发展，日本美容小家电每个家庭保有量约为0.45台，中国几乎为0。目前，一线城市消费者对美容小家电越发青睐，近两年的销售额增速均超过10%。随着一、二线城市消费能力持续增强，美容小家电有望迎来发展的春天。

（摘自立鼎产业研究网，原标题《从日本小家电市场发展轨迹看中国：未来国内市场需求空间广阔》。）

针对不同地区经济发展水平与消费升级的需求不同，各地在政策上也有侧重。城市里常见的手段包括打造区域性商圈与提高实物消费的供给质量等。乡村地区基础设施建设不足制约了消费升级需求的释放，例如，四川乡镇快递取件二次收费的占比达到34.2%[①]，反映出农村物流体系不发达和电子商务覆盖不足等问题。针对这些问题，我国近些年来也出台了一些针对性的政策措施。

对于消费水平较高的一、二线城市，政策层面鼓励打造国际消费中心城市，满足高端消费需求并带动境外消费回流。2019年年初，商务部明确提出开展"国际消费中心城市"建设试点，10月商务部等部门明确，利用5年左右时间形成一批国际消费中心城市。截至目前，已制订相关方案的上海、深圳和武汉等城市均为经济发展较好的一线城市和区域中心二线城市，其中深圳将发展免税业务作为重要内容之一。

近些年来，低线城市和乡村的大众消费升级非常明显。农村大病医保等社会保障体系不断完善，扶贫工作持续推进，在为低收入群体提供保障的同时设法提高他们的收入水平，这都是推升低线城市和乡村消费升级的重要动力。近年来，农民收入尤其是贫困地区的农民收入快速增长，增速明显超过全国居民平均水平。2019年，贫困地区农村居民人均可支配收入为11 567元，增长11.5%，分别高出全国农村居民和城镇居民收入增速1.9个和3.6个百分点；其中，转移净收入占贫困地区农村居民收入的比重高达27.3%（见图11-18），是增收的重要来源。

此外，物流体系、电商网络的下沉及近些年来"乡村振兴战略"支持下的基础设施投资等，对低线城市消费升级都起到了很好的助推作用。阿里巴巴2014年开启的"千县万村"计划搭建好了农村淘宝服务体

---

① 数据源于四川省消委会2019年发布的《四川省乡镇快递取件二次收费社会监督调查报告》。

系，2015年成立的拼多多电商平台以三线及以下城市和农村为布局重点。政府和民间的这些举措有力地推动了农村地区的居民消费升级，尤其引人注目的是近几年来农村网上零售额增速始终高于全国零售额平均增速（见图11-19）。

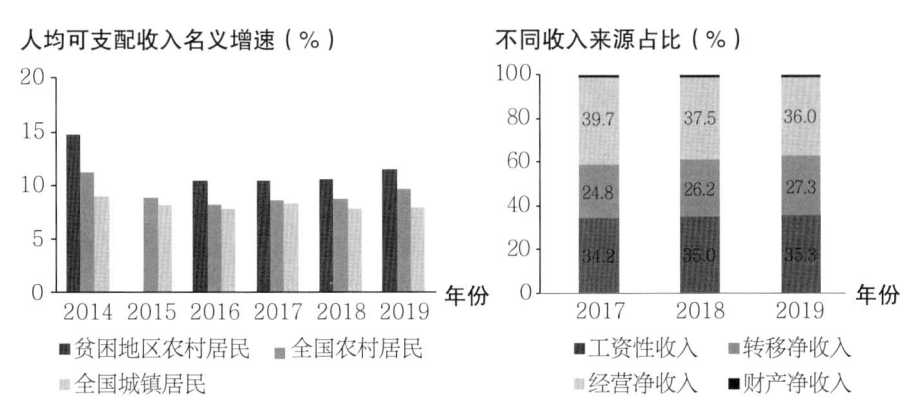

图 11-18 全国农村居民人均可支配收入名义增速及来源结构

资料来源：国家统计局。

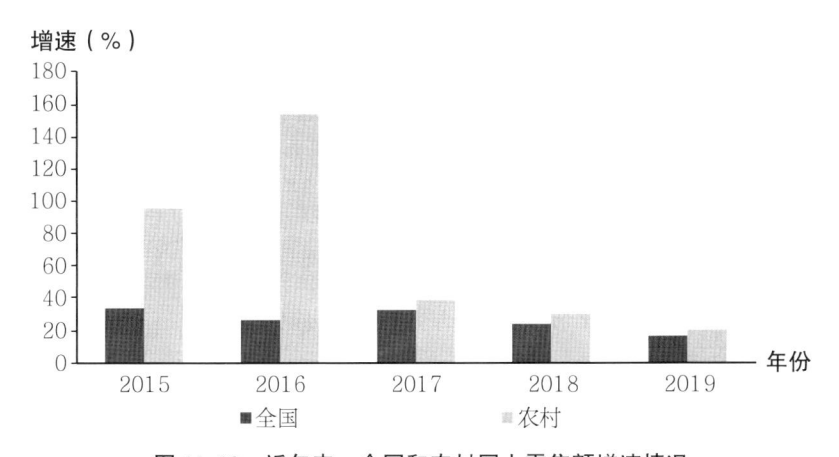

图 11-19 近年来，全国和农村网上零售额增速情况

资料来源：国家统计局、商务部。

案例

县域消费的加速升级

研究人员通过大数据发现，广阔的县域市场同样蕴含着强烈的购物欲和消费升级需求。

2017年"双十一"期间，在苏宁易购平台购物的消费者中，来自北上广深和其他省会城市的比例为34.5%，其他三、四线城市消费者的占比为65.5%；到了2018年"双十一"，来自北上广深和其他一、二线城市的消费比例下降到29.4%，三、四线城市消费者的比例上升到70.6%。2018年，全国超过4 600家苏宁零售云县镇店（覆盖超过1 500个区县和3 100个乡镇）将超过761万件品质家电、3C类产品带到乡镇和农村的消费者家中。

苏宁大数据显示：2018年的县域市场，10公升以上洗衣机的销售额同比提升了201%，对开门和三门冰箱分别以37.56%、29.10%的占有率优于双门冰箱；电动牙刷、洗碗机、扫地机器人在下半年的销售额比上半年分别提升了35.1%、496.8%和313%；戴森系列产品下半年销售额比上半年提升152.32%，电子美容仪和空气净化器销售额分别提升129.7%、206.9%。

此外，"候鸟族"的出现也让区域消费特点出现了明显变化。2019年春节期间，苏宁易购订单量增长最快的城市依次为银川、西宁、太原、南宁、兰州、包头和廊坊等，它们在人们的印象中大多都是收入并不很高的劳动力输出城市，但外出打工的人归乡之后消费能力很强。

与之相对应的是，春节期间苏宁拼购订单最多的城市依次为南京、北京、上海、沈阳、广州、天津、重庆和成都等，这些传统的一、二线城市的市民反而更注重性价比。

显然，"性价比"和"不差钱"这样的单一标签已无法准确描述小镇青年和城市白领这样的庞大群体。

（摘自 2019 年 4 月 5 日《经济观察报》，原标题为《在县域市场，戴森们半年涨了 1.5 倍》，作者付一夫。）

在过去的一段时期，我国家电、消费电子和汽车等产业的自主品牌渗透率不断提高，家电和消费电子已经由自主品牌主导。然而，与发达经济体相比，消费领域的龙头企业规模依然比较小，尤其是汽车、医疗和纺织服装等领域（见表 11–3）。随着消费行为的全面升级，消费领域有望诞生出更多优质企业。

表 11–3　我国消费龙头企业的营业收入规模明显低于发达经济体的成熟公司[①]

消费行业	公司名称	国家	总营业收入（亿美元）	中国公司名称	总营业收入（亿美元）
汽车及零部件	丰田汽车	日本	2 759.71	上汽集团	1 303.66
	福特汽车	美国	1 603.38	比亚迪	179.14
家用电器	史丹利百得	美国	139.82	格力集团	288.91
	惠而浦	美国	9.10	美的集团	379.13
食品饮料	可口可乐	美国	318.56	贵州茅台	96.03
	卡夫亨氏	美国	262.59	伊利股份	115.14
消费服务	麦当劳	美国	210.25	锦江股份	21.16
	星巴克	美国	247.20	宋城演艺	4.63
纺织服装	耐克公司	美国	363.97	海澜之家	27.61
	PVH	美国	96.57	森马服饰	22.74
医疗保健	强生公司	美国	815.81	恒瑞制药	25.03
	辉瑞制药	美国	536.47	复星制药	36.03

资料来源：各上市公司年报。

① 根据各公司在行业内的市场份额选取龙头企业，各企业营业收入数据摘自 2018 年公司年报。

本章小结

在传统周期阶段,无论是宏观经济形势,还是大类资产的表现与股票行业配置,都存在明显的周期轮动规律。市场投研框架以传统周期框架为主。就方法论而言,研究的重心在于厘清当前所处周期阶段及下一个阶段进入哪个象限。

而在转型阶段,传统周期框架对市场投研的指引意义大为减弱,总量分析贡献变小,产业定位与产业格局开始成为更重要的考量因素。转型成为最重要的投资主线,"确定性"享受估值溢价,尤其是成长性确定的龙头企业。

转型升级发生在各个维度。产业层面包含"新经济"的加速培育和传统行业的格局优化。前者代表未来方向,成长性突出,政策支持也有利于估值提升。在传统行业格局优化的过程中,龙头企业的 β 属性会逐步弱化,α 属性凸显。

消费全方位的升级也对应着投资机遇。其中,服务消费的改善空间更大,以金融服务、医疗服务和娱乐等为代表。在实物消费中,人们对必需品的消费更加注重高品质、健康化,而对可选消费品更加注重品牌、质量和功能等。其中,低线城市和乡村的大众消费升级,受益于"长尾效应",潜力巨大。

后 记

中国经济的转型问题，是当下非常重要的议题。在转型过程中，传统分析框架普遍出现失灵，无论是对当下一些经济现象的解析，还是对市场投资活动的指引，皆是如此。然而，要构建新的分析框架并把方方面面的问题讨论清楚，并不是一件轻松的事。

首先，转型是一个系统工程，涉及的资料与信息浩如烟海。研究人员既要从繁杂的数据中提纲挈领，厘清经济运行逻辑，又要避免宏大叙事似的泛泛而谈。其次，不同经济体的禀赋优势及转型关键阶段所处的外部环境等各有不同，唯有通过大量的数据论证，我们才可能接近真相，找到普适性规律并为中国转型提供启示。最后，在转型过程中，结构分化非常严重，传统意义上的经济规律被打破，宏观逻辑的推演需要扎实的微观基础支撑。

"转型"问题研究是一个极为庞大的议题，我们却必须用有限的篇幅将其尽可能精炼而准确地展示出来。这使得我们对于每一章节的撰写和修改上都花费了很大的精力，全书成稿之后又几易其稿，等最终定稿的时候，从章节的设计到具体内容的展示，相比早期规划都发生了巨大变化。

由于我日常工作的强度已经很大，本书的整理工作大多只能放到工作之余或夜深人静之时。周末或节假日期间，我会背上书包到附近的"言几又"

待上一天，为了节省一些往返于家和书店之间的时间，我有时候就在书店附近随便吃点午饭或晚饭，恍惚间仿佛又回到了学生时代，追逐理想的每一秒都倍感充实。

中国经济转型问题的系统梳理及转型背景下投研框架如何修正等，的确是我工作以来的兴趣所在，也是一直坚持在做的研究方向。从学习、思考到框架重构的过程是一个漫长的成长历程，几乎贯穿了我10年左右的从业经历。至今，我对很多问题依然一知半解，需要进一步钻研。

对转型问题的思考越深，我们从思考中受益就越多。这样的思考不仅有助于我们理解近些年来的经济金融现象，也对个人发展有诸多启示。系统整理书稿的过程使我对人生规划与职业发展做了很多反思。"转型"并没有一成不变的模式或路径，需要根据禀赋差异选择最适合的方向；"转型"是一个系统工程，不只是一个经济问题，更是一场系统改造运动；"转型"是"蜕变"的过程，选对方向，慢即是快，欲速则不达。于我们个人而言，又何尝不是如此？

本书的最终成形，首先要感谢我的恩师姜波克教授和我初入职场时的老领导周传根先生。在攻读本科学位期间，我因一篇不成熟的学术论文得到姜老师的垂青，获得复旦大学直接读博的机会，方能在一流学术殿堂继续深造并追寻自己的学术理想。博士毕业前夕，我在高校科研和实务工作之间摇摆不定时幸得周传根先生的提点。初入职场时养成的工作习惯也一直坚持至今并让我持续受益。

平安养老资产事业部万军先生、东方证券首席经济学家邵宇先生和长江证券首席经济学家伍戈先生，在我搭建研究框架时给予了深入指导，在此我感谢他们的悉心教导。万军博士是我初入职场时的带教老师，我的投研框架的初建与市场思维的培养皆受益于万博士指点。邵宇博士的"三次失衡、三个世界、三足鼎立"全球研究框架，引导我将宏观研究视野打开至全球图景，也是在邵老师的指导下，我尝试用"转型"的视角思考中国经济问题。伍戈博士在宏观经济与货币政策研究领域具有非常扎实的理论功底与实践经验，在伍老师的指导下，我对中国经济运行的理解更加深刻，更加立体。

要感谢的人很多，平安集团、长江证券、开源证券的诸位领导与同事，各金融机构的前辈同人，以及复旦大学经济学院、中国农业大学经管学院的诸位老师，给了我莫大的启发、帮助和鼓励。感谢在不同阶段给予我鼓励和支持的师长、友人与同事。在每段人生历程中积累下的深厚情谊，都将注定伴随终生。

在书稿编审环节，中信出版社的诸位老师提出了许多宝贵的修改建议，我在此向他们的指导和帮助表达衷心的感谢。最后，感谢我的爷爷奶奶、父母、岳父母和我的妻子，你们是我不懈奋斗的动力源泉。

谨以此书，送给刚满周岁的赫瑄小朋友。

赵 伟

2020 年 8 月 30 日

参考文献

[1] Allemani C., Matsuda T., Di Carlo V., Harewood R., Matz M., Nikšić M., Ogunbiyi O. J., etc. .Global surveillance of trends in cancer survival: analysis of individual records for 37 513 025 patients diagnosed with one of 18 cancers during 2000—2014 from 322 population-based registries in 71 countries[J/OL]. 2017 (CONCORD-3). http://doi.org/10.1016/S0140-6736(17)33326-3.

[2] Ball L., De Roux N., Hofstetter M.. Unemployment in Latin America and the Caribbean [J]. Open Economies Review, 24(3).

[3] Ferreira P. C., Pessôa S. D. A., Veloso F. A.. On the Evolution of TFP in Latin America [J/OL]. http://doi.org/10.1111/j.1465-7295.2011.00430.x.

[4] Gallman R.E., Weiss T J.. The Service Industries in the Nineteenth Century [M] //Shepard, Jon M. Production and Productivity in the Service Industries. Cambridge：NBER, 1969.

[5] Hofman A. A.. The Economic Development of Latin America in the Twentieth Century [M]. Cheltenham：Edward Elgar publishing, 2000.

[6] John W. Kendrick. Productivity Trends in the United States [M].

Princeton: Princeton University Press (for NBER), 1961.

[7] Lederman D., Saenz L.. Innovation and Development around the World, 1960-2000 [C/OL] //Policy Research Working Paper Series 3774. Washington：The World Bank, 2005.

[8] Loayza N., Fajnzylber P., Calderón C.. Economic Growth in Latin America and the Caribbean: Stylized Facts, Explanations, and Forecasts [M]. Washington: The World Bank, 2005.

[9] Merill Lynch. The Investment Clock [R]. 2004.

[10] Ocampo J. A.. The history and challenges of Latin American development [M]. Santiago：United Nations Publication，2013.

[11] Salvatore D.. International Economics [M]. Hoboken：Wiley Global Education, 2012.

[12] Son, Ch'an-hyŏn.. Korea's Corporate Restructuring Since the Financial Crisis [J]. Vol. 2. No. 4. Korea Institute for International Economic Policy, 2002.

[13] [英] 安格斯·麦迪森，世界经济千年史 [M]. 伍晓鹰，译. 北京：北京大学出版社，2003.

[14] 戴翔. 中国制造业国际竞争力——基于贸易附加值的测算 [J]. 中国工业经济，2015（01）：78—88.

[15] 丁可. 产业转移的日本经验：如何避免产业空心化 [EB/OL]. https://www.ftchinese.com/story/001080613?archive，2018-12-19.

[16] 陈会珠，孟广文，高玉萍，杨爽，邵擎峰. 香港自由港模式发展演化、动力机制及启示 [J]. 热带地理，2015，35（01）：70—80.

[17] 陈海彬，方颖，玄欣田. 经济学 [M]. 成都：西南财经大学出版社，2017.

［18］陈振锋，吴莹，史德信，等．中日韩进出口商品结构之比较研究［J］．管理评论，2003（10）：53—59。

［19］程大中，姜彬，魏如青．全球产业链分工与自贸区发展：内在机制及对中国的启示［J］．学术月刊，2017，49（5）：48—58．

［20］程源．傅家骥。日本、韩国微电子产业发展模式的比较分析［J］．工业技术经济，2003（6）：51—53．

［21］崔永植．韩国产业政策及其发展研究［D］．延吉：延边大学，2013．

［22］段成荣，袁艳，郭静．中国流动人口的最新状况［J］．西北人口，2013（6）：1—7，12．

［23］贺灿飞，周沂，张腾．中国产业转移及其环境效应研究［J］．城市与环境研究，2014（01）：34—49．

［24］胡家祥．马斯洛需要层次论的多维解读［J］．哲学研究，2015（8）：104—108．

［25］黄仁伟．从全球化、逆全球化到有选择的全球化［J］．探索与争鸣，2017（3）：40—42．

［26］江时学．拉美发展模式研究［M］．北京：经济管理出版社，1996．

［27］金英姬．20世纪80~90年代的韩国金融体制改革——金融自由化［J］．当代韩国，2001（01）：71—77．

［28］李社环．利率自由化：理论、实践与绩效［M］．上海：上海财经大学出版社，2000．

［29］刘培林，贾珅，张勋．后发经济体的"追赶周期"［J］．管理世界，2015（05）：6—17．

［30］刘世锦．经济体制效率分析导论［M］．上海：上海人民出版社，2016．

［31］刘世锦，余斌，陈昌盛．从反危机到新常态［M］．北京：中信出版集团，2016．

［32］刘世锦.陷阱还是高墙？中国经济面临的真实挑战和战略选择[M].北京：中信出版集团，2011.

［33］刘世锦.中国经济增长十年展望（2019—2028）：建设高标准市场经济[M].北京：中国发展出版社，2019.

［34］刘世锦.中国经济增长十年展望（2018—2027）：中速平台与高质量发展[M].北京：中信出版集团，2018.

［35］刘世锦，张军扩，侯永志，等.中国如何跨越高收入之墙[J].中国改革，2011（6）：27—30.

［36］柳卸林，何郁冰.基础研究是中国产业核心技术创新的源泉[J].中国软科学，2011（04）：104—107.

［37］鲁丹萍.国际贸易理论与实务[M].北京：清华大学出版社有限公司，2006.

［38］[美]迈克尔·波特.国家竞争优势[M].李明轩，邱如美，译.北京：华夏出版社，2002.

［39］阮杨，陆铭，陈钊.经济转型中的就业重构与收入分配[J].管理世界，2002（11）：50—56.

［40］[日]三浦展.第四消费时代[M].马奈，译.北京：东方出版社，2014.

［41］盛朝晖.从国际经验看利率市场化对我国金融运行的影响[J].金融理论与实践，2010（07）：41—45.

［42］童适平.战后日本金融体制及其变革[M].上海：上海财经大学出版社，1998.

［43］吴敬琏，刘鹤，等.中国经济新方位：如何走出增长困境[M].北京：中信出版集团，2017.

［44］薛孝敬.趋势性日元升值和日本产业的结构性调整[J].中国社会科

学，1997.

[45] [日]野口悠纪雄. 泡沫经济学[J]. 曾寅初，译. 北京：生活·读书·新知三联书店，1992.

[46] 叶敬忠，王维. 改革开放四十年来的劳动力乡城流动与农村留守人口[J]. 农业经济问题，2018（07）：14—22.

[47] 曾铮. 亚洲国家和地区经济发展方式转变研究——基于"中等收入陷阱"视角的分析[J]. 经济学家，2011（6）：48—55.

[48] 张宝仁，韩笑. 金融危机后韩国经济政策调整[J]. 东北亚论坛，2000（04）：53—56.

[49] 张帆. 产业漂移：世界制造业和中心市场的地理大迁移[M]. 北京：北京大学出版社，2014.

[50] 张文玺. 中日韩产业结构升级和产业政策演变比较及启示[J]. 现代日本经济，2012（04）：37—46.

[51] 张泽一. 产业政策的影响因素及其作用机制[J]. 生产力研究，2009（10）：116—117.

[52] 赵伟. 蜕变·新生：中国经济的结构转型[M]. 北京：中国金融出版社，2017.

[53] 赵伟. 结构主义兴起[R]. 武汉：长江证券研究所，2019.

[54] 郑宝银. 韩国的经济改革与发展模式转型理论[J]. 国际商务（对外经济贸易大学学报），2003（01）：47—52.

[55] 郑秉文. 中等收入陷阱：来自拉丁美洲的案例研究[M]. 北京：当代世界出版社，2012.

[56] 中国半导体协会. 韩国半导体是如何崛起的？[EB/OL]. http://www.csia.net.cn/Article/ShowInfo.asp?InfoID=83971.

[57] 周锐波，李晓雯. 广东省制造业空间格局演化及其影响因素研究[J].

人文地理，2017，32（02）：95—102.

［58］朱灏. 韩国经济的复苏及其启示 [J]. 亚太经济，2007（5）：85—89.

［59］朱磊，熊俊莉. 台湾产业结构与金融结构的关系研究 [J]. 台湾研究，2010（06）：35—40.